D1349499

Le Québec par l'autre bout de la lorgnette

Le Québec par l'autre bout de la lorgnette

**Catherine Saguès
et Nathalie De Grandmont**

PUL•IG

Les Presses de l'Université Laval reçoivent chaque année du Conseil des arts du Canada et du ministère de la Culture et des Communications du Québec une aide financière pour l'ensemble de leur programme de publication.

Coordination éditoriale : Isabelle Quentin
Révision liguistique : Aline Plante et Chloé Martin
Mise en pages : Trait d'union
Couverture : Derome Design

Dépôt légal 1er trimestre 1997
Bibliothèque nationale du Québec
Imprimé au Canada
Bibliothèque nationale du Canada
1 2 3 4 5 01 00 99 98 97

Quelle municipalité a élevé un monument à sa fanfare ? Dans quel lieu fabrique-t-on une gâterie moniale? Où peut-on voir le premier jeu de société sur notre Histoire? Alors? Vous donnez votre langue au chat ?

À travers ces exemples, on perçoit que le Québec recèle des richesses touristiques souvent insoupçonnées, à tout le moins méconnues. Voilà pourquoi c'est par l'autre bout de la lorgnette que nous avons eu envie de vous le faire découvrir, ou redécouvrir. Mais face à l'immensité de la province (et au nombre de pages ici octroyées !), des choix s'imposaient.

De ce fait, vous trouverez des lieux inattendus, d'autres connus, parfois archiconnus. Néanmoins, ces sites ont en commun un petit je-ne-sais-quoi qui affriande le voyageur en quête de nouveaux ingrédients pour pimenter ses vacances. Ce peut être une anecdote, un détail scientifique, une précision linguistique ou une particularité architecturale. Ou encore, une passionnante personnalité.

Que l'on soit Québécois ou non, l'objectif de ce livre est que chacun y puise matière à un parcours chouette !

Catherine Saguès
et Nathalie De Grandmont

Montréal, le 31 octobre 1996

Avis aux futurs Phileas Fogg

Avant de vous aventurer à faire le tour du Québec en 80 jours, les auteures, émules de Jules Verne, vous recommandent de téléphoner dans les lieux référencés pour connaître les horaires, tarifs et activités du moment.

Les symboles :

🏛 architecture, art

⚛ sciences, technologies

☞ musée et apparenté

🕊 nature, écologie, zoologie

☞ visite agricole, artisanale, industrielle

🏃 activités sportives, loisirs de plein air

Table des matières

À l'Ouest, du nouveau

Prenez un bouclier vieux de quelque trois milliards d'années et des familles qui fuient la famine des grandes villes, générée par la crise de 1929, et vous obtiendrez une région au développement récent. C'est, en résumé, l'histoire de l'Abitibi et du Témiscamingue, deux territoires pourtant distincts dans leur colonisation et leur richesse, mais qui ne font qu'un du point de vue... administratif.

Ses premiers habitants, dont descendent les Algonquins et les Cris qui y demeurent toujours, ont laissé des traces datant de l'époque où les Égyptiens érigeaient leurs pyramides. L'Abitibi ou terre de Rupert, cousin de Charles II d'Angleterre qui la lui donna en 1670, n'a été intégrée à la province de Québec qu'en 1898. Ses premières vagues de défricheurs n'arrivent que 30 ans après le début de la colonisation agricole du Témiscamingue, en 1880. L'agriculture et son corollaire, la foresterie, constituent avec l'exploitation minière la richesse de cette vaste région qui occupe 116 500 km², soit 4 % de la superficie du Québec. Et puis il y a aussi l'eau, « profonde » du Témiscamingue, et « du milieu » pour l'Abitibi, comme le laisse entendre la langue algonquine associée à ces deux appellations.

Pays des trappeurs et des chercheurs d'or, des 100 000 lacs, des 25 rivières sportives, sans oublier les 22 ponts couverts les plus jeunes toujours en service, l'Abitibi et le Témiscamingue concentrent leurs attractions autour des métropoles de Val-d'Or, Amos, Rouyn-Noranda et Ville-Marie, tout en étant encore assez vierges de nature pour tous les amoureux des grands espaces de l'Ouest.

L'Abitibi

Val-d'Or

Bourlamaque et la Cité de l'or 🏛

90, avenue Perreault
(819) 825-7616 / 825-5310
Ouvert de fin juin à la fête du Travail ; sur rendez-vous hors saison.

Le bon filon. Le grand attrait de Val-d'Or, ce sont ses mines aurifères, exploitées à partir de 1935, et le village occupé par les mineurs. Construites vers 1934, près de 50 maisons en épinettes blanches et grises dépouillées de leurs écorces, et montées pièce à pièce (bois rond), étaient louées aux familles pour 50 $ par mois, par la mine Lamaque, propriétaire des lieux. Aujourd'hui, le bon filon pour Val-d'Or, c'est la visite du village, abandonné de ses habitants, et des galeries d'une mine d'or qui vous font toucher le fond à 70 mètres.

Wawate 👥

104, rue Perreault
(819) 824-7652

Aventure vérité. En 1989, Dominique Gay, une ethnologue française, tombe sous le charme de l'Abitibi et des nations amérindiennes qui y vivent, repliées sur leurs domaines. Grâce à son charisme, Dominique fera sortir les Algonquins et les Cris de leur réserve à l'égard des Blancs, pour organiser avec eux des circuits et des séjours d'un à dix jours dans leurs campements. Été comme hiver, c'est l'aventure dans l'immensité, la découverte d'autres modes de vie, le partage de richesses culturelles authentiques. Il serait temps de contacter Wawate — qui signifie aurore boréale en algonquin — pour vivre vrai en toute connaissance de cause et de sécurité. C'est-à-dire pêcher sous la glace au filet avec les Cris, courir les bois et traquer le chevreuil rouge, sillonner les lacs en canoë ou en motoneige, bivouaquer sous la tente et déguster le castor grillé.

Malartic

Musée régional des mines
650, rue de la Paix
(819) 757-4677
Ouvert toute l'année.

Règne minéral. Pour mettre un frein à l'urbanisation sauvage qui tisse sa toile autour des mines d'or, exploitées dès 1935 dans la zone Malartic de la faille de Cadillac, le gouvernement crée de toutes pièces en 1939 une ville aux maisons de style *boom town*. À la ruée vers l'or de Malartic succède aujourd'hui la ruée vers ce musée consacré à la minéralogie. Sa conception, récemment révisée, est centrée sur la gigahistoire, c'est-à-dire l'histoire milliardaire de la géologie de la région et, en particulier, de ses cassures, dont la faille de Cadillac est la plus connue. Un voyage original qui convie les visiteurs de tous âges au cœur du règne minéral.

La Motte

Les jardins de Grazie
594, chemin du Lac La Motte
(819) 732-2404
Ouvert l'été.

Une conteuse et des fleurs. Sacré personnage que Graziella Ouellet. Pour se distraire, cette grand-mère qui affiche plus de 70 printemps jardine toute l'année et ouvre les portes de sa propriété dès qu'elle estime que ses plantations sont dignes d'admiration. En plus de ses petits secrets de jardinière qu'elle livre sous le sceau de la confidence, elle est volubile pour conter ses souvenirs et la vie de la région. Vous savez du temps où… Oui, Grazie, dites-nous.

Barraute

Fourrures Grenier   ☞
730, 1ʳᵉ Rue Ouest
(819) 734-6781

Un artisan à l'œuvre. À force de campagnes « écologico-médiatiques », des métiers se meurent et de nombreux artisans mettent la clé sous la porte. Trappeur à ses heures et surtout fourreur, Robert Grenier se rit de ces pressions. Depuis 1971, avec son épouse Rita, leurs trois enfants et des employés, il continue de travailler le castor, le chat sauvage, le coyote, le renard, la loutre et, dans une moindre mesure, la martre et le vison, que lui et d'autres trappeurs blancs et amérindiens piègent légalement. On peut voir cette famille à l'œuvre et visiter ses ateliers en téléphonant auparavant.

Amos

Cathédrale Sainte-Thérèse-d'Avila   ⛪
11, boulevard Mgr Dudemaine
(819) 732-2110
Ouvert tous les jours de 9 heures à 17 heures.

Du béton pour les fidèles. Mgr Dudemaine, premier curé de la paroisse, est le concepteur de cette église monumentale, consacrée cathédrale en 1939. Datant de 1923, elle se démarque par son style byzantin-romain, son marbre rose d'Italie, ses mosaïques et ses vitraux français, exécutés à Rennes par les frères Rault. C'est l'architecte montréalais Beaugrand-Champagne qui a dressé le plan de cet édifice en béton, comme le voulait l'abbé pour protéger ses 1 200 fidèles des incendies, très fréquents en ces temps-là.

Usine Donohue Normick   ☞
Route 395 Ouest
(819) 727-1242
Visite payante sur rendez-vous uniquement.

Une pâte pour lire. Le quotidien que vous lisez tous les matins était à l'origine… un arbre ! Jusque-là, on ne vous apprend rien d'extraordinaire. En revanche, depuis les troncs d'arbre jusqu'aux bobines de papier journal, sur lequel on imprimera des nouvelles fraîches, mieux vaut une visite commentée pour en savoir plus sur les multiples étapes de transformation effectuées dans cette usine ultramoderne.

Puits de la ville d'Amos �֍

Chemin du Lac-des-Sources
(819) 727-1242
Visite gratuite sur rendez-vous uniquement.

Ça coule de source. Lorsqu'on ouvre les robinets d'Amos, de l'eau de source en coule à la santé de ses 13 000 citoyens. Peu de villes au monde ont le privilège d'être alimentées aussi naturellement en eau et c'est la spécificité géologique du sous-sol de la région — les eskers — qui permet à la municipalité de puiser 50 000 litres d'eau pure à la minute. Construit en 1979, ce puits de béton mérite qu'on plonge à 27 mètres dans les entrailles de la terre pour des explications sur son fonctionnement.

Refuge Pageau 🕊

3991, rang Croteau
(819) 732-8999
Ouvert de fin juin à fin septembre.

Il était une fois Noé. En 25 ans, Louise et Michel Pageau ont acquis une telle réputation de sauveteurs que même les agents de Conservation de la Faune font un détour par leur refuge pour leur confier des animaux malades, blessés ou abandonnés. Soignés, ces derniers seront relâchés dans leur milieu naturel ou s'intégreront au cocon familial que les Pageau réservent à ceux qui ne pourraient survivre autrement. Protecteur de la faune et de la flore, ce couple à la Noé a ouvert son domaine au monde sauvage pour mieux en apprivoiser les connaissances.

Pikogan

Village amérindien et
mission Sainte-Catherine   🏛
40, rue Abitibiwinni
(819) 732-6337
Ouvert toute l'année.

Autonomie autochtone. Depuis six millénaires au moins, les rives de l'Harricana n'ont plus de mystères pour les Algonquins et les Cris. Dans ces conditions, normal que les Abitibiwinni — peuple « de la hauteur des terres » — s'installent sur les bords de « la rivière aux biscuits », ainsi appelée en algonquin en raison des galets ronds qui la parsèment. En 1954, les Algonquins et quelques familles cries ont fondé une communauté à gestion autochtone et autonome avec, notamment, une école en langue algonquine et une chapelle, érigée en 1968. L'architecture de ce bâtiment, en forme de wigwam, est très intéressante et l'on peut contempler à l'intérieur un bel artisanat amérindien à caractère religieux.

Lac Beauchamp   🏛

La Grande Guerre. Le lac Beauchamp, plus connu sous le nom de Spirit Lake, porte en ses rives les stigmates de la Première Guerre mondiale. C'est là en effet que le gouvernement canadien interna dans un camp plus de 1000 ressortissants originaires d'Europe centrale. Les Allemands, Hongrois, Bulgares et Autrichiens qui y séjournèrent entre 1915 et 1917 étaient des immigrants non naturalisés, et certains d'entre eux sont enterrés dans le cimetière de cet ancien camp de détention.

Guyenne

Serres coopératives de Guyenne   ☞
715, rang 5
(819) 732-0456
Ouvert de mi-mai à la fête du Travail.

Rougir de plaisir. Dans cette ville, qui doit son nom à un régiment du général Montcalm, des colons s'établirent en 1947, instaurant un système de développement coopératif. La terre et la forêt étaient exploitées à la manière des kolkhozes, ce qui valut le surnom de «Petite Russie» à Guyenne. Le journal local s'appelait même *La Pravda*. Ce collectivisme est aujourd'hui concentré dans 2200 m² de serres fondées en 1980, qui produisent huit millions d'arbres pour le reboisement et 450 tonnes de tomates bien rouges. On y fait aussi de la recherche sur les cultures in vitro.

Authier

École de rang d'Authier 🏛
269, route 111
(819) 782-3289
Ouvert toute l'année.

Vous me la copierez. En allant au lac Macamic, plongez 45 minutes dans votre enfance ou plutôt dans celle de vos aïeux en vous arrêtant dans une école de rang. Celle-ci, qui fonctionna de 1937 à 1958, permet de visiter le logement de l'institutrice, ainsi que l'unique classe où s'entassaient une quarantaine d'enfants de cinq à onze ans.

Saint-Norbert-de-Mont-Brun

Parc d'Aiguebelle 🌲 🏃
Route 101, sorties Destor ou Mont-Brun
(819) 637-7322, 762-8154
Ouvert gratuitement de mi-mai aux premières neiges.

Une marmite de plus de deux milliards. Des curiosités autant géologiques qu'animales caractérisent ce haut lieu récréatif. Dans la chaîne des collines Abijévis, vieilles de deux milliards sept cents millions d'années, lacs et cascades côtoient des pitons rocheux, comme les marmites des géants. Les lacs La Haie et Sault se prêtent à l'exploration sousmarine, à moins de caboter parmi les îles du lac Lois. Des sentiers dans une dense forêt de conifères vous suspendent sur un pont de 64 mètres de long à 22 mètres au-dessus du lac La Haie, ou vous font gravir et descendre 220 marches de falaises, sauf si vous préférez escalader le mont Dominant, le plus haut de toute l'Abitibi. Et puis, il y a la faune poilue avec des castors, qui ont construit près de 650 barrages, des orignaux, renards, lynx du Canada, loutres, visons, martres. Les espèces ailées sont aussi bien représentées : grand corbeau, pic maculé, tangara écarlate, gélinottes huppées et à queue fine, tétras des savanes. L'hiver, on y fait du ski de randonnée et de la raquette.

Gallichan

Collection Joseph-Bérubé   🏛 ❊
219, chemin de la Rivière Ouest
(819) 787-6240
Ouvert de la Saint-Jean-Baptiste à la mi-août ; sur rendez-vous hors saison.

Premier fouilleur. C'est dans le sous-sol de l'Hôtel de ville que l'on peut voir les quelque 300 pièces restantes de la collection de Joseph Bérubé. Pionnier autodidacte de l'archéologie abitibienne, Joseph Bérubé s'intéresse à l'occupation amérindienne dès les années 60. Au cours des fouilles qu'il effectua jusqu'à sa mort en 1980, il mit notamment à jour des objets en pierre taillée et polie vieux de cinq ou six mille ans. Pour les préhistoriens, certaines de ces pièces sont considérées comme étant exceptionnelles.

Rouyn-Noranda

Maison Dumulon   🏛
191, avenue du Lac
(819) 797-7125
Ouvert toute l'année.

L'histoire de Jos. La maison Dumulon, c'est à la fois l'histoire d'une famille venue chercher fortune minière et celle du développement d'une cité. Construite en rondins vers 1924 au bord du lac Osisko, cette demeure comprend le magasin général et le bureau de poste qui furent les premières officines de la ville naissante.

Maison Dumulon

Métallurgie du cuivre Noranda 🖘
101, avenue Portelance
(819) 762-7764
Ouvert gratuitement toute l'année.

La ruée minière et sulfureuse. En 1920, Edmund Horne, un prospecteur venu de Nouvelle-Écosse, détecte un filon aurifère, puis un gisement de cuivre quelques années plus tard. Ces découvertes feront naître une fonderie, qui mérite une visite commentée, en tenue de métallurgiste, pour mieux comprendre comment surgit d'un tas de boue un lingot pesé en once Troyes. Ce qui est aussi très intéressant à parcourir, c'est la toute nouvelle usine d'acide sulfurique, dont les émanations liées aux activités métallurgiques n'empoisonnent plus l'air de la ville. Une grande réussite technologique.

Église russe orthodoxe ☖
201, rue Taschereau Ouest
(819) 797-7125
Ouvert de fin juin à la fête du Travail.

Âme russe. Dans les années 50, des familles d'origine russe s'installèrent à Rouyn-Noranda, les hommes étant recrutés par les compagnies minières afin de suppléer à la pénurie de main-d'œuvre locale, partie travailler dans le Sud du Québec au lendemain de la Deuxième Guerre. Pour s'enraciner, cette communauté construisit une église orthodoxe d'architecture traditionnelle, aujourd'hui transformée en musée.

Église russe orthodoxe

Parc botanique À Fleurs d'eau 🦆
380, rue Richard
(819) 762-3178
Ouvert gratuitement toute l'année.

Cœur de verdure. C'est au début de cette décennie que ce jardin a vu le jour sur un terrain vague au bord du lac Édouard. Avec le soutien de la municipalité et d'organismes locaux, son aménagement et son entretien impliquent des bénévoles et aussi des chômeurs, dans le cadre de programmes de réinsertion d'emploi ; une initiative qu'il faut souligner. Cela dit, on visite sur demande et avec un guide le jardin alpin et le pavillon de l'Amitié, en passant par les sentiers des forêts ornementales et abitibiennes reconstituées.

Archéo 08 �֎
332, rue Perrault Est
(819) 762-6541

Un million d'objets. Près d'un million d'objets préhistoriques ont été déterrés depuis qu'Archéo 08 fouille le sous-sol de la région. Les découvertes de cet organisme sans but lucratif créé en 1985 sont surtout intégrées à des expositions itinérantes par thème, même si certaines pièces sont présentées dans les locaux de la MRC. Signalons aux voyageurs aventureux que Marc Côté, le «fouilleur en chef», et son équipe acceptent qu'on leur rende visite sur les chantiers qu'ils explorent. Cependant, pour des questions d'assurances, pas question de mettre la main à la pelle pour fouiller avec eux. On peut seulement regarder, toucher et discuter, après les avoir rejoints par des routes souvent difficiles d'accès.

McWatters

Centre éducatif du Lac-Joannès 🌲 🚶
703, chemin des Cèdres
(819) 762-8867
Ouvert gratuitement de mi-mai à la fête du Travail.

Programme forestier familial. Si la forêt et sa conservation vous intéressent, ce centre géré par l'Association forestière de l'Abitibi-Témiscamingue devrait vous satisfaire grâce à ses sentiers d'interprétation, ses randonnées thématiques, ses visites guidées pour toute la famille. Des programmes d'activités ont aussi été conçus pour les jeunes de trois à douze ans.

Beaudry

Collines Kékéko 🌲 🚶 ✖
Route 391
Accès libre toute l'année.

Quésako Kékéko ? Prof de chimie au cégep de Rouyn-Noranda, Joseph Jacob est aussi un passionné de nature qui, aidé d'amis et de collègues de la région, a pisté les collines Kékéko afin de les rendre accessibles, sûres et alléchantes aux randonneurs à tout crin. Été comme hiver, on peut arpenter huit sentiers balisés qui regorgent de trésors géomorphologiques, forestiers, panoramiques, botaniques ou mycologiques, et escalader des sommets dont le plus haut s'élève à 478 mètres. De superbes balades en pays algonquin qu'on appréciera à leur juste valeur avec, dans le sac à dos, le *Guide de sentiers de randonnée pédestre des collines Kékéko* par Joseph Jacob.

Arntfield

Mont Chaudron   ⚲
Route 117 Nord

Le chaudron à raisins. Plafonnant à 507 mètres d'altitude, la colline *Cheminis* est la plus haute cime abitibienne. En raison de sa forme, les habitants l'ont baptisée mont Chaudron, ce qui est plus évocateur, car il a vraiment l'allure d'un chaudron renversé. En y grimpant, on marche sur de petits cailloux qui ressemblent à des grains de raisin. Or, en langue algonquine, *cheminis* veut dire petits raisins…

Le Témiscamingue

❦

Guérin

Musée de Guérin   🏛
(819) 784-4321
Ouvert de mi-juin à début septembre.

Ne pas tomber dans l'oubli. Village agricole créé en 1908, Guérin serait aujourd'hui fantomatique si ses habitants et, surtout un de ses curés, Donat Martineau, n'avaient eu quelques idées originales pour l'animer alors qu'il se dépeuplait. Dans le presbytère, surnommé L'oasis, beaucoup trouvèrent refuge et partagèrent la vie communautaire de la paroisse. Aujourd'hui, un musée en plein air retrace le temps de la colonisation. Dans une quinzaine de bâtiments, les habitants ont rassemblé pour les exposer tout et n'importe quoi : animaux empaillés, souvenirs historiques, objets et vêtements liturgiques, outils de menuisier, de forgeron, mobilier d'époque… C'est aussi à Guérin que le premier Village-Vacances-Familles du Québec naissait en 1974.

Notre-Dame-du-Nord

Centrale de la Première-Chute ☞
Route 101, chemin privé Hydro-Québec
(819) 723-2535
Ouvert gratuitement de fin mai à la fête du Travail.

Une de chute ! Avant de se déverser dans le lac Témiscamingue, la Rivière-des-Quinze, qui doit son nom au nombre de ses rapides, alimente cinq centrales hydrauliques dont Première-Chute est la dernière mise en service (1968). Sa particularité tient aux parois moulées de ses fondations et aux vannes-segments pour le passage de l'eau, deux techniques alors employées pour la première fois en Amérique et qui, depuis, ont fait florès.

Ranch d'émeus Dundee ☞
471, rang Petit-Nédelec Sud
(819) 723-2438
Ouvert de mai à septembre.

Ne faites pas l'autruche. Si cela vous «émeus» de voir des nandous, ne faites pas l'autruche. Au contraire. Faites-vous photographier avec ces grands oiseaux coureurs originaires d'Australie et d'Amérique du Sud. Près de 50 volatiles s'ébattent dans ce ranch, où Jocelyne Brisson les élève pour la reproduction et la vente à des fermes qui approvisionnent ensuite des restaurants de fine cuisine québécoise.

Musée des fossiles 🏛 ✳

3, rue Principale
(819) 723-2586
Ouvert de début juin à fin août.

L'ère tropicale. Il y a 200 millions d'années, les eaux équatoriales baignaient le bouclier canadien qui ne faisait qu'un avec le supercontinent appelé la Pangée. C'était à l'ère secondaire, à l'époque de *Jurassic Park*, et les plaques tectoniques n'avaient toujours pas repris leur grande dérive qui pousserait l'Amérique vers le pôle Nord et les glaciations du quaternaire. Changement de climat, changement de décor pour l'Abitibi-Témiscamingue qui garde prisonnière en ces roches milliardaires des poissons et des mollusques tropicaux. Fossilisés, ils seront découverts dans le lac Témiscamingue, vestige d'une mer tropicale, et accueillis dans ce musée qui traite de géologie et de biologie vieilles de 425 millions d'années.

Angliers

Le T. E. Draper 🏛

11, rue T. E. Draper
(819) 949-4431
Ouvert tout l'été.

Hommage au flottage. De 1929 à 1977, le remorqueur T. E. Draper a convoyé sur les lacs des Quinze et Simard des milliers de billots pour le compte de la Canadian International Paper (C.I.P.), l'un des plus gros producteurs de pâte de bois du pays. À quai depuis 1977 pour être visité, ce bateau, qui porte le nom d'un gérant de la C.I.P., témoigne de la grande époque du flottage et des draveurs.

Laverlochère

Collection Gérard Gagnon 🏛

18, rue Saint-Isidore
(819) 765-3231
Ouvert toute l'année, gratuitement sur rendez-vous.

Faut avoir la piqûre ! Dans *Le Guinness des records 96*, Gérard Gagnon a droit à quelques lignes en page 230. Son titre de gloire ? Collectionner depuis 1975 des nids de guêpes. En janvier 1996, il en possédait 625, soit 337 de plus que son record de 288 nids homologué le 29 janvier 1993.

Ville-Marie

Lieu historique national du Fort-Témiscamingue

834, chemin Vieux-Fort
(819) 629-3222
Ouvert de la fête de Dollard à celle du Travail ; sur rendez-vous hors saison.

Un décor à la Walt Disney. Ce site fut l'un des premiers postes de traite des fourrures de la région à la fin du XVIIᵉ siècle. On y circule maintenant parmi les vestiges du fort, construit en 1720 et abandonné en 1901, et les traces de l'occupation algonquine que des fouilles archéologiques font remonter à 4000 ans avant J.-C. Mais plus impressionnant est le boisé du Vieux-Fort, surnommé la Forêt enchantée. En raison de ses pins rouges et de ses thuyas centenaires aux troncs tortueux qui la composent, on se croirait dans un décor de films à la *Merlin l'Enchanteur…*

Maison du colon

7, rue Notre-Dame-de-Lourdes
(819) 629-3533
Ouvert de la fête de Dollard à celle du Travail ; sur rendez-vous hors saison.

Le boum du curé. Père du Témiscamingue agricole, l'oblat Joseph Moffet aurait semé en 1879 les premiers blés à Baie-des-Pères, devenue Ville-Marie en 1962. Ce religieux légendaire a fait ériger cette maison de bois en pièce sur pièce pour accueillir les colons dès 1881. Restaurée et classée en 1978, elle rappelle par son mobilier la vie, l'habitat et l'histoire de ceux qui ont forgé la région.

Lac Kipawa

Sur la piste des… Le lac Kipawa — où « il n'y a pas d'issue » en algonquin — est un lac de 2000 km de circonférence parsemé de 950 îles. Les chasseurs et les pêcheurs y trouvent leur bonheur, ainsi que les plongeurs. Par la route 101 ou par hydravion, on accède au lac via Laniel ou Tee-Lake Kipawa. De ce secteur, une piste conduit à Hunter's Point, un ancien poste de traite fréquenté par les trappeurs et les Algonquins, et qui garde encore les traces de ces échanges (hangar à bateaux, maison du cordon- nier en bois équarri, chapelle, etc.).

À l'heure de l'Outaouais

❧

La rive québécoise des Outaouais est rarement inscrite dans les petits papiers des amoureux de la nature. Et c'est un tort, parce que cette région cache des sites d'une grande beauté.

La « Grande Rivière » que remonta Cartier fut baptisée sous Champlain, lorsqu'en 1615 il y rencontra la communauté des Outaouaks. Depuis longtemps, ces derniers partageaient avec les Algonquins et les Hurons des territoires que les Blancs investiront après quelques incursions en direction des Grands Lacs. Les Amérindiens verront alors les Français, les Anglais, les Irlandais et les Écossais naviguer chez eux et pénétrer le bouclier canadien à la recherche de bêtes à poils et d'essences forestières. Le commerce des fourrures, puis celui du bois, constitueront en effet le fondement des relations économiques, qui s'intensifieront avec la venue des premiers colons au début du XIXe siècle.

Aujourd'hui, le visiteur peut aisément esquisser le passé historique, commercial et industriel de l'Outaouais en longeant son cours en bateau, en auto ou à vélo. À Hull, il sera attiré par la modernité. Si l'archéologie et la spéléologie le tentent, il poussera une pointe dans les terres. Elles devraient satisfaire tout voyageur en manque de chlorophylle et d'activités de plein d'air, car les parcs, réserves et lacs y sont vastes et nombreux.

Dernière chose : si votre montre avance ou retarde, profitez-en pour la mettre à l'heure. C'est en effet entre Papineauville et Montebello que passe le méridien du Québec. À 75° ouest de Greenwich, le décalage est exactement de cinq heures GMT.

Fort-William

Rocher de l'oiseau

Rupestre. En amont de Fort-William, une falaise de granite de 150 mètres surplombe la rivière des Outaouais. À bord d'une embarcation, il faut se rendre au pied de cette paroi du bouclier canadien pour en prendre plein les yeux. Le rocher de l'oiseau, ainsi qu'on nomme l'endroit, est recouvert de peintures rupestres à l'ocre rouge, qu'exécutèrent les Algonquins voici plusieurs siècles. On distingue notamment un oiseau qui rappellerait la légende de l'aigle ayant sauvé un enfant d'une chute de la falaise. Mais prière aux grimpeurs et aux graffiteurs de s'abstenir d'escalader et de taguer le piton. Même recommandation aux archéologues et géologues du dimanche qui auraient dans l'idée d'arracher quelques roches. Ce site rupestre est le seul accessible dans la région, ceux recensés en Abitibi et au Témiscamingue ayant été fermés à la suite de dégradations.

Waltham-Wyman

Sentier du Pontiac

Piste secrète. Il y a une bonne dizaine d'années, un train reliait Waltham à Wyman, une petite localité au nord-ouest de Quyon. Le trafic ferroviaire ayant été abandonné, ce réseau long de 72 km connaît une nouvelle jeunesse depuis que ses rails et traverses ont été démantelés. Devenue piste cyclable, l'ancienne voie ferrée passe par Davidson, Fort-Coulonge, Campbell's Bay et Shawville, et elle est parmi les moins connues des pédaleurs. Pour ceux qui aiment rouler tranquille, ce parcours découpé en quatre tronçons est la randonnée nature par excellence.

Mansfield

Pont couvert Marchand
Route 148

Le deuxième. Le pont Marchand qui enjambe la rivière Coulonge est à la fois le plus vieux (1898) et le plus long de l'Outaouais (150 mètres), et arrive en deuxième place pour ces deux catégories au Québec. Construit en pin et coiffé de tôle, il est constitué de six travées de type Town et à poinçons doubles. Compte tenu de sa couleur, on le surnomme « le pont rouge ».

Chutes Coulonge

Chemin des Chutes
(819) 683-2770
Ouvert toute l'année.

Par ici mon billot. Depuis des passerelles et belvédères, on voit la rivière Coulonge chuter de 48 mètres en trois sauts et courir dans un canyon d'un kilomètre. Pas mal. Toutefois, notre curiosité est surtout attisée par la glissoire à billots qui servait à faire descendre les troncs sans embûche sur le cours d'eau. Au début du siècle dernier, l'ouvrage en bois avait été construit par George Bryson, entrepreneur forestier d'origine écossaise qui exportait des pins blancs jusqu'en Angleterre. Le temps faisant son œuvre, le béton a remplacé le bois, mais l'essentiel est que cette glissoire existe toujours, car on n'en voit plus guère ailleurs.

Campbell's Bay

La voie navigable

602, route 301
1 800 665-5217

Plaisance à la Champlain. Au XIXe siècle, des bateaux à aubes assuraient le transport des voyageurs et des marchandises entre Rapides-des-Joachims et Norway Bay, dans le Pontiac. En ces temps-là, la voie maritime était le seul moyen de communication entre la dizaine de villages qui s'égrenaient le long de la rivière des Outaouais. Si des routes asphaltées relient aujourd'hui les municipalités, il n'en demeure pas moins qu'on navigue toujours sur la « Grande Rivière ». À la différence que la plaisance a pris le relais de la navigation à vapeur. Sur les traces de Samuel de Champlain, on peut parcourir 200 km ou pousser plus loin l'aventure jusqu'à Notre-Dame-du-Nord, au fin fond du lac Témiscamingue.

Aylmer

Parc de l'Imagier et Centre d'exposition 🏛 🏛
9, rue Front
(819) 684-1445
Ouvert toute l'année.

L'imaginaire et le victorien. Si elle est sans but lucratif, l'association l'Imagier créée en 1975 par des citoyens d'Aylmer a pour objectif de stimuler l'imagination et de lui faire prendre forme. Les sculptures de ce parc en sont la preuve, ainsi que le Centre d'exposition attenant. La modernité qu'affiche cet ensemble contraste agréablement avec les édifices du circuit patrimonial de la ville, fondée en 1816 par Charles Symmes. La plupart des édifices ont conservé leur cachet victorien. C'est le cas de l'Auberge Symmes, le premier hôtel de la cité bâti en 1832, qui a été transformé en centre culturel.

Hull

La Maison du Citoyen 🏛 🏛
25, rue Laurier
(819) 595-7175
Entrée libre toute l'année.

Futur administré. Jolie appellation que « la Maison du Citoyen » pour qualifier un hôtel de ville. Une terminologie parfaitement adaptée au rôle polyvalent du lieu, puisqu'il abrite la bibliothèque municipale, la galerie d'art Montcalm et la collection permanente de la municipalité en plus, évidemment, du logement de l'administration. Mais pour les visiteurs, comme pour les administrés la première fois qu'ils vinrent, c'est l'architecture ultramoderne qui étonne. Inauguré en 1980, le bâtiment de sept étages pensé par les architectes Daniel Lazosky et Pierre Cayer est centré sur une agora, qu'éclairent des verrières de dix-neuf mètres de haut. Pour sa construction, on a retenu des matériaux nobles (brique, tuile de céramique, chêne, cuivre) et ce projet a été récompensé par un prix d'architecture en 1982. À voir également, la fontaine et son parterre de sculptures à l'arrière de l'édifice.

Musée canadien des civilisations   🏛 🏛

100, rue Laurier
1 800 555-5621
Ouvert toute l'année.

Le monde aux petits. Avant de parcourir les salles d'expositions permanentes et temporaires du musée, il faut s'arrêter sur son architecture onduleuse. Elle est l'œuvre de l'architecte albertain Douglas J. Cardinal qui est l'un des premiers en Amérique du Nord à avoir appliqué l'informatique à l'architecture. Tout son projet, datant des années 80, a été conçu à l'aide d'ordinateurs, car la complexité des formes imaginées ne pouvaient être exécutées selon les techniques habituelles de dessin. Cela dit, la Grande Galerie est remarquable, mais surtout quelle belle idée d'avoir consacré une partie du bâtiment aux « muséphiles » en herbe ! Au Musée des enfants, les petits sont conviés à rien de moins que « la grande aventure »... qui débute par la remise d'un passeport à estampiller. Ils décollent aussitôt pour faire le tour du monde et découvrir un souk, une maison japonaise, puis une case nigérienne. Ici, ils fabriquent des tortillas, là des marionnettes indonésiennes. Il y a même un bistrot italien où ils peuvent préparer puis servir aux parents de bons gueuletons (certes en plastique, mais mieux vaut jouer le jeu). En plus des nombreuses aires de jeux, des ateliers animés (de bricolage surtout) reprennent les thèmes des expositions en cours. Inutile de dire que ce musée est particulièrement rafraîchissant et qu'il peut plaire aux enfants de tout âge !

Casino   🏛 $

1, boulevard du Casino
1 800 665-2274
Ouvert tous les jours de 11 heures à 3 heures.

Figure de proue. Depuis le 24 mars 1996, les

Hullois misent leurs 25 ¢ et plus dans les 1200 machines à sous et sur les 45 tapis verts du dernier-né des casinos québécois. Hormis le jeu, l'architecture du bâtiment vaut aussi la chandelle d'une visite. D'une superficie de 23 500 m², l'édifice de style avant-gardiste est érigé sur une ancienne carrière à la manière de la proue d'un bateau qui avancerait sur le lac Leamy. Largement fenêtré, au plus grand bénéfice de sa luxuriante végétation, le casino donne envie de plonger dans son plan d'eau, considéré comme l'un des plus purs de la ville.

Parc de la Gatineau 🦅 🚶

Boulevard Alexandre-Taché
1 800 465-1867
Ouvert toute l'année.

Chlorophylle. Eu égard à sa superficie (35 600 hectares) et aux activités de plein air proposées en toutes saisons, on peut rester dans les abords citadins de ce parc ou le pénétrer plus avant. On y découvrira ses 221 espèces d'oiseaux, dont les rares viréos à gorge jaune et parulines à ailes dorées, et ses 54 lacs et sites exceptionnels. Parmi ceux-ci, au moins trois doivent être visités à partir de la promenade Gatineau.

Lac Rose 🦅 ❄

Si la baignade est interdite, c'est pour préserver ce milieu aquatique très particulier sur le plan scientifique. Au fond du lac, l'eau est dépourvue d'oxygène et forme une couche qui ne se mélange pas avec l'eau de surface, à la manière de la crème froide qui nappe le café brûlant d'un irish coffee. Des bactéries anaérobies de couleur rose y vivent depuis des millénaires et les matériaux qui se déposent en profondeur ne se décomposent jamais, comme pétrifiés. Quant à l'eau superficielle, elle souffre aujourd'hui d'un excès d'algues vertes microscopiques, qui va peut-être obliger à rebaptiser le lac. Signalons que l'épinoche à trois épines évolue ici, alors que ce poisson vit habituellement en eau salée.

Domaine Mackenzie-King ☖ 🏛 ✝

Il faut payer un droit pour entrer dans ce domaine (ouvert de mi-mai à l'Action de grâces) qui fut la résidence estivale de l'ancien premier ministre du Canada, William Lyon Mackenzie King. Moorside, la demeure principale, est devenue un salon de thé, un musée et un théâtre. Dans le parc agrémenté de ruines romantiques, la majorité des plantes ont été choisies par le premier ministre lui-même.

Mont King ✝

Cette paroi rocheuse longue de 30 km qui surplombe la vallée de l'Outaouais fait partie de l'escarpement d'Eardley. Depuis son sommet, où se côtoient des chênes rouges et blancs, la vue est imprenable sur la rivière, le lac des Montagnes et l'escarpement.

Grotte Lusk 🏃
À partir de l'entrée
de Sainte-Cécile-de-Masham

Par un sentier longeant le lac Philippe, on accède à la grotte Lusk, sculptée dans le marbre. On y pratique la spéléologie de fin mai à fin octobre, de préférence avec des membres de la Société québécoise de spéléologie (1 800 338-6636).

Train à vapeur H.C.W. ✝ ☖
165, rue Deveault
1 800 871-7246
Uniquement sur réservation de la fête des Mères à la fin octobre.

Petit train va loin. À défaut du TGV, on a le HCW : le petit train à vapeur Hull-Chelsea-Wakefield ! Sa locomotive est d'origine suédoise et date de 1907. C'est l'entrepreneur Jean Gauthier et sa famille qui lui ont redonné sa vitesse de croisière en 1992 et depuis, les affaires vont bon train... À grand renfort de puissants « tchou ! tchou ! », ce train pittoresque quitte la gare d'Hull, longe de magnifiques paysages de la rivière Gatineau (à 40 km/h) et arrive à Wakefield une heure et demie plus tard. À l'aller comme au retour, une équipe de jeunes guides-animateurs renseignent et divertissent les voyageurs. Fait intéressant : il est possible de prendre uniquement un aller ou un retour en train et de faire l'autre portion en vélo, par exemple. Une fois à Wakefield, un charmant petit village en bordure de la rivière, on comble l'arrêt de deux heures en participant à l'une des trois visites guidées (de différentes durées). La plus longue mène au vieux moulin et au cimetière ; là se trouve enterré l'ancien premier ministre canadien Lester B. Pearson. La découverte du village, avec son église, son ancienne gare (convertie en bistrot avec terrasse) et son magasin général, s'avère aussi être une promenade très agréable.

Sainte-Thérèse-de-la-Gatineau

Lac des Trente-et-un-milles

Jacuzzi naturel. Réputé pour son eau limpide et ses plages, le lac des Trente-et-un-milles est surtout très prisé par les plongeurs en raison de ses nombreuses cavernes sous-marines. Il a aussi une autre particularité : un pont de pierres, qui forme une arche naturelle, et une chute d'eau qui fait penser à une grande baignoire à remous. On y accède par bateau à partir du quai public de la municipalité, où on loue différents types d'embarcations et du matériel de plongée. Pour les marcheurs, de beaux canyons sont à parcourir.

Maniwaki

Château Logue

8, rue Comeau
(819) 449-7999 / 449-5102
Ouvert de mai à octobre.

Chaud devant ! Sur les bords de la Gatineau, le marchand irlandais Charles Logue s'était fait construire en 1887 une maison de style Second Empire en granite. Cent ans plus tard, après restauration des trois niveaux de cette demeure, le rez-de-chaussée est devenu le Centre d'interprétation de l'historique de la protection de la forêt contre le feu. Un titre qui en dit long pour présenter en cinq salles les relations que l'homme entretient avec la forêt et les moyens déployés pour la protéger des incendies. Parmi ces techniques, la télédétection par satellite et l'informatique se portent au secours des arbres avec des programmes fournis par la Société de protection des forêts contre le feu (Sopfeu), dont les bureaux sont installés à Val-d'Or, Baie-Comeau, Roberval et Maniwaki. On reçoit d'ailleurs ici tous les ans de nombreux spécialistes de tous les continents qui viennent actualiser leurs connaissances en matière de prévention et de lutte contre les incendies forestiers.

Grand-Remous

Réserve faunique de La Vérendrye

Route 117 Nord
(819) 438-2017
Ouvert de mi-mai à mi-septembre.

La Belgique, une demi fois ! Avec ses 13 615 km², La Vérendrye qui s'étend de l'Outaouais à l'Abitibi est la deuxième réserve faunique du Québec. La route 117 relie d'ailleurs Grand-Remous à Val-d'Or, séparées par 250 km. Pour avoir une idée de son gigantisme, disons que La Vérendrye pourrait contenir un peu moins de la moitié de la Belgique. Parmi ses attraits, on recense quelque 4000 plans et cours d'eau de toutes tailles, des orignaux, ours noir, tétras, geais du Canada, mésanges à tête brune, balbuzards (aigle pêcheur), pygargues (aigle à tête blanche), sternes pierregarins, huards à collier, parulines obscures, roitelets à couronne dorée, pics à dos noir. Compte tenu de sa superficie, on peut se contenter d'explorer la tourbière de la Forêt mystérieuse en empruntant un sentier d'auto-interprétation près du lac de la Vieille. Aux chutes du lac Rolland, le sentier rappelle l'époque des draveurs.

Réservoir Baskatong
Chemin de Baskatong

Caviar. En 1927 commencent à Grand-Remous les travaux de construction du barrage Mercier qui va alimenter les centrales hydroélectriques de la Gatineau. En amont de la ville, un réservoir de 320 km² est créé en 1929 pour le plus grand bonheur de plusieurs générations de pêcheurs. Dorés, brochets et touladis mordent à leurs hameçons, mais c'est surtout l'esturgeon qui fait la particularité de ce plan d'eau. Ceux que la pêche n'attire pas opteront pour la voile, le ski nautique, la motomarine, la planche, la baignade ou la bronzette sur des plages de sable blanc. Ils pourront aussi rêver à *Maria Chapelaine*, dans sa version tournée ici par le cinéaste Gilles Carle en 1982, ou à la légende d'un mystérieux monstre qui ferait passer Baskatong pour le Loch Ness.

Val-des-Monts

Caverne Laflèche
Route 307 Nord
(819) 457-4033
Ouvert toute l'année sur réservation uniquement.

Laflèche dans le marbre. C'est dans une colline de marbre, vieille d'environ un milliard d'années, que cette cavité a dû voir le jour — ou plutôt le noir ! — avant le quaternaire glaciaire. Des eaux de surface et souterraines ont ensuite fait leur œuvre en sculptant, il y a quelque 10 000 ans, les galeries, dômes, puits et autres concrétions montantes et descendantes qui la rendent néanmoins facile à explorer. Chaudement vêtus, c'est l'hiver qu'il faut y crapahuter pour la beauté de ses sucettes de glace. Laflèche est à… décocher comme un des *nec plus ultra* de la spéléo canadienne.

Val-des-Bois

Réserve faunique Papineau-Labelle
Route 309 Nord
(819) 454-2013

Marcher sur un milliard. Toute faunique qu'elle

soit, cette réserve cache surtout ses trésors sous les pieds des marcheurs. C'est aussi simple à expliquer que la formation de la Terre, il y a quatre milliards et demi d'années. Pour être exact, les roches ignées et métamorphiques qui constituent son sous-sol datent du dernier… milliardaire ! C'est donc au détective qu'il faut venir jouer dans cet entrepôt terrestre, d'autant qu'on propose aux géologues de toutes catégories cinq circuits à explorer à la loupe, au canif et à l'aimant. Un sacré coup de chapeau doit être donné à ceux qui ont conçu ces parcours, la carte des rallyes géologiques et la brochure *Si la Terre m'était contée,* indispensables pour remonter le temps et qu'on se procure à chaque entrée de la réserve.

Plaisance

North Nation Mills 🏛
Montée Papineau, puis rang Malo

Ville fantomatique. De 1808 à 1903, North Nation Mills fera vivre plus de 300 habitants de l'exploitation de la scierie du Sault-de-la-Chaudière. Après la création du village en 1801 par Joseph Papineau, on a construit un moulin à scie et un à farine, un magasin général, une école, une église baptiste et des maisons ordinaires pour les travailleurs. Quant aux entrepreneurs forestiers, qui se succédèrent sur la seigneurie Papineau jusqu'en 1852, on les logera dans des demeures plus cossues. À cette date, la famille Papineau qui régnait en maître sur North Nation Mills vend le site ; il connaîtra cinq autres propriétaires. L'avant-dernier, W.C. Edwards, démantèle le moulin à scie en 1903, ce qui arrête net toute l'économie du village. Mais le pire se produit en 1920. La Gatineau Power achète la propriété à Edwards, puis détruit tous les bâtiments de North Nation Mills. À part quelques vestiges, révélés par des fouilles en 1984, il ne reste rien de cette ville, pas même le fantôme de son moulin pour lequel elle fut bâtie. Heureusement, la rivière Petite-Nation et les chutes qui la bordaient sont encore visibles. C'est peut-être le seul cas de construction et de destruction volontaires d'une ville au Québec.

Lac-Simon

Centre nautique

845, chemin Tour-du-Lac
(819) 428-7706

Lac au lac. Un lac qui abrite une île n'est vraiment pas un phénomène unique chez nous. En revanche, que l'île contienne aussi un lac en son sein est plutôt rarissime. Pour apprécier cette curiosité, il faut louer une barque dans la municipalité, puis pagayer sur le lac Simon jusqu'au nord-est de l'île du Canard Blanc. De là, on se rend à pied au lac des Étoiles, dit aussi lac Blanc, dont certains pensent qu'il aurait pour origine une chute de météorite.

Montebello

Château Montebello

392, rue Notre-Dame
(819) 423-6341
Ouvert toute l'année.

Sports divers. En juillet 1930, les journaux ne parlaient que de ça... En employant un bataillon de bûcherons à l'œuvre jour et nuit, il avait suffi de quatre mois seulement pour bâtir ce complexe unique en son genre. Construit selon des techniques scandinaves alors inédites dans le pays, avec plus de 10 000 billots de cèdre importés de Colombie-Britannique, le Log Château n'en accueillerait pas moins son lot de suzerains. Le club privé Seigniory, créé dès l'ouverture, fut notamment fréquenté par l'ancien premier ministre Lester B. Pearson, la reine Juliana des Pays-Bas, le prince Rainier et la princesse Grace de Monaco... Sommets économiques, réunions de l'OTAN et autres rencontres protocolaires (principalement à l'époque de Pierre Elliott Trudeau) se sont également déroulés dans son vaste atrium de trois étages au centre duquel trône un magnifique foyer de pierre. Appartenant à la chaîne Canadien Pacifique, le Château Montebello continue de perpétuer certaines traditions anglo-saxonnes, en particulier celle du jeu de curling. Les amateurs de ce sport (clients ou non de l'hôtel) peuvent réserver la patinoire de curling pour y organiser parties ou tournois.

Parc Oméga 🦅

Route 323 Nord
(819) 423-5487
Ouvert toute l'année.

À chacun sa carotte. Attention : dans ce parc, on risque fort de se retrouver dans un embouteillage provoqué par… des daims. Loin d'avoir les nerfs, mais plutôt la jolie queue… en boule, ils traversent, vaquant à leurs occupations, sans faire cas de vous. Car ici, seuls les humains sont prisonniers de leur voiture. Des daims et des wapitis broutent, des sangliers émergent des bois, des buses virevoltent au-dessus de vous, tandis que des douzaines de petits oiseaux piquent des sprints spectaculaires entre les branches d'arbres et les mangeoires installées un peu partout. Mais quand on débouche dans la plaine, surprise : elle dépasse de quelques pieds le toit de la voiture et c'est rien de moins qu'une famille de bisons qui vient faire causette… Comme les nombreuses autres bêtes qui accourent, baissant la tête, léchant les vitres, ils espèrent goûter à la cuvée de carottes remises à l'entrée.

Le pays d'en Haut

Ce qui prime dans les Laurentides, c'est le paysage. Surtout lorsqu'on prend un peu de hauteur. Son charme se révèle alors dans ses forêts, lacs et rivières, où la faune et la flore s'explorent calmement au sein des réserves et des parcs qui les protègent. Et c'est un bien. Parce que le développement touristique de cette région et son corollaire d'infrastructures donnent parfois l'impression de lui nuire.

Pour qui aime les centres de villégiature bien pourvus d'équipements, de boutiques et d'activités commerciales, des villages comme Saint-Sauveur, Sainte-Agathe ou Mont-Tremblant séduiront. Mais si l'on est un adepte de la nature au naturel, on cherchera à en tirer profit par soi-même. Dans ce cas, qu'offrent les Laurentides ?

Bien sûr, de belles balades à pied, à vélo, à ski, à cheval, en motoneige ou en hydravion. Mais ce qui retient surtout l'attention, c'est le rafting, de plus en plus prisé, et la motomarine qui semblent avoir trouvé sur la rivière Rouge et sur La Lièvre leurs eaux les plus vives. En profondeur, la plongée sous-marine attire, tandis qu'en altitude les escalades de rochers et de glace promettent monts et merveilles. L'agrotourisme est aussi devenu une spécialité de la région et la variété des produits et des élevages permet de faire son marché à la ferme de son choix.

Cela dit, les Laurentides ont également une histoire. Jusqu'à la rébellion de 1837, elle se déroule dans les seigneuries qui longent les rives des Outaouais et des Mille-Îles. Puis elle se forge dans les Pays-d'en-Haut, pénétrés sous la houlette du curé Antoine Labelle, à partir de 1840.

Carillon

Canal de Carillon 🏛 👥
Route 344 Ouest
(514) 658-0681 / 537-3534
Ouvert de mai à septembre.

Vingt mètres en vingt minutes. En 1854, le premier vapeur franchit le canal de Carillon, ce qui va faciliter la navigation sur la rivière des Outaouais. De ce couloir maritime, fait de bois et de pierre taillée, il ne reste que des vestiges, ainsi que la maison du collecteur. Une écluse en béton haute de vingt mètres le remplace depuis 1962 à la grande joie des plaisanciers qui s'élèvent ou descendent en vingt minutes.

Musée historique d'Argenteuil 🏛
50, rue Principale
(514) 537-3861
Ouvert de mi-mai à mi-octobre.

Comté au passé. Pour les besoins de la construction des canaux de Carillon et de Grenville qu'il supervise, C.J. Forbes fait ériger en 1830 un édifice de style classique américain (géorgien) sur sa propriété. En 1837, l'imposant bâtiment de pierre est transformé en caserne afin de loger des troupes anglaises. Un siècle plus tard, on le convertit en musée pour jeter un regard sur le passé du comté d'Argenteuil, grâce à des meubles, de la vaisselle, des armes et des maquettes de bateau et de train.

Maison Désormeaux 🏛
36-38, rue Principale

Architecture transitoire. Toujours habitée, cette maison en briques ne peut être visitée. Datant de 1840, elle est remarquable par le compromis de son style géorgien et de son architecture traditionnelle québécoise, que rappellent sa toiture élevée à deux versants et ses fenêtres à vantaux.

Oka

Abbaye cistercienne 🛐

1600, chemin d'Oka
(514) 479-8361
Ouvert du lundi au samedi.

Le salut d'Oka. Quel est le point commun entre le fromage d'Oka et le port-salut français ? Réponse : le frère Alphonse Juin qui vint en 1893 prêcher la recette fromagère de l'abbaye de Port-Salut, située dans la Mayenne, aux pères trappistes d'Oka. Pendant près de 100 ans, le célèbre fromage sera élaboré dans le monastère érigé en 1890. Maintenant que le fromage d'Oka est fabriqué industriellement par Agropur, les bons pères sont retournés à leurs prières. Vous pouvez faire de même dans la chapelle, vous promener dans les jardins de l'abbaye ou déguster des friandises concoctées par des collègues trappistes de Notre-Dame de Mistassini, près du Lac Saint-Jean.

Parc d'Oka 🚶 🛐

2020, chemin d'Oka
1 800 PARCOKA (727-2652)
Ouvert toute l'année.

Loisirs spirituels. Baignade, ski de fond, planche à voile, raquette, vélo, pédalo, patinoire et pique-nique se pratiquent dans ce parc de 24 km². L'été, comme le faisait remarquer notre voisine de serviette, la plage de sable doré, très fréquentée, n'a rien à voir avec « la cassonade qu'on vous sert au Parc des Îles à Montréal ». Pour les amoureux de la nature, deux options : le naturisme et le naturalisme. À l'extrémité de la plage, les naturistes bronzent nus, tandis que les naturalistes visitent habillés le centre d'interprétation de la nature. Un spécialiste du ministère de l'Environnement peut d'ailleurs les accompagner en balade. Mais c'est par soi-même (recueillement oblige !), qu'on emprunte les quelque cinq kilomètres du chemin du calvaire d'Oka. On découvre alors les sept oratoires de pierre qu'un missionnaire sulpicien fit construire en 1741 afin d'évangéliser les Amérindiens. Du quai d'Oka, on peut rejoindre la Montérégie en traversant le lac des

Deux-Montagnes. Si l'été, on prend un bateau, l'hiver, c'est une autre affaire, car pour passer d'une rive à l'autre, on circule sur un pont… de glace !

Saint-Eustache

Manoir Globensky

235, rue Saint-Eustache
(514) 974-5055
Entrée libre toute l'année.

De manoir en hôtel. Entre 1861 et 1865, Henri-Maurice Perrault va construire ce manoir pour Charles-Auguste Maximilien Globensky, le dernier propriétaire de la seigneurie de la Rivière-du-Chêne. En 1901, un incendie oblige à le remettre en état et l'architecte Charles Bernier est chargé du projet. Il sera remodelé, une trentaine d'années plus tard, pour afficher un style qui rappelle la maison ayant servi de décor au baiser de Vivian Leigh et Clark Gable dans *Autant en emporte le vent*. C'est aujourd'hui l'hôtel de ville et le centre culturel de Saint-Eustache. Au rez-de-chaussée, il abrite le musée des Patriotes. On peut se procurer ici une brochure sur le vieux Saint-Eustache, qui mérite la promenade pour en savoir plus sur son intéressant patrimoine architectural.

Moulin Légaré

236, rue Saint-Eustache
(514) 472-9529
Entrée libre de mai à novembre.

Moudre l'explication. Face au manoir-hôtel de ville, s'élève le moulin Légaré. Sur la rivière du Chêne, cette bâtisse voit son carré d'origine, en pierres des champs, érigé en 1762. On le modifie en 1785 par l'ajout de la maison du meunier qui sera démolie et remplacée, en 1903, par une construction en bois de deux étages à façade de style *boom town*. En 1880, une scierie attenante est construite et rebâtie en 1925 sur des fondations en béton. Le moulin se visite pour ses explications sur le fonctionnement des différents mécanismes et les étapes de transformation des grains en farine.

Église de Saint-Eustache 🏛
123, rue Saint-Louis

État de siège. Outre son architecture et sa décoration, ce lieu de culte doit sa notoriété à la Rébellion et à son excellente acoustique. Construite à partir de 1780 et décorée par Louis-Amable Quévillon, l'église va être mise à mal en 1837. Le 19 décembre de cette année-là, une poignée de Patriotes conduits par le docteur Jean-Olivier Chénier s'y réfugient. Aux ordres du général John Colborne, 2000 soldats anglais donnent du canon et incendient deux bâtiments. On relèvera 70 morts, parmi lesquels Chénier qui tentait de fuir. L'église sera réparée vers 1840, mais on y laissera volontairement des traces de boulets sur sa façade. Agrandie en 1905 par l'architecte Joseph Sawyer, elle s'orne depuis d'une nouvelle décoration, dont une statue de saint Joseph par Olindo Gratton, un sculpteur de Sainte-Thérèse (1851-1941), et huit toiles marouflées, au nombre desquelles l'artiste Louise Gadbois a signé *La communion de saint Stanislas Kostka* et *Le baptême de Jésus.* Une particularité à signaler, car peu de femmes ont œuvré à l'embellissement des églises. Quant aux amateurs de classique, ils prêteront sûrement une autre oreille à leurs 33 tours, sachant que l'Orchestre symphonique de Montréal a enregistré ici de nombreuses pièces musicales.

Musée Jean Hotte 🏛
405, chemin de la Grande-Côte
(514) 473-4370
Ouvert d'avril à décembre.

Collectionneur conteur. Depuis les années 60, Jean Hotte collectionne tout ce qui lui tombe sous la main, ou presque. Parce que, parmi les quelque 30 500 pièces hétéroclites que compte son musée, l'homme a une prédilection pour les jouets et les voitures d'antan. Pour tout voir et se faire expliquer chaque objet par le collectionneur en personne, il faudrait une semaine. Dans ce paradis pour âme d'enfant, comptez au moins quelques heures, sinon une visite au pas de charge risque de se terminer en pleurs.

Exotarium 🐦
846, chemin Fresnière
(514) 472-1827
Ouvert de février à décembre.

Appuyez doucement sur le python. Au lieu d'un boa en plumes autour du cou, que diriez-vous d'un serpent frétillant ? Mais non, ce n'est pas dangereux. Du moins pour ceux qu'on vous laisse caresser dans ce vivarium exotique, où l'on élève des reptiles en tous genres. Les alligators ont leur fosse, tandis que les pythons, cobras, grenouilles en technicolor et autres tortues rigolotes se pressent derrière les vitres de leur habitat.

Saint-Jérôme

Parc linéaire le P'tit Train du Nord 🚶🚶
(514) 436-8532

Les rois du Nord. Quand le dernier convoi de marchandises emprunte la ligne du Nord, en 1989, les Laurentides tournent une page de leur histoire. Le curé Antoine Labelle (1833-1891), surnommé le « roi du Nord » en raison notamment du chemin de fer qu'il a fait construire de Montréal à Mont-Laurier, s'est fait ravir la vedette par un autre roi : le vélo. Après un siècle de bons et loyaux services, le rail est victime de l'asphalte, les voies sont démantelées en 1991 et le tracé dans des paysages montagneux est converti en piste cyclable. Aujourd'hui, sur ce circuit aménagé de 200 km qui traversent 28 municipalités entre Saint-Jérôme et Mont-Laurier, on pédale de la mi-avril à fin novembre, puis on chausse les skis de fond le restant de l'année. Les motoneigistes bénéficient de sections réservées.

Centre d'exposition du Vieux-Palais 🏛 🏛

185, rue du Palais
(514) 432-7171
Entrée libre toute l'année.

Les modernes dans l'ancien. Après avoir accueilli des juges, le palais de justice a changé de vocation en 1987 pour plaider la cause des artistes contemporains. Devenu Maison de la culture, ce bâtiment néoclassique à colonnes doriques, édifié entre 1921 et 1924, fait la part belle à l'art visuel à travers des activités et des expositions tant éducatives que culturelles.

Cathédrale 🏛

355, rue Saint-Georges
(514) 432-9741
Ouvert tous les jours.

Prêchi-prêcha. Le cimetière qui devient cathédrale et l'ancienne église qui se transforme en espace vert, c'est ce que connurent les paroissiens de Saint-Jérôme au début du siècle. Dans la cathédrale de 1900, œuvre de l'architecte Casimir Saint-Jean, on a conservé l'autel de la vieille église où le curé Labelle servit la messe entre 1868 et 1891. On peut y voir les 3025 tuyaux de l'orgue Casavant installé en 1912. Dans le parc Labelle, sur le parvis de la cathédrale, un bronze d'Alfred Laliberté honore tant l'homme religieux que politique que fut Antoine Labelle, figure ô combien marquante pour le développement de la région.

Prévost

Chapeau-Écolo ☞

1035, rue Principale
(514) 224-7870

Chapeliers recyclés. Prenez deux sculpteurs qui se veulent aussi défenseurs de la nature. Donnez-leur

un bout de carton et ils en font un chapeau melon, un casque colonial, un canotier, un bibi, une capeline, selon la mode de la saison. L'idée d'exploiter ce créneau est venue à Ginette Robitaille et Roch Lanthier en voyant les monceaux de boîtes devant des boutiques de meubles et d'électroménagers, prêtes à partir dans les camions de poubelle. Employant une technique dont ils ont le secret, ce couple d'artistes travaille du chapeau pour mouler de vieux cartons en objets divers, tout en continuant de sculpter écolo.

Sainte-Marie-de-Bellefeuille

Para vision   ⚉

Rue de la Montagne
(514) 438-0855

Complètement sauté. Ça commence par de la théorie en salle, puis ça se poursuit par un entraînement sur le plancher des vaches et enfin ça se termine à 3000 pieds dans les airs. De là, on s'élance pour tomber en douceur, toute voile rectangulaire ouverte. Pour des sensations parachutées au-dessus des basses Laurentides, il faut avoir plus de dix-huit ans et envie de sauter, sans pour autant être sauté !

Sainte-Adèle

Village de Séraphin 🏛

297, montée à Séraphin
(514) 229-4777
Ouvert de fin mai à début octobre.

Grippe-sou. Claude-Henri Grignon est né le 8 juillet 1894. Très exactement au 348 de la rue Morin à Sainte-Adèle. Vivant de sa plume, on lui doit *Un homme et son péché* et la série télévisée *Les belles histoires des Pays-d'en-Haut*. Or la vie de Séraphin, son principal personnage romanesque, se déroule dans le cadre de la colonisation des Laurentides, reconstituée en une vingtaine de bâtiments. Même si Séraphin était un grippe-sou, on peut voir des meubles d'époque et des objets de collection au cours de la visite des maisons commentée par la voix de l'auteur.

Sainte-Marguerite-du-Lac-Masson

Le Bistrot à Champlain ☞

75, chemin Masson
(514) 228-4988
Visite de la cave sur réservation.

Millésimes et Riopelle. Chez le docteur Charest, on pratique une médecine des sens de la vue, de l'odorat et du goût. C'est en effet dans cet ordre que tout amateur s'éveille au vin, dès lors qu'on lui présente une dive bouteille. Et là, il est servi ! Parce que le médecin Champlain Charest a préféré la gastronomie à l'anatomie, il a ouvert dans un ancien magasin général une table réputée et, surtout, une cave que nombre de sommeliers prennent pour référence. En plus de la bonne chère et du bon vin, on goûte aux œuvres de Jean-Paul Riopelle, qui vit dans la municipalité.

Val-David

Les Jardins de rocailles ✇

1319, rue Lavoie
(819) 322-6193
Ouvert de mi-mai à mi-octobre.

Quand on a envie de se faire une fleur. Forcés par des travaux de voirie de repenser l'aménagement de leur terrain, Claude Savard et Jeannine Parent se découvrent une passion pour l'horticulture. Petit à petit, ils composent des paliers de rocailles avec des cascades d'eau, puis un espace zen et des jardins à l'anglaise. Leur jardin, petit mais chaleureux, s'orne de sculptures en céramique, de bancs de parc pour la pause-lecture et de plus de 300 espèces de fleurs et d'arbustes. Le couple vous convie aussi dans son joli bistrot au pied du mont Césaire, pour le brunch dominical. À propos, le Parc linéaire du p'tit train du Nord passe juste à côté ; n'est-ce pas là un bel endroit pour faire une halte florale ?

Les étains Chaudron ☞

2449, chemin de l'Île
(819) 322-3944

Un art qui se perd. Si vous n'avez jamais vu un étameur de chaudron en action, c'est le moment ou jamais. Bernard Chaudron, au nom prédestiné, flirte avec l'étain depuis plus de 30 ans et le métier qu'il exerce artisanalement tend à disparaître. Dans son atelier, on peut le voir créer de la vaisselle et des objets décoratifs plus typés que les importations venues de n'importe où.

Saint-Faustin

Centre touristique et éducatif des Laurentides ✇ ⚐

Route 117
(819) 326-1606
Ouvert de mai à octobre.

Forêt éducative. Pour se familiariser avec la forêt laurentienne qui réserve des surprises à chaque coin d'arbres, on peut parcourir quinze kilomètres de sentiers avec la documentation qu'on remet sur demande à l'entrée du centre. Mais lorsqu'un naturaliste s'en mêle, ça devient plus intéressant. Surtout pour les jeunes auxquels on propose des activités éducatives. À l'automne, c'est de toute beauté.

Centre éducatif écologique de la faune aquatique des Laurentides ☞
747, chemin de la Pisciculture
(819) 688-2076
Ouvert d'avril à mi-octobre.

Sans efforts. Si vous aimez pêcher l'omble de fontaine dans les lacs laurentiens, il y a de fortes chances que le poisson qui mordra à votre hameçon ait débuté son parcours dans cette station piscicole. Spécialisé dans l'élevage de la truite mouchetée, l'autre nom de cette espèce, cet établissement possède aussi des bassins aménagés en pleine verdure pour les pêcheurs du dimanche qui veulent garnir leur assiette sans efforts sportifs.

Saint-Jovite

Musée de la Faune 🏛 🦆
635, rue Limoges
(819) 425-9179
Entrée libre toute l'année.

Conservation. Longtemps avant la télévision et les parcs aménagés, les animaux empaillés étaient une façon d'aborder la faune et d'en faire connaître la vie intime. Aujourd'hui, on préfère la nature au naturel, ce qui n'empêche pas de s'intéresser à la naturalisation des espèces et aux techniques employées par les taxidermistes. Un spécialiste vous dira tout.

Brasserie Saint-Arnould ☞ 🏛
435, rue Paquette
(819) 425-1262
Ouvert toute l'année.

Auprès de ma blonde. Dans leur brasserie

artisanale, les frères Vidal brassent des blondes, bru-
nes, rousses et ambrées. Sans pour autant livrer les
secrets de leurs recettes, ils ne sont pas avares de
commentaires sur la production de leurs bières, à
condition de téléphoner avant pour connaître les
jours de fabrication. Si vous débarquez à l'improviste, ce n'est pas gênant. Les Vidal vous accueillent
alors dans leur restaurant où vous pourrez visiter le
Musée de la bière. Les 2000 pièces qui y sont exposées proviennent de la collection d'André Paradis, dont le musée est situé à La Minerve.

Parc du Mont-Tremblant   🐟 🚶
(819) 688-2281

La vraie nature. À cause du bruissement des ruisseaux, les Algonquins surnommèrent le site
Manitonga Soutana, qui se traduit par montagne
des esprits ou du diable. Il faut dire qu'à l'origine,
sur ses 125 000 hectares, le parc comptait 985 lacs,
sept rivières et une multitude de cours d'eau
aujourd'hui répartis sur les secteurs de La Diable et
La Pimbina, ainsi qu'à la réserve faunique Rouge-
Matawin. On accède au parc du Mont-Tremblant par
différents points d'accueil pour profiter de sa nature
authentique et ses activités de plein air toute l'année (400 km de sentiers récréatifs, la chute du Diable, ski de fond, vélo de montagne…). On peut
aussi découvrir la région par des survols en hydravion.

La Minerve

Musée de la bière   🏛
25, montée Alexandre
(819) 274-2899
Visite gratuite sur rendez-vous de mai à octobre.

Mise en bière. Depuis plusieurs décennies, André
Paradis collectionne des articles publicitaires sur les
bières et les brasseries. Sa plus belle pièce, qui remonte aux années vingt, est une bouteille de Frontenac en grès. Pour la voir, il faut aller à la brasserie
Saint-Arnould à Saint-Jovite, car la place lui man-
quait pour toutes les bouteilles, canettes, chopes,

étiquettes et enseignes accumulées. Il reste ici quelque 500 objets qui viennent de tous les pays, sachant que le collectionneur ne cesse d'en acquérir pour les faire découvrir autour… d'un verre de bière !

La Macaza

Réserve faunique Rouge-Matawin

Route 117
1 800 665-6527

Chasse et pêche. En 1981, le nord du parc du Mont-Tremblant est amputé de 1635 km² de lacs et de forêts pour créer cette réserve où l'orignal semble le maître incontesté des bois. Côté aquatique, l'omble de fontaine et le brochet dominent, loin devant le touladi et le doré jaune. Car sur ce territoire, outre des sports de plein air quatre saisons (marche, vélo, canot, motoneige), les chasseurs et les pêcheurs sont admis. Bien sûr, une réglementation les concerne et les intéressés sauront se renseigner à cet égard. Avant de pénétrer dans la réserve ou dans le parc du Mont-Tremblant par le lac Caché, on peut jeter un œil au pont couvert de la Macaza. De type Town, il enjambe de ses 40 mètres la rivière Rouge depuis 1904, en remplacement du pont de chalands, fait de structures flottantes, qui servit à une compagnie forestière.

Lac-Nominingue

Réserve faunique Papineau-Labelle

Route 321
1 800 665-6527

Faucons. De dimensions et d'activités presque comparables à la réserve Rouge-Matawin, la réserve de Papineau-Labelle prouve elle aussi que les Hautes-Laurentides sont le domaine de la forêt et des lacs, et que la nature y est encore préservée du béton… Le mont Bondy est à portée de 30 minutes d'ascension par un sentier pédestre et, au sommet, on est attendu par des faucons. La vue panoramique sur la municipalité engage à venir regarder de plus près ses maisons centenaires et à faire le tour des deux lacs Nominingue.

Ferme-Neuve

Chutes du lac Windigo ⬋ ⚐
Route 309

Glissade naturelle. Alors que se créent un peu partout des glissades d'eau artificielles, le ruisseau Windigo démontre que l'érosion a du bon pour un rafraîchissement vivifiant. Au pied de la montagne du Diable (783 mètres), baptisée aussi mont Sir Wilfrid Laurier, une énorme roche plate polie naturellement invite à la glissade. Après quelques trempettes, on suit à pied le courant et ses chutes pour aboutir à la plage de sable blanc du lac Windigo.

Ferme-Rouge

Ponts jumelés sur la Kiamika ⚑

Deux pour un. Il existe encore des ponts couverts à La Macaza, Saint-Jovite, chute Saint-Philippe et près de Sainte-Anne-du-Lac. Mais un comme celui-ci, il n'y en a pas deux dans tout le Québec. Parce que justement, ils sont deux, en enfilade, à avoir été construits en 1903 et ce sont les derniers ponts « jumeaux » encore en état dans la province. De type Town, du nom de l'architecte Ithiel Town qui le breveta en 1820, ils mesurent respectivement 50 mètres et 77 mètres et on peut toujours les emprunter en voiture.

Lac-du-Cerf

Le Petit Castor ⬋
Route 311
(819) 597-2424

Rivière souterraine et ravages. Ce sentier écologique de deux kilomètres quatre cents, qui borde le ruisseau Longeau et offre des paysages diversifiés toute l'année, n'est qu'un des attraits de cette petite municipalité qui compte moins de 500 âmes.

En effet, on peut y pratiquer la plongée sous-marine dans le grand lac du Cerf, se baigner à la plage Monseigneur vêtue de sable blanc dans le parc La Biche, jouer les botanistes amateurs sur le sentier du belvédère de l'Essoufflé ou grimper au sommet du mont Limoges. Mais la curiosité demeure la rivière souterraine : les eaux des petit et grand lacs du Cerf disparaissent soudain pour mieux resurgir 300 mètres plus loin. À ne pas manquer non plus les « ravages » des chevreuils qui ceinturent le grand lac. Évidemment interdites aux chasseurs, ces mangeoires installées par la municipalité permettent d'observer les cerfs de Virginie qui viennent chercher leur pitance en hiver et au printemps.

Huberdeau

Calvaire 🏛

Pèlerinage massif. En 1878, Antoine Labelle plante une croix au sommet du massif qui domine le village. Quatorze ans plus tard, on construit un chemin de croix en bois avant de donner dans le calvaire spectaculaire. À l'époque, on ne recule devant rien pour impressionner les foules. Résultat, entre 1910 et 1920, 27 statues bronzées vont être fondues en France et installées sur le sentier de pèlerinage. Toutes mesurent plus de deux mètres et pèsent chacune 315 kg. Et pour parfaire le site, on inaugure en 1931 la grotte Notre-Dame-de-Lourdes, une réplique de la française.

La triangulaire Lanaudière

Avez-vous examiné la forme de Lanaudière ? Elle ressemble à un triangle surmonté d'un cercle. Voyez comment sa base s'appuie sur la rivière des Mille-Îles et le Saint-Laurent, tandis que ses côtés sont soutenus par deux masses montagneuses : d'un côté, le Parc du Mont-Tremblant et la réserve faunique Rouge-Matawin (partagés avec les Laurentides), de l'autre, la réserve faunique Mastigouche, qui se prolonge en Mauricie. À son sommet, le réservoir Taureau, dont on peut apprécier les 695 km de circonférence en le survolant en hydravion. Partant de cette géométrie, quels sont les attraits de la région lanaudoise ?

Commençons par son histoire. Seigneuriale, elle balbutie durant le dernier quart du XVIIᵉ siècle le long du fleuve, puis se tourne lentement vers l'intérieur, ce qui nous vaut aujourd'hui un assez bel héritage patrimonial.

Le défrichage des terres va révéler une plaine très fertile, d'où la vocation agricole de nombreux villages. Ainsi, du côté de Saint-Thomas, le frère Marie-Victorin découvrit, en 1935, que les terres de sable jaune étaient favorables au tabac, qu'on cultiva en alternance avec du seigle. Dans ce coin, quelques séchoirs à tabac ont résisté au temps.

Grâce à ses rivières bouillonnantes de chutes, on a créé des parcs. À Joliette, lorsque l'Assomption gèle, on vient glisser en famille sur les quatre kilomètres et demi de la plus longue patinoire extérieure du Québec.

Toute l'année, les activités de plein air sont aussi variées que les atouts culturels dans cette région, qui prit le nom de Lanaudière au siècle dernier en souvenir de la fille du sieur de Lavaltrie.

Terrebonne

Île-des-Moulins   ⚖ 🏛

Angle des rues des Braves et Saint-Pierre
(514) 471-0619
Ouvert toute l'année.

Vieilles pierres et sculptures modernes. Le sieur Daulier des Landes serait sûrement fort étonné de constater l'évolution de sa seigneurie depuis 1673. La boulangerie, où l'on buvait en cachette, date de 1803. Un an plus tard, on élève un moulin à scie, tandis que celui qui fournissait la farine nécessaire à la composition des biscuits des marins au long cours, remonte à 1846. Vers 1850, le bureau seigneurial et le moulin neuf, qui servira à fabriquer du tissu, voient le jour. C'est l'époque des Masson qui, de 1832 à 1883, furent les derniers seigneurs de ce site classé. Mais les vieilles pierres ne sont pas les seules à l'honneur, puisque dix artistes contemporains ont créé des sculptures monumentales. Faites de matériaux modernes, pour symboliser le développement industriel du siècle passé, elles sont intégrées dans l'espace vert entre les bâtiments anciens. On ne peut passer sous silence la richesse patrimoniale du Vieux-Terrebonne, dont les premières maisons ont été construites vers 1760. Habités par des particuliers ou transformés en commerce, ces édifices se prêtent à un circuit pédestre avec, en main, une brochure offerte à l'accueil de l'Île-des-Moulins.

Mascouche

L'Oasis florale Moorecrest   ☞

1455, chemin Pincourt
(514) 474-0588
Entrée libre de mi-mai à mi-septembre.

Botanique anglaise. Visionnaire ou écologiste avant l'heure, William Dyson Moore achète la ferme Pincourt à la fin de la Seconde Guerre mondiale. Son objectif est de faire vivre la nature dans ce lieu alors inhospitalier. La réussite, qui est l'accomplissement de son rêve, s'étend sur les cinq acres et demi du parc floral privé qu'il a créé. Parmi les massifs et les rocailles, on a parfois l'impression d'être en Angleterre.

Ville des Laurentides

Maison Sir-Wilfrid-Laurier 🏛

250, 12ᵉ Avenue
(514) 439-3702
Ouvert de la mi-mai à la fête du Travail.

Le premier premier. Né en 1841 à Saint-Lin, devenu Ville des Laurentides, Wilfrid Laurier vécut les premières années de son enfance dans cette municipalité lanaudoise. Cette maison restaurée a été agencée et meublée comme à l'époque du petit Wilfrid. Sachant qu'il fut le premier Canadien français à occuper l'arène politique d'Ottawa de 1896 à 1911, on commémore dans ce lieu historique la mémoire et la carrière publique de l'ancien premier ministre.

L'Assomption

Vieux palais de justice ⚖

255, rue Saint-Étienne
(514) 589-3266

Un procès pour souper. Dans la ville qui vit naître Martin Drainville, le Tintin de *Scoop*, on a rebaptisé Saint-Étienne l'ancien chemin du Roy, la plus ancienne rue où subsistent des maisons centenaires. Parmi celles-ci, on remarque le palais de justice construit en trois étapes. Ce fut d'abord une maison de bois en 1811, suivie d'un magasin et d'une autre maison en 1822. En 1842, la partie centrale, soit le magasin général, devient le bureau d'enregistrement du comté, tandis qu'à l'étage, on aménage la cour de justice. En 1860, d'importants travaux sont entrepris et confiés à l'architecte Victor Bourgeau, originaire de Lavaltrie. On siégera jusqu'en 1923 dans ce palais, aujourd'hui rénové et qui accueille des soupers-procès.

Lanoraie

Réserve écologique
des Tourbières-de-Lanoraie
361, rue Notre-Dame
(514) 887-0180
Ouvert de mai à octobre.

Réserve réservée. Pas question de se présenter sur ce site à l'improviste. Il faut réserver sa place pour connaître les secrets de la formation d'une tourbière. C'est donc en compagnie d'un guide de la Bande à Bonn'Eau qu'on passe deux heures et demie dans les 400 hectares de ce milieu humide de type nordique. Qu'est-ce qui prouve que cette végétation est spéciale ? Les espèces telles que l'épinette noire, le bouleau nain, la sarracénie, le pourpre insectivore et l'aréthuse, un végétal menacé qui appartient à la famille des orchidées. C'est aussi la zone limitrophe de la fougère de Virginie.

Berthierville

Chapelle des Cuthbert
551, rue De Bienville
(514) 836-7336
Entrée libre de la fête nationale à la fête du Travail.

À Catherine. En 1786, le maçon Antoine Leblanc et le menuisier Pierre Fouré érigent sur le domaine de James Cuthbert la chapelle St. Andrews, ainsi nommée en l'honneur du saint patron écossais. C'est le premier temple presbytérien du Bas-Canada et l'ancien aide de camp du général Wolfe l'a fait construire pour servir de sépulture à son épouse Catherine, décédée en 1785. Propriété du gouvernement québécois depuis 1927, la chapelle est restaurée à plusieurs reprises. Cependant, c'est surtout grâce à des photos, à des dessins et aux soumissions des différents corps de métier, qu'elle recouvre en 1977 son allure d'origine.

Église Sainte-Geneviève-de-Berthier ☖
780, rue de Montcalm
(514) 836-3758

Église dorée. Un tableau du XVIIIᵉ siècle de l'école française représente sainte Geneviève à qui cette église est dédiée depuis 1787. Mais cette toile n'est pas l'unique peinture de cette époque, puisque le chœur recèle d'autres œuvres de la même provenance. Au chapitre des richesses dorées à la feuille, on remarque le maître-autel en noyer, ciselé par Gilles Boivin en 1760, et l'ornementation que réalisèrent Amable Gauthier et Alexis Millette après le premier agrandissement de l'église en 1812. En raison de son écrin de bois sculpté, cette église vibre comme un Stradivarius lors des concerts qu'on y donne chaque été dans le cadre du Festival international de Lanaudière.

Archipel de Berthier 🐦
Route 158 Est
(514) 836-6758
Entrée libre d'avril à décembre.

Hérons verts. Ce n'est qu'à partir de 1940 qu'on relia Berthierville aux îles Saint-Ignace, Dupras et aux Vaches — où les premiers colons faisaient paître ensemble leur bétail. L'isolement de l'archipel a eu pour avantage de préserver la faune et la flore de son marais. La sauvagine et les hérons, grands et verts, apprécient particulièrement l'endroit où serpente un sentier de cinq kilomètres. Seul ou avec un naturaliste, en période touristique, on observe différentes espèces d'oiseaux depuis des tours élevées à cet effet.

Saint-Cuthbert

Presbytère ☖
1991, rue Principale
(514) 836-3256

Corvée populaire. Bâtiment en pierre de deux étages surmonté d'un toit à deux versants, ce presbytère date de 1876. Il a été construit d'après les plans de Victor Bourgeau et de son fidèle complice

Étienne-Alcibiade Leprohon, auxquels on doit Marie-Reine-du-Monde à Montréal. On remarquera la symétrie de ses lignes, la galerie qui protège le rez-de-chaussée et donne accès à l'étage, et le soin apporté au travail du bois de la galerie. En 1978, ce presbytère fut sauvé des pics des démolisseurs et restauré par les paroissiens, à l'aide d'une campagne de financement et d'une corvée populaire, mettant à contribution les familles du village. Cette tradition est aujourd'hui presque tombée en désuétude au Québec.

Joliette

Musée d'art 🏛

145, rue Wilfrid-Corbeil
(514) 756-0311
Ouvert toute l'année.

Sacrément moderne. Le Révérend Père Wilfrid Corbeil, son fondateur, a célébré en ces lieux un étonnant mariage : celui de l'art moderne et de l'art religieux. Le musée, autrefois séminaire, doit une bonne partie de sa sacrée collection à la communauté des Clercs de Saint-Viateur, qui souhaitaient préserver le riche patrimoine religieux de la région. Le pèlerinage de l'amateur débute par des sculptures et hauts-reliefs allemands, flamands et français des XIIIe au XVIIe siècles. Puis il culmine au pied du tombeau de l'autel de la seconde église de Champlain (1820) qu'entourent une foule de sculptures et objets variés, issus du patrimoine religieux québécois des XIXe et XXe siècles. Au deuxième étage, on pénètre dans l'univers de plusieurs monstres... sacrés de l'art contemporain canadien : Ozias Leduc, Marc-Aurèle Fortin, Jean-Paul Riopelle, Emily Carr, Paul-Émile Borduas, etc. Dans la salle des nouvelles acquisitions cohabitent crucifix argentés et sculptures de néons : drôle de vision !

Église Saint-Paul 🏛

8, boulevard Brassard
(514) 756-2791

Musique. Pour qui s'intéresse à l'architecture

religieuse après la Conquête, l'église Saint-Paul est considérée comme un modèle traditionnel avec sa nef terminée par un chevet en hémicycle, son transept à deux chapelles latérales et son clocher à lanterneaux surmontant une façade à ouvertures symétriques. En dehors du clocher, remplacé en 1821, l'édifice n'a pas changé depuis son érection en 1804, selon un plan attribué au curé et architecte de Boucherville, Pierre Gonefroy, à qui on doit d'autres églises de la même époque. Aujourd'hui, les mélomanes apprécient hautement ce lieu à l'occasion des concerts du Festival international de Lanaudière, qui se déroulent ici, ainsi que dans plusieurs églises de la région et à l'Amphithéâtre.

Eau de Pit 🎯
Parc Renaud

Souffre ? Soufre ! Si vous croisez des citadins dans ce parc, une cruche vide à la main, suivez-les. Ils se dirigent vers une source d'eau sulfureuse, découverte en 1893 lorsque des sondages souterrains furent entrepris près de l'aqueduc de l'Assomption. Pierre « Pit » Laforest, alors surintendant de l'ouvrage d'art, publicisa tellement cette source qu'on lui attribua son surnom. Quand on souffre d'acné ou de maux de digestion, mieux vaut faire décanter cette eau avant de s'en abreuver, car elle goûte le soufre.

Cégep Joliette-Lanaudière 🏛
20, rue Saint-Charles-Borromée Sud

Sculptural. En 1976, Montréal accueille les Jeux olympiques et, à cette occasion, fait appel à des artistes pour embellir la ville. C'est ainsi qu'on commanda une sculpture pour symboliser le lancer du disque. À l'entrée du collège, là où s'élevait au début du siècle un moulin à farine, *Le Discobole* se concentre et c'est Germain Bergeron qui le créa. Ce même sculpteur est le père de *La Dame blanche,* une œuvre monumentale flottante en méthane et fibre de verre, exposée dans le parc de l'Île-des-Moulins de Terrebonne, ville dont il est originaire.

Abbaye bénédictine
Notre-Dame-de-la-Paix ☞

488, rue Saint-Charles-Borromée Nord
(514) 753-5192
Ouvert toute l'année.

Gâterie moniale. L'abbaye bénédictine Notre-Dame-de-la-Paix, face à la rue du Précieux-Sang, abrite une communauté de sœurs cloîtrées. Heureusement, les visiteurs de passage et quelques gourmands initiés peuvent profiter de l'onctueux caramel qu'elles fabriquent à partir de lait de chèvre. Au bout d'un couloir dénudé, une voix religieuse perce le silence. Cependant, nul ne voit qui se cache ni ce qu'il y a derrière la vitre noire et le tourniquet, qui servira pour toute la transaction. Mais ciel, quel caramel !

Saint-Charles-Borromée

Maison Antoine-Lacombe 🏛 🏛
895, rue de la Visitation
(514) 755-1113
Entrée libre toute l'année.

Socioculturel classé. Antoine Lacombe s'est peut-être retourné dans sa tombe lorsque, dans les années 60, sa maison servit de poulailler. Sa demeure avait été construite en 1847 dans le pur style québécois : pierre de taille, façade à ouvertures symétriques, toit à deux versants. Fermier de son état, Lacombe en avait fait sa résidence, tandis que ses successeurs en firent un poste de traite et un comptoir d'échanges. Abandonnée, elle est achetée par Serge Joyal, alors ministre, qui la restaure et la fait classer en 1968. La municipalité est aujourd'hui propriétaire de ce centre socioculturel qui offre des activités et des expositions sans cesse renouvelées.

Saint-Jean-de-Matha

Parc régional des Chutes Monte-à-peine
et des Dalles ⊤ ⚲
Accès par les routes 131, 337 et 343
(514) 883-2245 886-9114
Ouvert de mi-mai à mi-octobre.

Trois chutes pour la peine... Ce parc n'abrite pas
deux mais trois chutes, reliées entre elles par une
dizaine de kilomètres de sentiers pédestres. Même
si à l'époque on la montait avec peine et qu'on a
amputé son nom d'une syllabe, la chute Monte-à-
peine n'a rien perdu de sa beauté ni de sa majesté.
Au printemps, les crues de la rivière L'Assomption
forment un véritable voile d'eau qui l'enveloppe
complètement et serpente parmi ses trois paliers.
De grosses roches plates permettent de s'asseoir à
quelques doigts de pieds des bouillons. Du côté de
Sainte-Béatrix, on admire le puissant débit de la
chute des Dalles du haut d'une passerelle, alors que
la chute Desjardins, dissimulée dans la forêt, tire son
charme de la tranquillité des lieux qui l'entourent.
Accès également par Sainte-Mélanie.

Saint-Didace

Les Jardins du Grand-Portage ⊤
800, chemin du Portage
(514) 835-5813
Ouvert de la Saint-Jean-Baptiste à la fête du Travail.

Champêtres. Il n'est pas donné à tout le monde de
disposer d'un hectare de terrain avec une rivière en
contrebas. Yves Gagnon et Diane Mackay ont cette
chance et comme ils ne sont pas égoïstes, ils ont
ouvert au public leur potager et leurs jardins, sur
lesquels ils veillent sans engrais chimiques, ni pes-
ticides ou herbicides. Dans leurs jardins maraîcher,
aquatique, anglais et oriental, on recense près de
400 espèces de légumes, fleurs vivaces et annuelles, plantes d'eau, conifères, arbres fruitiers et or-
nementaux. Dans le bruissement de la rivière
Maskinongé, ils produisent du raisin de table, du
tournesol, des artichauts, des chardons pour les
chardonnerets, des fleurs comestibles. En fin de

semaine, le couple dresse aussi des tables champêtres.

Saint-Charles-de-Mandeville

Jardin Forestier
35ᵉ Avenue
(514) 835-1377
Ouvert de la Saint-Jean-Baptiste à l'Action de grâces.

Mary Poppins dément Mastigouche. Dans ce jardin créé par Denis Lefrançois dans les années 70,
l'ours, l'éléphant, l'autruche et la girafe fournissent
un démenti formel au mot amérindien *mastigouche.*
Celui-ci signifie : « Là où les petits arbres poussent. »
Or les animaux en question sont tous taillés grandeur nature dans des mélèzes. Et ils ne sont pas les
seuls, puisqu'on y trouve des volatiles, des boules,

des étoiles, des arches et, depuis peu, Mary Poppins ! En tout, une quinzaine de formes plutôt inhabituelles qui demandèrent en moyenne huit ans de travail pour aboutir à ce résultat. Le parc compte plus de 500 grands arbres (mélèzes, épinettes, pins, cèdres) et un pont suspendu de 55 mètres qui enjambe la rivière… Mastigouche !

Saint-Zénon

Parc régional des Sept-Chutes 🦅 👫
Route 131 Nord
(514) 884-5987
Ouvert de mai à octobre.

Avec ou sans voile. La mariée peut ou non être voilée, tout dépend du débit de cette chute de 60 mètres, la plus haute de ce parc. Le « Voile de la mariée », ainsi nommé, se prête au regard depuis un sentier à ses pieds ou une passerelle à son sommet. Dans cette partie de la vallée glacière de la Matawinie, des escaliers, belvédères et chemins offrent d'étonnants points de vue sur les lacs Rémi et Guy, le mont Brassard et la rivière Noire.

Manawan

Conseil de la nation Atikamekw 🦅 👫
(819) 523-6153

Tradition d'une nation. Des onze Premières Nations recensées au Québec, les Atikamekw forment la cinquième communauté en importance, puisqu'elle compte près de 4300 membres répartis sur trois territoires. À Manawan, situé à une heure et demie de route de Saint-Michel-des-Monts, 1500 personnes vivent sur leurs terres ancestrales au rythme des saisons. Très accueillante, cette communauté a développé différentes formes de tourisme depuis quelque temps. On peut demeurer dans une pourvoirie, un camp de tipis ou un chalet, pour se livrer à des activités de plein air ou découvrir le mode de vie traditionnel des hôtes. Compte tenu des formules proposées et de la durée du séjour envisagé, il est préférable de téléphoner au Conseil de la nation Atikamekw. Signalons que les deux autres territoires de cette nation sont établis en Haute-Mauricie, à Weymontachie et à Obedjiwan, au nord du réservoir Gouin.

Rawdon

Chutes Dorwin ☛

Route 337 Nord
(514) 834-6660
Ouvert de mi-avril à fin octobre.

Télésérie écologique. Ce parc doit son nom à Jédéhias Hubbell Dorwin, qui fut propriétaire terrien des chutes entre 1792 et 1883. Par des sentiers écologiques et des belvédères, on découvre la rivière Ouareau qui s'écoule en cascades et dont l'une d'elles est attachée à une légende. Sur une paroi rocheuse, une tête d'Indien se découpe nettement. Il s'agirait du sorcier Nipissing que le grand Manitou changea en pierre parce qu'il avait poussé Hiawitha, qui refusait de l'épouser, dans la rivière. Cependant, cette histoire de cœur qui aurait pu faire l'objet d'une télésérie ne doit pas vous empêcher d'observer les quelque 30 spécimens de végétaux qui agrémentent ce lieu où l'on pique-nique en famille. La nature tumultueuse de l'Ouareau fait que cette rivière est émaillée de chutes. On en voit dans le Parc des Cascades, situé en amont du lac Pontbriand, et à la chute Manchester, en aval de celles de Dorwin. Vers le centre-ville, le lac Rawdon se rétrécit par les chutes Mason pour se jeter dans la rivière Rouge.

Atelier de Marushka Boldireff ☞

4038, rue Ashland
(514) 834-6946
Entrée libre l'après-midi toute l'année.

Ma jolie majolique. C'est en Italie, à l'époque de la Renaissance, que la poterie en majolique a vu le jour. La technique consiste à appliquer des émaux sur des objets en terre cuite et de les remettre au four à 800 °C environ. Originaire d'Europe centrale, Marushka Boldireff perpétue cette fabrication artisanale en créant des services de table, des carreaux de céramique, des vases, etc. Pour que ses faïences bleuissent, rougissent, verdissent ou jaunissent, l'artiste utilise du cobalt, du fer, du cuivre ou de l'antimoine qu'elle étale au pinceau à main levée.

Centre d'interprétation multiethnique 🏛

3588, rue Metcalfe
(514) 834-3334/4011
Ouvert toute l'année.

Cosmopolite. Lorsque la Russie s'engage dans la révolution de 1917, la bourgeoisie moscovite et l'aristocratie de Saint-Pétersbourg fuient le bolchevisme pour ne pas subir le même sort que le tsar Nicolas II. Certains des Russes blancs qui s'expatrient élisent domicile à Montréal, puis à Rawdon, que dessert à l'époque une ligne de chemin de fer. Bien que la communauté russe, toujours implantée dans la ville où elle possède deux églises et un cimetière orthodoxes, soit largement représentée dans ce musée privé, elle intègre son art à une mosaïque de traditions issues de quelque 25 sociétés distinctes.

Entrelacs

Nature et chiens de traîneau 🏕 👫

790, boulevard Montcalm
(514) 228-8944
Ouvert toute l'année.

L'homme et ses chiens. Les huskies sibériens et les eskimos du Canada sont les deux races de chiens que François Beiger élèvent afin de les atteler à des traîneaux pour de courtes randonnées ou des expéditions arctiques. Passionné par les chiens de traîneaux depuis sa plus tendre enfance, ce quinquagénaire a consacré un musée à leur histoire et aussi un peu à sa vie, proche de la nature et près des Inuits qu'il côtoie depuis 1979. Son centre d'interprétation, unique en son genre au Québec, vaut tout autant le déplacement que l'homme lui-même.

Saint-Donat

Parc du Mont-Tremblant

Route 125 Nord
(819) 424-2954
Ouvert toute l'année.

Rat de dix-sept mètres. Le secteur lanaudois du Mont-Tremblant porte le nom de La Pimbina et, par l'entrée de Saint-Donat, on arrive à la Chute aux Rats, haute de dix-sept mètres. Outre ce belvédère d'observation, plusieurs activités de plein air se pratiquent dans cette zone toute l'année.

La Mauricie sourit au Cœur du Québec

Seigneuriale le long du Saint-Laurent, la Mauricie se fait industrielle dans sa vallée, dont elle tire ses ressources depuis le XVIIIe siècle. Lorsque Nicolas Goupil, sieur de Laviolette, fonde Trois-Rivières en 1634, c'est pour y établir un poste de traite des fourrures. À cette époque, les premiers colons se concentrent à l'embouchure de cette « rivière qui a trois bras » et que Maurice Poulin de la Fontaine part explorer en 1668. Près de 60 ans passent et tandis que des paroisses apparaissent le long du chemin du Roy, commence l'exploitation du fer qui donne naissance à la première métallurgie du Canada. Vers la fin du XIXe siècle, les hauts fourneaux des forges s'éteignent, mais la foresterie et l'hydroélectricité ont déjà pris le relais économique, suivies par la chimie et l'aluminerie. Les berges du Saint-Maurice se peuplent, des villes se développent. À Shawinigan, on met sur pied un plan d'urbanisme en faisant appel à des ingénieurs.

Aujourd'hui, ce passé est perpétué par le patrimoine culturel citadin. Mais c'est aussi hors des sentiers battus qu'on prend le pouls régional. Dans la Haute-Mauricie, la pêche et la chasse sont reines. On opte alors pour le train des pourvoiries ou les réserves de Mastigouche ou Saint-Maurice, dont on observe aussi les richesses fauniques. L'hiver a rendu célèbre Sainte-Anne-de-la-Pérade pour sa pêche blanche aux poulamons, tandis qu'à Saint-Alexis la pureté du lac Sacacomie laisse voir ses truites par bancs. Au bord de l'eau comme au fond des bois, la Mauricie vous sourit au cœur du Québec.

Louiseville

Centre d'interprétation aquatouristique du lac Saint-Pierre ☛

209, chemin du Lac-Saint-Pierre Est
(819) 228-2911
Ouvert toute l'année.

Îles du passé. Lorsque le Saint-Laurent arrive à la hauteur de Berthierville, sur la rive nord, et de Sorel, sur la rive sud, il voit soudain ses eaux se répartir en une multitude de cours. Près d'une centaine d'îles freinent la progression du fleuve tumultueux qui se reconstitue dans le lac Saint-Pierre. Là, il se rétrécit, puis reprend sa course plus rectiligne à partir de Pointe-du-Lac et de Nicolet, son vis-à-vis des Bois-Francs. Ces îles regorgent de beaux spécimens de la faune ailée : grand héron, butor d'Amérique, bernache, poule d'eau, harfang des neiges, et d'une abondante flore aquatique et nourricière. Leurs écosystèmes prêtent à interprétation, ainsi que le passé de ces terres cernées d'eau, lié à l'histoire de ses habitants. Signalons que des entreprises commerciales organisent des excursions sur le lac et ses îles.

Sainte-Ursule

Moulin Saint-Louis ☛

1335, rang Petite Carrière
(819) 228-8070
Ouvert de mai à octobre.

Le farinier du festival. Dans la famille de Jean-Claude Gauthier, on a toujours été attaché à la terre. Aussi, lorsqu'en 1987 s'arrête la production du moulin de la Carrière, qui fonctionnait depuis 1761, Jean-Claude voit là une occasion rêvée de replonger dans ses racines. En 1992, son épouse et lui achètent ce bâtiment construit pour les Ursulines de Trois-Rivières et qui porte depuis le début du siècle le nom de ses derniers propriétaires. Suivant les traces de ses prédécesseurs, Jean-Claude endosse alors l'habit de farinier et s'applique à utiliser les meules de silex et le bluteau d'origine du moulin pour perpétuer la tradition. Outre les moutures qu'il prépare pour les agriculteurs, les boulangers et les particuliers qui apprécient ses différents produits non blanchis, c'est lui qui fournit la farine de sarrasin à Jules Baribeau. Ce dernier, connu sous le nom de Père Sarrasin, est le grand promoteur du Festival de la galette qui se déroule chaque automne dans la municipalité.

Parc des chutes de Sainte-Ursule 🦅 ❊

2575, rang des Chutes
1 800 660-6160
Ouvert toute l'année.

Glaciation et séismes. Prenant sa source dans un lac du bouclier canadien, la rivière Maskinongé empruntait tranquillement une vallée glacière, creusée à l'ère tertiaire, pour se déverser dans le lac Saint-Pierre, à la hauteur de Saint-Joseph-de-Maskinongé. Or, en 1663, la terre se met à trembler pendant sept mois d'affilée. La violence des séismes à répétition est telle que toute la topographie régionale s'en trouve profondément modifiée et que la rivière voit son cours dévié. Après 45 minutes de marche en forêt, on atteint son lit d'origine, à sec l'été malgré quelques poches d'eau qui se forment après les crues printanières. À cette saison, la fonte des neiges oblige le cours d'eau à se scinder en deux pendant quelques semaines. La rivière dévale alors son ancien lit en une série de trois chutes. Quant au tracé actuel, il se développe en quatre chutes de 71 mètres dans ce parc, où l'on peut voir les ruines de l'un des premiers moulins à scie bâti au Québec.

Saint-Paulin

Chutes-à-Magnan 🦅 ☞

1011, rang des Douzes Terres
1 800 789-5968
Ouvert de la Saint-Jean-Baptiste à la fête du Travail.

Chutes publiques. Depuis juin 1996, le public peut observer sur la rivière du Loup trois chutes et une usine hydroélectrique de 7,7 MW, construite en 1994 par des entrepreneurs privés. Un sentier de trois kilomètres, avec belvédères, passerelle et pont couvert, longe le cours d'eau jusqu'à la centrale. Depuis la salle des commandes en mezzanine, on assiste alors à la production de l'électricité qui alimente une partie des foyers de Saint-Paulin.

Pointe-du-Lac

Moulin seigneurial 🏛
2930, rue Notre-Dame
(819) 377-1396
Ouvert de la Saint-Jean-Baptiste à la fête du Travail.

Un ancêtre de Duplessis. En 1786, Thomas-C.-H. Coffin, un marchand montréalais, épouse l'une des filles du seigneur Godefroy de Tonnancour. Sur des terres familiales qu'il rachète aux descendants, il fait construire un manoir et un moulin à farine avant 1788. Malgré une production annuelle de 25 000 minots, Coffin se voit contraint de vendre ses biens qui passent aux mains de Nicolas Montour en 1795. Pour accroître les rendements, des turbines alimentées par la rivière Saint-Charles avaient été installées en 1875 par Pierre-Olivier Duplessis, un ancêtre de Maurice Duplessis, l'ancien premier ministre. L'essentiel des mécanismes et des installations de l'époque existent toujours dans ce moulin restauré en 1978.

Trois-Rivières

Cathédrale de l'Assomption 🏛
362, rue Bonaventure
(819) 374-2409

Vitraux mariaux. De style gothique, cette église a été érigée entre 1854 et 1858 selon le plan de l'architecte Victor Bourgeau. Ce qu'elle a de plus beau, ce sont les vitraux de l'artiste Guido Nincheri qui s'inspira des *Litanies de la sainte Vierge* pour les réaliser en 1923. Au nombre de 31, ils sont considérés comme les plus lumineux d'Amérique.

Manoir Boucher-de-Niverville 🏛

168, rue Bonaventure
(819) 375-9628
Entrée libre toute l'année.

Toiture modèle. Cette maison à colombage, qui date de 1729, fut la propriété d'un militaire, François Chastelain. Lorsque sa fille en hérite, la demeure prend le nom du mari de celle-ci. Avant que le bâtiment soit restauré en 1971, des tribus algonquines, abénakis et iroquoises venaient dresser leurs tentes sur ses pelouses pour solliciter l'aide du gouvernement. À leur place se dresse aujourd'hui une statue de l'ancien premier ministre Maurice Duplessis, natif de Trois-Rivières et qui habita au 240 de la rue Bonaventure. À l'intérieur du bâtiment est conservé du mobilier québécois du XVIIIe siècle. La toiture d'origine du manoir est un modèle d'architecture.

Musée des Ursulines 🏛

734, rue des Ursulines
(819) 375-7922
Ouvert de novembre à septembre.

L'ombre des jours s'enfuit. C'est pour soigner les malades et instruire les jeunes filles, aussi bien françaises qu'amérindiennes, que l'évêque de Québec décide de fonder le monastère des Ursulines en 1697. Il comprend alors un cloître, une école, une salle pour les patients, puis une chapelle et un hôpital, ajoutés en 1715. Incendié en 1752 et en 1806, il sera rebâti par deux fois. D'après les plans de sa reconstruction, un cadran solaire devait orner sa façade en 1807. Si le projet du monastère vit le jour en temps et heure, le cadran dut attendre 1860 pour indiquer les équinoxes. Sa dédicace latine : *Dies dicut umbra,* avait paraît-il pour objet d'élever l'âme des pensionnaires. Des peintures de J. Légaré et des fresques de Luigi Cappello, un des maîtres d'Ozias Leduc, ornent la chapelle, dont le dôme date de 1897. Les collections du musée, qui regroupent des instruments médicaux du premier hôpital, des objets de fonte des forges, des sculptures religieuses sur bois, des pièces d'orfèvrerie, etc. sont souvent renouvelées. Face à cet ensemble conventuel, les

Ursulines avaient aménagé un jardin à côté de l'ancienne église des Récollets.

Église St. James 🏛

787, rue des Ursulines

Conversion. St. James est l'ancienne église des Récollets. Après leur monastère (1693) puis une chapelle en bois (1703), les Récollets érigent cette église de pierre en 1756. Elle ne leur servira que quatre ans, car aussitôt après la Conquête, les Anglais saisissent tous les biens des communautés religieuses masculines. En 1779, le monastère devient hôpital, tandis qu'on convertit l'église en palais de justice et en entrepôt. En 1823, elle recouvre partiellement sa vocation, mais au service de l'Église anglicane. Plusieurs fois restaurée, elle a conservé sa toiture en métal et ses murs d'un mètre d'épaisseur qui résistèrent aux boulets anglais.

Musée des arts et traditions populaires du Québec 🏛 ✳

200, rue Laviolette
1 800 461-0406
Ouvert toute l'année.

Trésor inestimable. Après plusieurs années de travaux, la culture québécoise s'offre depuis fin juin 1996 un musée ultramoderne relié par une passerelle à l'ancienne prison trifluvienne. Dans le nouveau bâtiment, les salles d'ethnologie présentent les collections de Robert-Lionel Séguin, fortes de 30 000 objets, acquises par l'Université de Trois-Rivières en 1983. Des salles sont également consacrées à l'archéologie préhistorique. Elles couvrent aussi bien l'époque amérindienne des temps archaïques à l'arrivée des Européens, que la préhistoire de la Mauricie, de l'Abitibi ou de l'Europe du paléolithique inférieur au préromain. C'est là d'ailleurs que sont exposées les collections de l'archéologue et professeur d'université René Ribes. Quant à la prison, bâtie d'après des plans de François Baillairgé entre 1817 et 1822 avec des pierres de Grondines, elle retrace l'univers carcéral que connurent ses occupants jusqu'en 1986. En tout, ce sont quelque

100 000 objets que possède le musée. Un trésor patrimonial inestimable qui met en lumière la richesse des traditions culturelles québécoises.

Le moulin à vent du campus de l'Université du Québec à Trois-Rivières 🏮
3351, boulevard des Forges

« La Commune » à l'Université. Lorsque l'adjudant général des troupes du Québec, Nathaniel Day, retourne en Europe, il ne se doute pas que « La Commune » qu'il a fait ériger en 1781 pour moudre le blé à la force du vent, aura moult propriétaires. Parmi ceux-ci, on compte le député Louis Gouin et d'autres meuniers, jusqu'à ce que la municipalité achète le moulin en 1859, puis le déplace en 1976. La raison du déménagement ? Un vent vilain, le comble pour un moulin, qui casse les cordes de ses pales et provoque par friction un incendie qui en détruit l'intérieur. Nous sommes en 1864 et le moulin, qui ne servait plus depuis près de dix ans, était monté sur la rue Notre-Dame. Le conseil municipal démolira « La Commune » en 1976 pour le reconstruire avec ses pierres d'origine sur le campus de l'université.

Parc historique des forges du Saint-Maurice 🏛
10 000, boulevard des Forges
(819) 378-5116
Ouvert de mai à octobre.

Histoire forgée. Créées par brevet royal en 1730, ses forges seront actives jusqu'en 1883, date à laquelle s'épuise le minerai de fer de la seigneurie du Saint-Maurice qui les alimentait. Ce premier site sidérurgique du pays va connaître une histoire mouvementée. En 1775, les troupes américaines du colonel Benedict Arnold bombardent Québec avec des boulets fondus dans le haut fourneau de ces forges. Depuis 1767, elles sont dirigées par un commerçant de Québec, Christophe Pélissier, à qui le gouvernement anglais avait accordé un bail. Nommé à un poste à responsabilité militaire par Arnold, Pélissier s'enfuit en France après la déconfiture américaine. En 1793, Mathiew Bell, âgé

de 24 ans, prend possession des forges pendant
53 ans. Les ouvriers sont Canadiens français alors
que les contremaîtres et commis sont Anglais et
Écossais d'origine. Bell n'aura pas la tâche facile,
d'autant que la population du nord de la Mauricie
se révolte contre le monopole qu'il lui impose et
qui empêche tout autre développement économique dans cette zone. En 1861, John McDouglas sera
le dernier propriétaire des forges. Des vestiges re-
trouvés lors de fouilles archéologiques entreprises
à partir de 1973 sont exposés sur le site, où l'on
visite le haut fourneau et la maison construite en
1737 pour les patrons. On peut aussi assister à un
spectacle qui dépeint la vie ouvrière en 1845, époque pendant laquelle près de 300 ouvriers étaient
employés par les forges.

Cap-de-la-Madeleine

Sanctuaire Notre-Dame-du-Cap   🏛

626, rue Notre-Dame
(819) 374-2441

Miracle des glaces. Après l'Oratoire Saint-Joseph,
à Montréal, et la basilique Sainte-Anne-de-Beaupré,
ce sanctuaire est le troisième haut lieu de pèlerinage au Québec. À l'origine, en 1714, une église
en pierre est érigée avec les madriers et les planches provenant de la chapelle en bois clouée par
Pierre Boucher sur son fief de Sainte-Marie en 1659.
À partir de 1719, elle arbore en son faîte une croix
fleurdelisée fabriquée par Bouton. Cette église No-
tre-Dame-du-Cap sera consacrée au Très Saint Ro-
saire, confrérie qui y fut fondée et qui est aussi l'une
des premières au Canada. Parce qu'elle est devenue trop petite vers 1870, on décide d'entreprendre une nouvelle construction en pierre, qu'il faut
chercher à Sainte-Angèle-de-Laval, sur la rive sud
du Saint-Laurent. À force de prières et de récita-
tions du chapelet, la glace du Lac-Saint-Pierre cède
en mars 1879 et forme un pont de glace de six
pouces d'épaisseur à hauteur du Cap, permettant à
près de 180 voitures à chevaux de rapporter les
pierres du Sud. Pour rappeler l'événement, un pont
dit « des Chapelets » sera érigé en 1924 dans le parc
du sanctuaire au-dessus du ruisseau Favrel. Quant

à la basilique octogonale où peuvent s'asseoir 1600 pèlerins, elle est l'œuvre de l'architecte de Québec Adrien Dufresne. L'encens qui y brûle est plus agréable au nez que ne l'est aux yeux cette imposante masse de marbre, bâtie entre 1955 et 1964.

Saint-Narcisse

Parc de la rivière Batiscan

200, route du Barrage
(418) 328-3599
Ouvert toute l'année.

Lumière sur Trois-Rivières. Dans ce parc de 400 hectares, où l'on pratique diverses activités de plein air été comme hiver, on prêtera attention à la géologie des lieux et au barrage Saint-Narcisse. Des failles provoquées par la rencontre du bouclier canadien et des basses terres du Saint-Laurent offrent à la rivière Batiscan un relief escarpé pour qu'elle s'écoule en une succession de chutes, cascades et marmites. Dans le secteur de la chute à Murphy, un sentier conduit vers les vestiges de l'exploitation forestière de la famille Price. À la Grande Chute, l'usine hydroélectrique date de 1897. Elle développait 1200 chevaux-vapeur et sa production était acheminée vers Trois-Rivières qui fut la première ville de l'Empire britannique éclairée par une ligne de transmission aussi éloignée. L'usine est due à Jean-Baptiste Frégault qui fonda la North Shore Power. En 1924, le gouvernement achète toutes les chutes, puis construit une nouvelle usine produisant 1000 KWh.

Sainte-Anne-de-la-Pérade

Manoir Madeleine-de-Verchères

910, rue Sainte-Anne
(418) 325-2841
Entrée libre de la Saint-Jean-Baptiste à la fête du Travail.

Fouilles et jardins. Magdeleine Jarret, qui fut l'héroïne de Verchères, vécut de 1706 à sa mort dans cette demeure ayant appartenu à son époux, Pierre-Thomas Tarieu de la Naudière. La maison fut montée en trois fois. En 1673, une bâtisse en pierre de grève est élevée au nord-est par le père de Pierre-Thomas. Ce dernier ajoute la partie centrale que John Hale, membre du Conseil exécutif, complète au sud-ouest pour y recevoir lord Dalhousie, gouverneur du Canada, en 1820. Pamphile Du Tremblay y ajoute deux étages en 1873. En 1891, le premier ministre Honoré Mercier l'achète, y tient conseil et rebaptise l'endroit Manoir de Trouville. Dans les années vingt, un incendie ravage la demeure historique dont seule subsiste la partie construite par John Hale. Outre l'histoire de Madeleine-de-Verchères retracée en ces lieux, on expose les résultats de quatre séries de fouilles commencées par le gouvernement et on se promène dans des jardins à l'ancienne.

Musée de l'Isle des Pins 🏛 🏛

21, boulevard de Lanaudière
(418) 325-3432
Entrée libre de la Saint-Jean-Baptiste à la fête du Travail ; sur réservation hors saison.

400 m² d'histoire. Vers l'an de grâce 1200, alors que l'île des Pins trône au milieu de la rivière Sainte-Anne, des Amérindiens viennent y établir leur campement d'été et procèdent à des échanges entre tribus. Trois cent cinquante ans plus tard arrivent les premiers Blancs. Parmi eux se trouve Jean Lemoyne, apparenté à d'Iberville, qui traite la fourrure comme les autres colons. Outre ce commerce, Sainte-Anne se spécialise dans la fabrication d'eau-de-vie et, sur l'île, le trafic plus ou moins légal va bon train. Par ailleurs, il existe deux seigneuries de part et d'autre de l'île « des bandits » et chaque rive se lance dans une querelle de construction d'église. Pour trancher la rivalité entre Sainte-Anne et Sainte-Marie, le curé achète l'île en 1770 pour y ériger le lieu de culte. L'évêque refuse, tranche en faveur de Sainte-Anne et le curé se retrouve avec son île sur les bras. Elle change de propriétaire, puis est achetée par un certain Baribeau, qui s'est mis au service des Américains. Pour connaître la suite, rendez-vous chez Yvan Turgeon et Lise Garceau. Dans une ancienne grange, ils ont aménagé un musée qui dévoile l'histoire cachée de Sainte-Anne, et qui abrite les vestiges des fouilles entreprises sur les 400 m² de l'île, qui n'en est plus une depuis le glissement de terrain de 1894. Ce musée jouxte le Manoir Dauth bâti en 1842, et qui a aussi une histoire. C'est aujourd'hui un hôtel aux chambres meublées comme à l'époque et à la table réputée. On peut le visiter.

Notre-Dame-du-Mont-Carmel

Le Domaine de la forêt perdue   👫

1180, rang Saint-Félix Est
1 800 603-6738

Labyrinthe sur glace. À lui seul, le nom en intrigue plus d'un et incite à aller y voir de plus près. Mais n'ayez crainte : on en revient... et plutôt enchanté d'ailleurs ! L'originalité du lieu est qu'il se trouve dans un milieu semi-boisé et qu'il se parcourt en patins. Le propriétaire, Jean-Pierre Binette, en a fait une patinoire probablement unique au monde. Il s'agit d'une piste qui décrit des boucles et des méandres sur 10 km de sentiers, bordés de sapins et d'épinettes. Le parcours n'est jamais répétitif puisqu'on le compose à son gré. On peut s'amuser à jouer à cache-cache ou à se perdre... Quant à l'adjectif « perdu », il qualifie plutôt le recoin dans lequel se trouve ce fameux labyrinthe. En été, cette plantation forestière est utilisée pour des activités d'interprétation et d'autocueillette de champignons, de bleuets, de quenouilles, etc.

Shawinigan

Église Notre-Dame-de-la-Présentation   ♜

825, 2ᵉ Avenue
(819) 536-3652
Ouvert du 1ᵉʳ mai au 1ᵉʳ novembre ; sur rendez-vous le reste de l'année.

Le maître du sacré. Il aura fallu attendre la deuxième moitié du XXᵉ siècle pour que la peinture religieuse affiche son caractère québécois. Jusqu'alors, tous les peintres qui enrichirent nos églises n'avaient fait que copier les maîtres italiens. Avec Ozias Leduc, l'un des piliers de notre art pictural moderne, le sacré trouve un maître original dans cette église et celle de Saint-Hilaire-de-Rouville, en Montérégie, qu'il a également décorée. Cet artiste, vénéré de ses pairs, a 77 ans lorsqu'il entreprend d'orner Notre-Dame-de-la-Présentation, en 1942. La mort, en 1955, ne lui laisse pas le temps d'achever son œuvre, qui sera complétée par Gabrielle Messier, son assistante.

Parc des chutes de Shawinigan ⌐
Île Melville
(819) 536-7155

Le passage des prêtres. Selon l'hypothèse de l'abbé Caron, Shawinigan proviendrait du mot algonquin *Achawénikane,* que les Canadiens français prononçaient « Chawinigan ». Ce terme aurait désigné la crête que les Amérindiens devaient emprunter pour faire le portage des chutes, portage également connu sous le nom de « passage des prêtres ». Ces derniers auraient-ils perdu une bataille ? Toujours est-il que ces chutes sont aujourd'hui réputées pour leur « trou du diable », un gouffre dans lequel déferlent deux cascades, qu'on domine du haut d'un belvédère. Depuis le secteur nord du parc, situé sur l'île Melville, on voit les deux rives du Saint-Maurice et les majestueuses chutes de Shawinigan, d'une hauteur de plus de 45 mètres. Lorsque les barrages sont fermés, on découvre le lit asséché de la rivière, avec ses escarpements, marmites et gradins taillés dans le roc. Fait intéressant : c'est à ces chutes que la ville doit sa création. Entre 1899 et 1940, elles ont fait naître le plus important centre industriel de l'époque : trois centrales hydroélectriques, une aluminerie, une usine de pâte et papiers et plusieurs autres fabriques.

Grand-Mère

Village d'Émilie 🏛

Autoroute 55, sortie 226
1 800 667-4136
Ouvert de mi-mai à mi-septembre.

Téléséries. Si vous vous attendez à voir Marina Orsini, Pascale Bussières ou Roy Dupuis à Grand-Mère, oubliez ça. Ici ne sont plantés que les décors qui servirent au tournage du film *Matusalem* et des *Filles de Caleb, Shehaweh* et *Blanche,* trois feuilletons télévisés dont les succès ont dépassé les frontières du Québec. La référence à ces téléséries se justifie avant tout par l'ambiance et le mode de vie qui prévalaient à ces époques.

Saint-Georges-de-Champlain

Musée de l'Aviation de Brousse 🏛

650, 106ᵉ Avenue
(819) 538-6653
Ouvert de mi-mai à mi-septembre.

La Mauricie aérienne. La brousse évoque plutôt l'Afrique que le Québec. Mais si l'on parle de zones éloignées des centres urbains, on comprend que pour pénétrer la Haute-Mauricie, l'avion ait constitué le seul recours. Pour rejoindre les camps de bûcherons et, aujourd'hui, se rendre dans les pourvoiries, les avions de brousse ont de tout temps démontré leur utilité. On se familiarise ici avec les pionniers des airs, leurs aventures et leurs machines. On peut même se mettre aux commandes d'un coucou grâce à un simulateur de vol. Signalons que plusieurs entreprises privées offrent de survoler des lacs et de s'y poser en hydravion.

Grandes-Piles

Village du bûcheron 🏛

780, 5ᵉ Avenue
(819) 538-7895
Ouvert de mi-mai à mi-octobre.

Bûchez vos souvenirs. Couverte de forêts, la Mauricie est le pays des bûcherons et des draveurs qui firent descendre les billots sur les rivières, à partir de 1850. Pour ne pas oublier la rude vie des chantiers, une série de bâtiments témoignent aujourd'hui des activités de nos ancêtres dans les bois. Le moins qu'on puisse dire, c'est qu'ils bûchaient et que c'est assez édifiant en comparaison avec les techniques actuelles de l'industrie forestière.

La Tuque

L'Abitibi

Gare Via Rail
1 800 361-5390
Sur réservation.

Arrêts sur mesure. Les pêcheurs et les chasseurs, mais aussi les amateurs de nature grandeur sauvage connaissent bien l'Abitibi. Tous les lundis, mercredis et vendredis, ils embarquent à La Tuque en direction de Senneterre et signalent au conducteur du train le lieu où ils veulent qu'on les arrête pour qu'ils rejoignent ensuite les pourvoiries et lacs de Haute-Mauricie. Les mardis, jeudis et dimanches, le même train siffle en sens inverse (de Senneterre vers La Tuque). Outre le fait qu'il faut retenir sa place à bord, on doit signaler au chef de l'Abitibi sa destination avant de quitter la gare et sa date de retour. Entre les attirails de pêche, de chasse, les canots, les vélos, les skis, les provisions de bouche et les bagages, les wagons de l'aventure moderne dégagent une ambiance plutôt sympathique.

Québec ou le joyau de Champlain

Entre Samuel de Champlain et Louis de Buade de Frontenac, premier gouverneur général de la Nouvelle-France, il en a plu des éloges sur Québec. Lorsque Champlain, à la tête d'une expédition chargée de fonder une « abitation » le long du Saint-Laurent, aborda l'endroit, on dit qu'il s'écria : « Quel don de Dieu nous est offert ici ! » Puis, en débarquant le 3 juillet 1608, il aurait ajouté : « Aucun lieu ne peut être plus commode ni être mieux situé… » Quant à Frontenac, il affirma lors de sa nomination en 1672, que la cité en gestation pourrait « [...] devenir un jour la capitale d'un empire ».

Quoiqu'il en soit, la seule ville fortifiée d'Amérique du Nord s'offre tel un joyau, que seule une promenade dans ses rues étroites permet de découvrir. Mondialement reconnue par l'Unesco depuis 1985 pour sa richesse patrimoniale, Québec recèle aussi une histoire qui a forgé la naissance d'une nation. Sa plaine d'Abraham, sa citadelle et son parlement sont quelques-uns de ses témoins politiques.

Cela dit, pour le touriste en mal de culture, le cœur de la Belle Province n'a pas son pareil non seulement pour faire remonter le temps, mais aussi vivre le présent. Impossible de détailler ici toutes ses richesses, car la place manquerait alors pour Québec hors les murs. Pensons à l'île d'Orléans, qui mérite au moins une journée complète d'excursion pour être pleinement appréciée. N'oublions pas le chemin du Roy, la côte de Beaupré et la vallée de la Jacques-Cartier, où regorgent des attractions de nature multiple.

Saint-Casimir

Le trou du diable 🚶🚶
Route 354
1 800 338-6636
Uniquement sur réservation.

Guides des profondeurs. Le trou du diable, connu aussi sous le nom de la grotte de Saint-Casimir, impressionne les aventureux des sous-sols qui pataugent dans ses deux « Grand-Couloir ». On peut parcourir près d'un kilomètre de galeries creusées par un ruisseau adjacent à la rivière Sainte-Anne, sauf pendant les crues printanières et automnales qui les inondent. À Boischatel, près des chutes de Montmorency, c'est l'immensité du réseau souterrain façonné dans un paysage minéral varié qui séduit les amateurs d'activités profondes. Comme le trou diabolique, la grotte de Boischatel s'explore avec des guides expérimentés de la Société québécoise de spéléologie.

Grondines

Église Saint-Charles-Borromée 🏛
490, route 138
(418) 268-8452

Du grandiose pour l'évêque. C'est Augustin Leblanc, entrepreneur et sculpteur à ses heures, qui va édifier cette église selon les plans dressés en 1831 par Thomas Baillairgé. Puisqu'on est à Grondines et que la région recèle de belles pierres, on n'aura qu'à se servir pour ériger Saint-Charles-Borromée dans un mélange de styles néogothique et néoclassique. À l'origine, Baillairgé avait prévu de petits clochers, mais l'évêque Bégin, donnant dans le grandiose, demanda à l'architecte Joseph-Georges Bussières des tours asymétriques et gothiques. Une vierge peinte par Théophile Hamel en 1847, un crucifix du XVIIIe siècle en bois doré, la chaire et le tabernacle de Leblanc valent le coup d'œil, ainsi que la lucarne néoclassique du presbytère qui jouxte l'église.

Neuville

Église Saint-François de Sales ☖
714, rue des Érables
(418) 876-2022

Un baldaquin pour du blé. Rien que pour les 26 tableaux d'Antoine Plamondon, cette église mérite le détour. Ce grand artiste québécois du siècle dernier vécut dans cette commune, dont il fut même le maire. À plus de 80 ans, il peignit ces chefs-d'œuvre. Le tombeau et le maître-autel, réalisés par François Baillairgé en 1802, ne sont pas mal non plus. Mais la pièce la plus remarquable se situe dans le chœur de ce sanctuaire, qui date de 1761. Il s'agit du baldaquin du tabernacle de style baroque. Exécuté en 1695 et entièrement doré à l'origine, ce dais à colonnes torsadées fut importé de France par l'évêque de Québec pour orner son palais épiscopal. Lorsqu'il prit sa retraite, en 1717, il l'offrit aux paroissiens de Neuville contre du blé destiné aux pauvres de la capitale.

Sainte-Foy

Jardin Roger-Van den Henden ☞
Pavillon de l'Envirotron
2480, boulevard Hochelaga
(418) 656-3410
Entrée libre du 1ᵉʳ mai au 30 septembre.

Visuel et odorant. Situés sur le campus de l'Université Laval, ce jardin porte le nom du professeur d'horticulture qui le créa en 1976. Plus de 2000 plantes ornementales et comestibles sont identifiées et groupées par famille botanique. Outre la roseraie, l'arboretum et l'herbacetum, il faut voir la collection unique de rhododendrons, celles de forsythias et de lilas. Côté curiosités, on ne manquera pas des espèces comme le mennisperme du Canada (une vivace qui s'agrippe à une colonne), la fraxinelle qui dégage un gaz inflammable ou la viorne qui ne sent pas la rose !

Maison Routhier 🏛 ☞
3325, rue de Rochambeau
(418) 654-4296
Entrée libre de la fête du Travail à mi-mai ; sur rendez-vous l'été.

Bénévolat. Jusqu'en 1954, sept générations de Routhier vécurent dans cette demeure construite en 1757 par l'un de leurs ancêtres. Ce sont aujourd'hui des bénévoles qui administrent ce lieu voué aux arts textiles, en souvenir des activités que pratiquaient les dames Routhier. En effet, on a découvert dans le grenier un rouet et un métier à tisser, et l'on sait que les femmes de cette famille s'adonnaient à des travaux d'aiguille. Cette tradition se perpétue, puisqu'on dispense des cours de couture dans cette maison qui peut être visitée.

Aquarium 🐦
1675, avenue des Hôtels
(418) 659-5264
Ouvert toute l'année.

Spectacles colorés. C'est dans une cinquantaine de bassins qu'évoluent les quelque 3000 spécimens de poissons, mammifères, crustacés et reptiles qui prennent pension dans le plus grand aquarium québécois. Si les phoques se donnent en spectacle deux fois par jour, les iguanes se laissent admirer dans la galerie d'eau douce qu'ils partagent avec les alligators. Autres raretés : des serpents, des piranhas, des requins, des anémones de mer et des poissons tropicaux aux couleurs profondes et chatoyantes. Un régal pour les yeux.

Sillery

Maison des Jésuites 🏛 🏛 🐦
2320, chemin du Foulon
(418) 654-0259
Ouvert toute l'année.

Contes et légendes. Lorsqu'en 1637 la mission jésuite de l'anse Saint-Joseph s'établit dans ce qui deviendra la riche banlieue de Québec, son intention est claire : faire des Algonquins, Atikamekw et Montagnais de bons catholiques. De plus, on se dit qu'en les sédentarisant derrière une palissade de pieux, plus tard remplacée par un fortin de pierres, tout le monde résistera aux attaques iroquoises. Devant la demeure bâtie au début du XVIIIe siècle, des fouilles ont mis à jour les fondations de la chapelle Saint-Michel ainsi que les vestiges du premier cimetière chrétien amérindien. Aux beaux jours, des autochtones allument un feu à la nuit tombante et l'on vient écouter les contes et légendes de leurs peuples. Quant à la maison, qui accueillit la romancière britannique Frances Moore Brooke et des marchands de bois anglais, elle sert de cadre à des expositions permanentes et temporaires. Entre la Maison des Jésuites et le domaine Cataraqui, la villa Bagatelle et le parc du Bois-de-Coulonge embaument la rose et les parfums de l'histoire de Québec.

Domaine Cataraqui

2141, chemin Saint-Louis
(418) 688-8074
Ouvert toute l'année.

Déjeuner sur l'herbe. En langue amérindienne, Cataraqui signifie « site imprenable ». C'est James B. Forsyth, en 1836, qui en bénéficia le premier. Réputé notamment pour la très belle vue qu'il offrait sur le fleuve, le domaine a été récemment restauré, retrouvant ainsi sa splendeur — et son succès — d'antan. Dans les années 30, le peintre impressionniste Percyval Tudor-Hart et sa femme Catherine Rhodes, qui fut aussi son élève, y menèrent une vie artistique intense. Comme Monet à Giverny, le peintre y dessina un jardin composé de lignes, points de fuites, formes et couleurs. L'intérieur de la demeure renferme quelques beaux trésors : un piano Brindgewood de 1794, des bibliothèques en acajou encadrant un foyer de marbre, des tentures murales de 200 pieds reliant la salle à manger au salon d'hiver vitré. On y présente des expositions de peintures québécoises. Même si la vue est quelque peu obstruée par les arbres, l'imposant parterre qui s'avance vers le fleuve ainsi que les rocailles et les arbres bicentenaires en font un endroit idéal pour

une promenade champêtre. Plus encore le dimanche, alors que les visiteurs sont conviés à un brunch
et à des concerts de musique classique. Tudor-Hart
signait ses toiles d'un cœur entourant une rose ; ce
symbole représente désormais le site tout autant
que l'ambiance qui y règne.

Québec

Église Notre-Dame-des-Victoires ⛪
Place Royale
(418) 692-1650
Ouvert toute l'année.

Richesse et disette. C'est sur les fondations de la
deuxième habitation de Champlain, érigée entre
1624 et 1627, que l'architecte Claude Baillif bâtit
l'église Notre-Dame-des-Victoires, en 1688. Avec
François de la Joüe, il sera le premier architecte de
Québec et construira dans le style classique français, tout en l'adaptant aux moyens et aux besoins
du pays. Ce lieu de culte, reconstruit après la Conquête, se démarque par la richesse de son ornementation et ses... petits pains ! Chaque année, le 3
janvier, on les distribue dans la chapelle de sainte
Geneviève en souvenir de la patronne de Paris qui
arrêta les troupes d'Attila en 451 devant la capitale
menacée de disette. À voir aussi sur la Place Royale,
qui est le cœur historique de Québec, les restaura-
tions opérées dans les maisons Bruneau, Drapeau
et Rageot, ainsi que celle qui fut construite par
Claude Baillif pour le marchand Dumont. C'est
aujourd'hui la Maison des vins ; dans ses caves voû-
tées plus que centenaires sont entreposées de bonnes bouteilles.

Musée de la civilisation 🏛
85, rue Dalhousie
(418) 643-2158
Ouvert toute l'année.

Dynamique moderne. Par son architecture, ses expositions thématiques et interactives, ce musée,
n'ayons pas peur de le dire ni d'afficher notre fierté,
est l'une des plus grandes réussites culturelles qué-

bécoise et internationale. Dans un cadre qui se joue allégrement du passé et du futur, tout est mis en œuvre pour piquer la curiosité et vivre de nouvelles expériences à chaque visite. Car si *Objets de civilisation*, *La Barque* et *Mémoires* constituent le fonds muséal, les programmations temporaires sont d'une telle richesse qu'on est sûr de se coucher plus intelligent qu'on ne s'est levé. Tout ici est centré sur l'homme. Pour les thèmes des activités saisonnières, qui ont toujours un caractère dynamique dans leur présentation, les conservateurs puisent dans les collections fortes d'environ 60 000 pièces ethnologiques. Un haut lieu de la modernité à ne manquer sous aucun prétexte.

Château Frontenac 🏛

1, rue des Carrières
(418) 692-3861

Style château. Québec sans le Château Frontenac ? Impossible à imaginer, tant sa silhouette est symbolique de la ville. Dominant le fleuve, il est l'œuvre de Bruce Price. Cet architecte américain s'est inspiré du style des châteaux de la Loire pour édifier ce bâtiment sur l'emplacement de l'ancien Château Haldimand où les gouverneurs de la colonie résidèrent de 1784 à 1860. L'édifice, dont la première pierre est posée en 1892, fut complété par une tour centrale de dix-sept étages en 1924. Comme l'ont fait Churchill, Roosevelt ou Hitchcock, il faut déambuler dans cet hôtel et, à la tombée du soir, prendre un verre dans le bar Saint-Laurent. Depuis sa rotonde, on surplombe la terrasse Dufferin, le quartier Petit-Champlain, sans oublier le magnifique panorama sur Lévis, les villes de la rive sud et l'île d'Orléans.

Maison Jacquet 🏛

34, rue Saint-Louis

Architecture domestique. À l'angle des rues Saint-Louis et des Jardins s'élève la maison Jacquet, composée de deux bâtiments. Celui en retrait, qui abrite aujourd'hui un restaurant, date de 1675 et a été surélevé par l'architecte François de la Joüe en 1699.

L'autre maison blanche à toit rouge et les demeures qui la prolongent remontent au XIXe siècle. Elles ont été bâties sur l'emplacement des écuries et de la cour intérieure que Pierre Ménage avait fait construire après avoir racheté la maison de François Jacquet. Considérée comme l'une des plus anciennes demeures de la ville, cette construction en pierre coiffée d'un toit très pentu est typique de l'architecture domestique de cette époque. Son ornementation dépouillée reflète le manque de main-d'œuvre qualifiée dont souffrirent les bâtiments des premiers colons.

Monastère et chapelle des Ursulines 🏛 🏛

12, rue Donnacona
(418) 694-0694
Ouvert toute l'année.

À la gloire du dévouement. En 1639, la mère ursuline Marie de l'Incarnation entreprend une mission d'évangélisation et d'éducation des Amérindiennes et des Canadiennes françaises. Dans ces deux bâtiments, admirables par leur architecture, on retrace la vie des religieuses et des premiers colons, ainsi que leur dévouement. La chapelle, reconstruite en 1902, s'orne du décor d'origine conçu par le sculpteur Pierre-Noël Levasseur vers 1730 et de tableaux français acquis vers 1820. La fondatrice de la congrégation des Ursulines est inhumée en ce lieu, où l'on conserve aussi le crâne de Montcalm. D'autres communautés religieuses féminines, telles que les Sœurs du Bon-Pasteur et les Augustines de l'Hôpital général et de l'Hôtel-Dieu, ont aussi laissé plusieurs empreintes muséales et conventuelles dans la ville de Champlain.

Basilique-cathédrale Notre-Dame-de-Québec 🏛

16, rue Buade
(418) 692-2533
Ouvert toute l'année.

Façade néoclassique. Incendiée et même bombardée trois fois en trois siècles, la plus vieille église d'Amérique du Nord (la première voit le jour sous Champlain en 1633) renaît de ses cendres en 1922. Parmi ses éléments remarquables, on relève derrière sa façade néoclassique le baldaquin aux six cariatides du maître-autel, exécuté selon des dessins de François Baillairgé et les rosaces en plâtre d'Adélard Prévost, le dernier statuaire utilisant le plâtre au Québec. Le bel orgue de l'ébéniste Paul Raymond Jourdain, dit Labrosse, date de 1721. Mais il faut aussi se rendre dans la crypte funéraire. Y sont enterrés les quatre gouverneurs de la Nouvelle-France et les évêques de Québec. Leur dernière demeure contraste avec le moderne tombeau de monseigneur François de Laval, le fondateur du très austère Séminaire de Québec, mort en 1708.

Hôtel Clarendon ☖
57, rue Sainte-Anne
(418) 692-2480

Édifice Price
65, rue Sainte-Anne

Art nouveau, Art déco. C'est en 1870 que le plus vieil hôtel de Québec voyait le jour. Son entrée affichait un style Art déco, encore jamais exploité dans la ville. Une architecture qu'on retrouvera ensuite, dans les années 30, avec l'Édifice Price. Ce sont les architectes montréalais Ross et McDonald qui élèveront dans la capitale ce premier gratte-ciel de dix-sept étages. On peut apprécier le style de cet édifice à bureaux pendant les heures de… bureau ! Quant à l'hôtel, le mieux est de s'y rendre le soir, pour faire d'une pierre deux coups. D'une part, prêter attention au style Art déco et, d'autre part, profiter de la présence d'un orchestre de jazz. En effet, toute l'année, c'est la spécialité musicale de son bar l'Emprise.

Maison historique
François-Xavier-Garneau 🏛 ☖
14, rue Saint-Flavien
(418) 692-2240
Payant sur réservation.

Histoire et culture. Le grand historien François-Xavier Garneau vécut dans cette maison construite par l'architecte Joseph-Ferdinand Peachy. Dans cette demeure néoclassique de style victorien, on montera dans la tour dite des veuves où les bourgeoises du siècle dernier goûtaient au plaisir qu'offre le panorama sur le fleuve et les Laurentides. Au mobilier et aux objets ayant appartenu à Garneau, Claude Doiron — l'actuel propriétaire de la maison qui l'a très bien restaurée — a ajouté ses collections personnelles, notamment de livres anciens. On peut prendre le thé en écoutant de vieilles mélodies diffusées par un gramophone, et même passer la nuit dans ce lieu d'histoire et de culture. Claude Doiron a aussi rénové la boutique J.A. Moisan, située au 699 de la rue Saint-Jean. Sorte de magasin général où l'on trouve aussi bien de la charcuterie que des antiquités, cette épicerie que Jean-Alfred Moisan ouvrit en 1871 est la plus vieille d'Amérique du Nord.

Citadelle ♔

1, côte de la Citadelle
(418) 648-3563
Ouvert toute l'année.

Garde-à-vous ! Depuis 1920, le Royal 22e Régiment est stationné dans cet ouvrage militaire, qui n'a affronté aucun des sièges pour lesquels l'ingénieur britannique Dunford le construisit entre 1820 et 1832. Si on n'a jamais mis les pieds dans la Londres anglaise, la parade de ces hommes à tunique rouge et bonnet à poil noir est un spectacle traditionnel. La retraite et la relève de la garde, qui se tiennent de la mi-juin à la fête du Travail, amuseront sûrement plus les enfants que les objets militaires exposés dans la poudrière et la prison, transformées en musée.

Hôtel du Parlement ♔

Angle de Grande Allée Est et de l'avenue Dufferin
(418) 643-7239
Entrée libre toute l'année.

Exercice démocratique. C'est sous un toit à la Mansart percé de lucarnes, avec fenêtres à linteaux cintrés et crêtes faîtières en fer forgé, que nos élus siègent à Québec depuis plus d'un siècle. Avec les architectes J.-B. Dérome et Pierre Gauvreau, Eugène-Étienne Taché fut le grand maître-d'œuvre de ce bâtiment de style Second Empire, construit entre 1879 et 1884. En façade, il est orné de bronzes des plus grands personnages de l'histoire du pays, œuvres du sculpteur Louis-Philippe Hébert. Dans son enceinte, c'est à un exercice démocratique — qui ne fait de mal à personne — qu'il faut assister. Qu'on soit citoyen canadien ou non, on doit s'inscrire pour observer une séance de l'Assemblée nationale, tandis qu'il suffit de se présenter pour suivre une commission parlementaire dans la salle du Conseil législatif, dite le salon rouge. Auparavant, on peut participer à une visite guidée du bâtiment ou déjeuner au Parlementaire, le restaurant où l'on croise députés et ministres. Plusieurs monuments agrémentent la colline parlementaire, dont une stèle dédiée aux arpenteurs-géomètres accompagnée du point géodésique de la capitale. C'est au coin nord de l'esplanade, angle René-Lévesque Honoré-Mercier, que se cachent ces coordonnées dans des buissons près de la pelouse.

Musée du Québec
Parc des Champs-de-Bataille
(418) 643-2150
Ouvert toute l'année.

Beaux-arts. C'est sur les plaines qui appartenaient à Abraham Martin qu'est construite, vers 1860, une prison dont la tour et les cellules seront plus tard annexées au bâtiment de style Beaux-Arts inauguré en 1933. Le patrimoine pictural, sculptural et décoratif du Québec est conservé dans les collections de ce musée qui comptent plus de 22 000 œuvres d'art, s'étendant des débuts de la colonisation à nos jours. Parmi celles-ci, on citera les pièces de l'orfèvre parisien Roland Paradis venu s'établir au Québec vers 1728. Elles sont identifiées par leur poinçon RP couronné. Les expositions temporaires sont toujours d'une excellente qualité artistique. Il faut grimper dans la tour de l'ancienne prison pour voir une sculpture d'Henry Moore et apprécier le fleuve et les plaines qui s'étendent à ses pieds.

Wendake

Chapelle Notre-Dame-de-Lorette ⚏
73, rue Maurice-Bastien
(418) 842-3566

Présence huronne. Cela fait trois siècles que les Hurons-Wendats sont installés à Wendake. Originaires du Sud-Est de l'Ontario, ce peuple d'agriculteurs fut chassé de ses terres par les Iroquois et se réfugia auprès des missionnaires jésuites de la région de Québec. Aujourd'hui, quelque 900 membres de cette Première Nation perpétuent les traditions ancestrales dans ce village, devenu réserve en 1958. La chapelle a été érigée en 1730 avec des pierres extraites de la rivière Saint-Charles, ou *Kabir Kouba* en langue huronne. Son ornementation offre du mobilier ancien, dont le maître-autel attribué à Pierre-Noël Levasseur, et une collection liturgique est exposée dans la sacristie. À voir aussi la chute Kabir Kouba, dont l'eau alimente la ville de Québec, et son profond canyon en aval.

Charlesbourg

Trait Carré ⚏
(418) 624-7720
Visite commentée sur réservation.

Premier plan urbain. C'est à l'intendant Jean Talon que Charlesbourg doit son plan d'urbanisme si particulier. Dans un périmètre carré, les terres ont été distribuées comme les rayons d'une roue à partir de l'église, pour mieux résister aux attaques iroquoises. Ce tracé urbanistique date de 1660 et il restera unique en son genre au Québec jusqu'à la création de ville Mont-Royal et de la cité-jardin à Montréal. Autour de l'église Saint-Charles-Borromée — d'influence palladienne et érigée sur les fondations de l'ancienne chapelle par Thomas Baillairgé — les demeures des XVIIe et XVIIIe siècles ainsi que le moulin des jésuites (1740) constituent un beau circuit patrimonial.

Jardin zoologique du Québec ⴸ

9300, avenue de la Faune
(418) 622-0312
Ouvert toute l'année.

Petit singe-lion

Brunch de grillons. Ici, la traditionnelle sortie dominicale au zoo prend une autre saveur… Parce qu'il n'y a pas que les ouistitis, chimpanzés, singes-lions et autres lamas cracheurs qui, parmi les 600 animaux de ce jardin, amusent les petits. Plus curieux que leurs parents, ils ne font pas la moue devant un plat de grillons qu'on leur propose de déguster pendant la saison estivale. Et puis, à cet âge, on peut aussi les initier au passé en leur montrant les vestiges d'un site préindustriel implanté sur la rivière du Berger et qui a fait l'objet de fouilles archéologiques dans ce jardin.

Beauport

Parc de la Chute-Montmorency ⴸ ⵊⵊ

Route 138
(418) 663-2877
Ouvert toute l'année.

Niagara rhabille-toi, Montmorency voilà ! Depuis le tout début de la colonie, cette chute attire les foules. « Je vy un torrent d'eau qui desbordait de dessus une grande montagne », écrit Samuel de Champlain lors de sa première visite en 1603. Cette merveille naturelle deviendra le joyau de Beauport et le terrain de prédilection pour les promenades à cheval et les déjeuners sur l'herbe des Britanniques romantiques (vers 1830). Haute de 83 mètres, soit 30 mètres de plus que la chute du Niagara, elle impressionne toujours autant ! On peut se rendre jusqu'en haut en téléphérique ou par l'escalier panoramique qui mène à un belvédère, duquel on a une très belle vue sur les chutes, le fleuve et l'île d'Orléans. Un pont conduisant vers le Manoir Montmorency permet aussi de passer juste au-dessus de la cascade. L'hiver, l'eau forme un phénomène naturel appelé « pain de sucre »... dont se régalent les amateurs d'escalade de glace.

Île d'Orléans

Sainte-Pétronille

Bien vu. Au Bout-de-l'Île, autre nom de Sainte-Pétronille, nombreuses sont les résidences de style anglo-normand et Régence, ceintes de galeries et coiffées de toits à la Mansart. Quelques demeures témoignent aussi du style victorien, comme le Manoir de l'Anse, construit en 1880 au bout du quai et devenu auberge. C'est l'endroit idéal pour bénéficier d'une vue extra sur Lévis, Québec, les battures de Beauport et les chutes de Montmorency. En bas de la rue Horatio-Walker, où ce grand peintre avait son atelier, partait un pont de glace ; il relia l'île à la rive nord jusqu'en 1952, même si on empruntait déjà depuis 1935 le pont suspendu.

Saint-Laurent

Parc maritime de Saint-Laurent
120, chemin de la Chalouperie
(418) 828-2322
Ouvert de mi-juin à fin septembre.

Chalouper et pique-niquer. Au siècle dernier, les chaloupiers Bouffard, Dumas, Godbout, Lapierre, Pelletier et Pouliot construisaient quelque 400 caboteurs par an pour pêcher et transporter les insulaires vers la terre ferme. Dans cette paroisse fondée en 1679, la chalouperie Godbout a été transformée en musée qui relate cette tradition maritime. Les maquettes et outils évoquent le métier des artisans qui firent la prospérité de l'île. Sur le site, une aire de pique-nique est aménagée.

Saint-Jean

Manoir Mauvide-Genest 🏛 ⚖

1451, chemin Royal
(418) 829-2630
Ouvert de fin mai à la fête du Travail ; sur rendez-vous jusqu'à l'Action de grâces.

Remue-méninges. En 1733, Jean Mauvide, chirurgien du roi et marchand, fait construire une maison sur les terres de son épouse, Marie-Anne Genest. Plus tard, il agrandira ce manoir, typique de l'architecture rurale sous le Régime français. Différents propriétaires se succéderont jusqu'à ce que le juge Joseph-Camille Pouliot l'achète en 1926 et le restaure, y ajoutant une cuisine d'été et une chapelle privée. Le mobilier d'époque, qui recèle un beau banc de quêteur, est intéressant. Mais, le point d'orgue est atteint avec les jeux de société inventés par une descendante de la famille, notamment une sorte de *Trivial Pursuit* destiné à apprendre aux enfants l'histoire du pays. À la fin de la visite guidée, on découvre un retable sculpté par les Hurons pour la chapelle de Sainte-Pétronille construite en 1653 par les Jésuites. Signalons que c'est à partir de Saint-Jean que le fleuve « goûte » salé et qu'on commence déjà à le qualifier de mer.

❦

Sainte-Anne-de-Beaupré

Basilique ⚖

10 018, avenue Royale
(418) 827-3781
Ouvert toute l'année.

Culte miraculeux. En 1658, Louis Guimond, chargé de réparer l'église est soudainement débarrassé

d'un mal de dos. La nouvelle du « miracle » se ré-
pand à la vitesse grand V et, depuis, attire chaque
année près d'un million et demi de pèlerins dans la
basilique, qui est la cinquième église construite sur
ce sanctuaire. Béquilles, prothèses et autres ex-voto
à sainte Anne ornent l'entrée. Sa décoration intérieure est des plus fastueuses, sans parler des chapelles extérieures et du chemin de croix, dont les
douze stations de fonte sont recouvertes de bronze.

Cyclorama de Jérusalem 🏛

8, rue Régina
(418) 827-3101
Ouvert de fin avril à octobre.

Kitsch religieux. Près du sanctuaire de Sainte-Anne
se dresse un bâtiment circulaire habillé d'une fresque on ne peut plus kitsch. Exécutée en Allemagne par l'artiste français Paul Philippoteaux et son
équipe, cette toile haute de 14 mètres sur 110
mètres de pourtour a été tendue en 1895. Elle dépeint, étape par étape, le crucifiement de Jésus en
Terre Sainte. Par le miracle du trompe-l'œil, on se
croirait à Jérusalem au temps biblique !

Beaupré

Chutes Jean-Larose 🐦

Route 360 Sud
Accès libre

Une chute juste à soi. Camouflée dans un boisé,
cette chute est bien discrète. Ce qui fait son
charme ? Donner l'impression qu'on a découvert
une petite merveille, à l'écart des hordes de touristes et juste pour soi. Presque en face de l'entrée du
Parc du mont Sainte-Anne, la petite pancarte qui
annonce sa présence passe plutôt inaperçue. De la
route, nul ne soupçonnerait qu'à moins d'une quinzaine de minutes de marche déferle une cascade
de 68 mètres... Étroite mais d'une hauteur et d'un
débit impressionnants, doublé d'un petit côté sauvage, cette chute vaut bien les 400 marches qu'il
faut descendre, puis remonter, pour en admirer les

paliers. À l'arrivée, tout en bas, on se repose sur de grosses pierres plates, arrosés et éblouis par l'eau qui chute à nos pieds.

Grand canyon des chutes Sainte-Anne   🐦

40, côte de la Miche
(418) 827-4057
Ouvert de début mai à fin octobre.

Chutes, alors ! Dans ce grand canyon, les promeneurs découvrent des marmites de géant et, surtout, des vues plongeantes sur la chute de 74 mètres. Trois passerelles, dont le pont McNicoll suspendu à 55 mètres, et la plus récente qui mène complètement au fond de la gorge, promettent nombre de frissons et petits cris de joie. Il en est de même au Parc des Sept-Chutes, à Saint-Ferréol-des-Neiges ; on peut y voir une cascade de chutes (de 130 mètres de haut), et visiter une centrale et un barrage hydroélectriques encore en état de marche.

Saint-Joachim

La Grande Ferme   🏛
Route du cap Tourmente
Accès libre

Vue sur le cap. Sur la route qui mène à la réserve du cap Tourmente, les plus attentifs remarqueront sur la gauche un panonceau signalant l'entrée d'une propriété privée. Si on agit avec discrétion et respect, sans doute vous pardonnera-t-on cette petite incursion, qui en vaut la peine. Derrière l'imposante allée d'arbres se cache le site de la Grande Ferme, fondée par monseigneur de Laval en 1667, pour approvisionner le séminaire de Québec. La maison actuelle, monument historique reconnu, a été bâtie en 1866. Bel exemple d'architecture du régime seigneurial, le manoir de trois étages, avec toit à la Mansart et lucarnes, servit d'institution d'enseignement et de lieu de villégiature pour les écoliers et les ecclésiastiques. De la terrasse en arrière, on jouit d'une magnifique vue, que dis-je... probablement l'une des plus belles, sur le cap Tourmente (à gauche), le fleuve et l'île d'Orléans. Beau à s'en confesser...

Réserve nationale de faune du Cap-Tourmente 🕊

(418) 827-3776
Ouvert toute l'année.

Cacarder à qui mieux mieux. À l'automne, on recense près de 300 000 oies des neiges sur la réserve. Elles reviennent de leur nidification estivale sur l'île de Baffin, pour passer l'hiver, comme les Québécois, sur la côte atlantique américaine. Les oies blanches s'arrêtent pour se régaler des rhizomes du scirpe d'Amérique, plante aquatique qui abonde sur les battures de la région. C'est d'ailleurs pour protéger ce marais à scirpe que la réserve fut créée en 1969. On y dénombre 250 espèces d'oiseaux nicheurs et migrateurs, 45 espèces de mammifères, 700 espèces végétales et 22 types de peuplement forestier. À l'entrée, la maison du chasseur a été érigée à l'emplacement de la première ferme fondée par Champlain en 1626. Si vous avez de bons mollets, un sentier mène à la cime du Cap-Tourmente (571 mètres), qui domine le fleuve, la plaine et le marais.

Stoneham

Llamas Tours 🕊 🚶

1420, avenue du Hibou
(418) 848-6133

Tonton au pays des Incas. Blancs, noirs, bruns, en passant par des teintes de beige, de roux et de gris, ils sont bien mignons les lamas ! Et ils sont loin d'avoir le mauvais caractère qu'on leur attribue depuis que le célèbre capitaine Haddock a eu maille à partir avec eux... À l'instar de Tintin et ses acolytes, on peut vivre une chasse aux trésors au pays des Incas ou partir à la découverte du trésor perdu du grand chef Pachacutec, avec un lama pour compagnon de randonnée. Attachez bien votre tuque... des Andes, bien sûr, et ne crachez surtout pas sur cette occasion de passer une journée en famille originale !

Parc de la Jacques-Cartier

Route 175 Nord
Faune Aventure
(418) 848-5099
Activités toute l'année.

Un safari tout à fait orignal. Au cours des dix jours que dure le rut (en octobre), la femelle orignal n'est réceptive aux avances du sexe opposé que pendant 24 à 36 heures. Le pauvre mâle en perd la tête et l'appétit et, doit-on s'en étonner, devient réceptif à chaque *call*, s'aventurant alors dans sa direction... C'est du moins ce qu'espèrent les guides de Faune Aventure qui, à l'aube et à la brunante, entraînent de petits groupes dans leur safari d'observation des orignaux. Après quelques heures de marche à tenter d'interpréter toute trace ou empreinte laissée par ces rois de la forêt, les chasseurs d'images se postent en silence sur le bord d'un lac. Puis le guide, armé de sa corne d'écorce, y va de son plus beau *call* (de longs roucoulements). Commence alors l'attente, qui peut durer plusieurs heures. Tous retiennent leur souffle — et leurs gestes — en scrutant le lac dans l'espoir d'y déceler la silhouette d'un panache. On a répertorié quelque 200 orignaux dans le parc de la Jacques-Cartier mais certains jours, nul panache ne se pointe à l'horizon. L'excursion n'en conserve pas moins le sien. Cette récente entreprise propose aussi, en été, des safaris nocturnes intitulés « L'appel des loups ». Une petite danse avec ça ?

Le Charlevoix laisse sans voix

❦

Dieu qu'il est beau le pays de François-Xavier Charlevoix, le premier jésuite historien de la Nouvelle-France qui lui légua son nom. Menaud, le maître-draveur, sut aussi apprécier ses montagnes, lacs et rivières, qui constituent l'aspect sauvage de cette réserve mondiale de la biosphère. Mais il y a également de la douceur dans ses panoramas, que Clarence Gagnon fut parmi les premiers à peindre. Résultat : pas de quoi s'ennuyer dans le Charlevoix, qui puise ses forces d'attraction dans la nature. Vous voulez des preuves ? Rendez-vous du côté de la route 381 où une météorite, dans sa chute céleste vieille de 350 millions d'années, creusa un cratère qui modifia la topographie du massif laurentien. Dans la veine sismique, on attribue au tremblement de terre de 1663 l'effondrement de la falaise sur laquelle s'assoit Les Éboulements. Spectaculaires sont les hautes gorges façonnées par la rivière Malbaie et ses sommets recouverts d'une végétation dense.

Le long du fleuve s'égrènent des villages au nom charmant qui deviendront, après la Conquête, des lieux de villégiature particulièrement prisés. De splendides villas agrémentées de jardins magnifiques surgissent alors à Saint-Irénée, Cap-à-l'Aigle ou Pointe-au-Pic, célèbre pour son manoir Richelieu. C'est aussi le paradis des artistes qui, depuis près d'un siècle, viennent se ressourcer dans des paysages à couper le souffle.

Grâce à sa géographie vivante, le Charlevoix s'est forgé un double patrimoine d'activités. Que l'on penche pour sa nature ou sa culture, loisirs riment ici avec plaisirs.

Baie-Saint-Paul

Maison de René-Richard   🏛

58, rue Saint-Jean-Baptiste
(418) 435-5571
Ouvert toute l'année.

Ambiance artistique. Grand peintre d'origine suisse, René Richard vécut de 1942 à sa mort, en 1982, dans cette demeure ancestrale qui appartenait à Blanche Cimon, son épouse. C'est à Paris, à la fin des années vingt, que René Richard s'initiera au dessin, grâce à sa rencontre avec Clarence Gagnon, qui le guidera pendant trois ans dans sa démarche artistique. Dans l'atelier qu'on visite, René Richard exécuta la majorité de ses œuvres et nombre d'entre elles y sont toujours exposées. L'ambiance qui se dégage de ce lieu semble encore empreinte de la même chaleur qui l'animait lorsque Clarence Gagnon, Marc-Aurèle Fortin et d'autres artistes, amis du couple, y séjournaient.

Centre d'exposition de Baie-Saint-Paul   🏛 🏛

23, rue Ambroise-Fafard
(418) 435-3681
Ouvert toute l'année.

Éventail artistique. Conçu par l'architecte Pierre Thibault, ce bâtiment moderne, inauguré en 1992, met en vedette les artistes qui ont fait la réputation du Charlevoix. Les expositions et rétrospectives qui se succèdent au fil des saisons atteignent leur point d'orgue au mois d'août lors du Symposium de la jeune peinture. Cette manifestation, qui a lieu depuis 1982, attire dans la petite municipalité de nombreux peintres. Ils s'éparpillent dans la nature pour exprimer leur talent, comme le fit Clarence Gagnon au début du siècle. Ce dernier sera suivi par le groupe des Sept, René Richard, Marc-Aurèle Fortin, Alfred Pellan, Jean-Paul Lemieux ou Goodridge Roberts, pour ne citer que les plus connus. Ce centre détient dans sa collection permanente des œuvres d'artistes de renom, notamment celles des sœurs Yvonne et Blanche Bolduc, dont l'atelier était situé au 7 de la rue Sainte-Anne.

Escargotière des 4 temps ☞
7, rue du Domaine Gobeil
(418) 435-6627
Ouvert de début juin à fin septembre.

Intimité. C'est à l'initiative de l'Association des handicapés de Charlevoix que cette escargotière d'*otola lactea* a vu le jour en 1993. Certes, on ramasse cette variété ailleurs dans le monde, mais elle fait ici l'objet de soins attentifs. Depuis qu'il est apprécié, ce gastéropode hermaphrodite, qui se déplace toujours avec sa maison, livre tous les secrets de son intimité dans le centre d'interprétation attenant à cet élevage pas banal. On peut aussi y déguster des escargots tout chauds et en acheter.

Maison d'affinage Maurice Dufour ☞
1339, boulevard Mgr-de-Laval
(418) 453-5692
Ouvert de la Saint-Jean-Baptiste à la fête du Travail.

L'art du fromage. C'est en 1994 que Maurice Dufour, un agronome dans la trentaine diplômé en produits laitiers, a créé sa maison d'affinage. À partir de lait de vache entier, il produit chaque année environ 10 000 meules d'un fromage baptisé Le Migneron, en l'honneur d'Anne Migneron, la première femme de son ancêtre, Robert-Gabriel Dufour. Dans ses salles, construites en argile au pied de la montagne, on peut assister aux opérations d'affinage de ces fromages de 2,4 kg à pâte demi-ferme et à croûte lavée. Avant d'être dégustés sur place ou vendus dans les meilleures fromageries du pays, les produits de Maurice Dufour sont ornés d'une étiquette artistique, soit une reproduction d'un tableau du peintre charlevoisien Louis Tremblay. Ne dit-on pas que faire un fromage, c'est tout un art ?

Saint-Urbain

Musée Renaissance   🏛 ⚛
133, route 381 Nord
(418) 639-2210
Ouvert de mi-juin à l'Action de grâces.

Quelle énergie ! À plus de 70 ans passés, Gérard Tremblay dégage une énergie de tous les diables. Il attribue cette vitalité aux forces créatrices qui émanent du cratère laissé par la météorite venue s'écraser près de sa propriété, il y a 350 millions d'années. Si l'on veut savourer pleinement le bric-à-brac de souvenirs qui peuplent le musée de ce collectionneur, il ne faut pas être pressé. Pourquoi ? Parce qu'il émaille chaque objet de ses commentaires de fin conteur, comme on n'en fait plus. Sur son terrain, jadis occupé par des familles amérindiennes, il a aussi construit une tour panoramique pour mieux scruter le site météorique. Une visite à la fois instructive et énergisante.

Parc national des Grands-Jardins   🦅 👫
Route 381 Nord
(418) 457-3945
Ouvert toute l'année.

Le Grand Nord au sud. Charlevoix est une région privilégiée à l'égard de la flore, puisque toutes les zones végétales du Québec s'y trouvent représentées. Le Parc des Grands-Jardins les rassemblent toutes, y compris la végétation du Grand Nord québécois : il englobe les seules toundra et taïga à cette latitude. Par exemple, sur le sentier Boréal, on marche à travers les mousses, les lichens et les lédons du Groenland. Déroutant ! Et spécialement beau à l'automne, lorsque le rouge écarlate des feuilles de bleuets contraste avec le tapis vert clair des lichens tout autour. À tout moment, on peut tomber nez à nez avec un caribou, le roi du parc. On y a réintroduit cet animal en 1968, et le cheptel en compte aujourd'hui plus d'une centaine. Quant aux nombreux geais du Canada, ils vous suivront, se posant parfois à quelques pieds de vous. Un autre beau sentier, celui du mont du lac des Cygnes, vous entraîne à une altitude de 1000 mètres. De là, on distingue le cratère de la météorite. Et, bien sûr, on jouit d'une vue incroyable sur le massif des Éboulements et la rivière du Gouffre. Dans ce parc de 310 km², il est aussi possible de faire du vélo de montagne, du canot, des safaris d'observation du caribou (en hiver), des randonnées pédestres guidées, du camping, du ski de fond et des escalades de rochers pour les plus expérimentés.

Île-aux-Coudres

ও

Saint-Louis

Musée Les Voitures d'Eau 🏛

203, chemin des Coudriers
1 800 463-2118
Ouvert de mi-mai à fin octobre.

Éloi, le grand timonier. Le capitaine Éloi Perron avait deux objectifs lorsqu'il créa ce musée. D'une part que les jeunes n'oublient pas la prédominance du transport fluvial sur tout autre moyen de communication. D'autre part, rappeler le rôle de la pêche dans le développement économique du pays jusqu'à une époque encore récente. Si les photos, maquettes et objets de navigation qu'il a accumulés perpétuent les glorieuses heures de la batellerie, le clou de son exposition permanente est la goélette *Mont-Saint-Louis*. Construite en 1939 et désarmée en 1974, elle permet au capitaine Éloi de toujours jouer les grands timoniers, puisqu'il la fait visiter de la cale à la cabine de pilotage.

Église Saint-Louis-de-l'Isle-aux-Coudres 🕍

Chemin des Coudriers
Ouvert toute l'année.

Une église et deux chapelles. Dans cette église de pierres grises aux deux clochers argentés, construite en 1885, Louis Jobin a signé l'ornementation et l'autel en particulier. Mais pour les deux statues polychromes qui l'encadrent et représentent saint Louis et saint Flavien, c'est avec maestria que François Baillairgé les avait sculptées vers 1800. En se rendant à cette église, on passera obligatoirement devant l'une des deux chapelles de procession en pierres des champs, érigées en 1837 par des volontaires à chaque extrémité de Saint-Louis.

Les moulins de l'Île-aux-Coudres

247, chemin du Moulin
(418) 438-2184
Ouvert de mi-mai à mi-octobre.

Mécanismes. Pour moudre le grain et entraîner les mécanismes de leurs meules, les meuniers avaient le choix entre l'eau et le vent. À Saint-Louis, histoire de ne pas prendre de risques avec les éléments, on a choisi les deux ! En 1825, Alexis Tremblay construit un moulin à eau, alimenté par la rivière Rouge. Mais comme la vase envahit fréquemment les canalisations de cet ouvrage, Thomas Tremblay, le fils d'Alexis, érige un moulin à vent sur le même terrain. Ainsi, entre 1836 et 1948, jamais les insulaires ne manqueront de farine. Restaurés en 1983, ces moulins sont de nouveau opérationnels et permettent de comparer leur machinerie. Également sur ce site : la maison du meunier, des machines agricoles du début du siècle et une ancienne forge.

La Baleine

Maison Leclerc 🏛 🏛

126, route Principale
(418) 438-2240
Ouvert de la Saint-Jean-Baptiste à la fête du Travail.

Plus que bicentenaire. Pendant près de deux siècles, des descendants Leclerc occupèrent cette maison de style vernaculaire, érigée par leur aïeul vers 1750. C'est l'un des premiers bâtiments en pierre coiffé de bardeaux de cèdre construit sur l'île, qui fut colonisée à partir de 1728. Des meubles et des objets anciens, dont des rouets, composent la collection présentée dans cette demeure transformée en musée après restauration en 1961.

⁓

Saint-Joseph-de-la-Rive

Église Saint-Joseph-de-la-Rive 🏛

Rue de l'Église
(418) 635-2835
Ouvert toute l'année.

Bénitier de Floride. Sise au bord de l'eau, c'est naturellement à la mer que cette église des années 30 emprunte son ornementation. D'entrée, pour se signer, on a droit à un vrai bénitier pêché au large de la Floride. Les bancs en chêne ont été teints en vert d'eau, tandis que le tapis du chœur est bleu marine. L'autel, sculpté de poissons par le maître Alphonse Paré dans son atelier de Sainte-Anne-de-Beaupré, repose sur quatre ancres dorées et les chandeliers qui l'ornent ondulent comme des vagues. Quant aux tableaux qui parent la nef, ils se réfèrent tous à l'eau dont on reçoit l'Esprit. À voir aussi, le chemin de croix exécuté par la céramiste de Saint-Jean-sur-Richelieu, Rose-Anne Mona.

Les Santons de Charlevoix ☞

303, rue de l'Église
(418) 635-2521

La Provence en Charlevoix. Cela fait plus d'une douzaine d'années que Carole et Bernard Boivin sont santonniers. Reprenant une tradition apparue au XVIIᵉ siècle en Italie du Nord, ils créent des personnages de la crèche qu'ils font vivre dans des paysages charlevoisiens, plutôt qu'en Provence dont les santons sont originaires. Au lieu de naître dans un mas du Midi, Jésus voit le jour dans une grange à toit de bardeaux de Saint-Urbain, tandis que les Rois mages aux costumes chamarrés se déplacent dans des carrioles. La chapelle de procession et le moulin à vent sont une reproduction de ceux de l'Île-aux-Coudres. Une curiosité très prisée des amateurs de santons.

Les chantiers maritimes de Charlevoix 🏛

305, rue de l'Église
(418) 635-1131
Ouvert de mi-mai à l'Action de grâces.

Chantier de restauration. Au temps où les voitures d'eau, comme on appelait jadis les goélettes, assuraient le transport marchand sur le Saint-Laurent, Saint-Joseph-de-la-Rive comptait autant de chantiers navals que de bateaux à construire. De 1946 à 1972, Les chantiers maritimes de Charlevoix construisirent la *Mont-Sainte-Marie* en 1952 et réparèrent de nombreuses embarcations. Récemment, ce chantier a même restauré la *Grosse-Île*. Si l'on n'y construit plus aujourd'hui de goélettes, le passé des charpentiers de marine revit néanmoins, grâce aux machines et outils conservés dans l'atelier. Dans le moulin à scie adjacent, on débitait le bois en planches pour fabriquer les coques, et c'est avec un énorme treuil et un traîneau qu'on halait les bateaux. Si l'on peut seulement voir la *Mont-Sainte-Marie,* les goélettes *Mont-Notre-Dame* datant de 1938 et *Mont-Royal* de 1936 se prêtent, elles, à la visite. Quant à la *Jean-Yvan,* construite en 1958 et qui navigua jusqu'en 1972, elle est parfaitement conservée et prend parfois le large.

Papeterie Saint-Gilles 🏛
304, rue Félix-Antoine Savard
(418) 635-2430
Ouvert toute l'année.

Correspondance parfumée. *Une image vaut mille mots :* proverbe démenti à la vue des papiers fins exposés ici et qui redonnent cœur à la plume. Encore faut-il réussir à choisir entre les uns, incrustés de fleurs, ou les autres, damasquinés de feuilles de la région. Pour une correspondance parfumée, peut-on rêver de mieux ? Fondée en 1965 par monseigneur Félix-Antoine Savard, cette fabrique est beaucoup plus qu'un économusée du papier. Ses artisans y produisent des papiers fins de coton, à la main, selon un procédé du XVIIᵉ siècle. Leur réputation dépasse les frontières. Outre l'atelier et la boutique, on visite une exposition consacrée à son fondateur, le père du célèbre *Menaud, maître-draveur,* dont la prose a si bien épousé l'histoire de la région.

Les Éboulements

Moulin banal 🏛 ☞
157, rue Principale
(418) 635-2239
Ouvert toute l'année.

De Jean-François à Jean-Yves. À votre avis, quel est le point commun entre Jean-François, qui fit construire ce moulin en 1790, et Jean-Yves qui continue de l'exploiter aujourd'hui ? Tous deux sont des descendants de Pierre Tremblay. Ici, nous sommes dans le berceau des Tremblay de Charlevoix et, le 18 mars 1710, Pierre Tremblay, fils de l'ancêtre venu de France en 1650, y achète sa seigneurie. À côté du moulin, bâti au sommet d'une chute de 30 mètres sur la rivière du Moulin et qui fonctionne encore avec son mécanisme d'origine, on peut voir le manoir seigneurial vendu à la famille de Sales-Laterrière en 1810. On dit même qu'une de ses dépendances servit de prison jusqu'à l'abolition du régime seigneurial en 1854. Aujourd'hui propriété des Frères du Sacré-Cœur, ces bâtiments ne peuvent être visités. Toutefois, on peut les voir de près en y accédant notamment par le moulin qu'exploite Jean-Yves.

Les Serres Daniel Lacoste   ☞
3, rang Saint-Pierre
(418) 635-2350
Ouvert toute l'année.

Culture, maïs hydroponique. Elle était graphiste, et lui, arpenteur. Un jour, ils en ont eu assez de Montréal. Daniel a alors suivi des cours à l'Institut agricole de Saint-Hyacinthe. Après un stage chez un producteur de tomates sous serres, il est parti avec Lucie et leurs enfants pour ce coin de Charlevoix qui leur plaisait tant. Aujourd'hui, sous 6000 m^2 de dômes en plastique, Daniel fait pousser des tomates, concombres et poivrons toute l'année, tandis que Lucie cultive des fleurs. Même si dehors il gèle à pierre fendre, la température est constamment maintenue à plus de 20 °C dans les serres, tandis que le taux d'humidité est contrôlé par ordinateur. Pour produire leurs légumes, les Lacoste font appel à la fine pointe de la technologie. Ils vous détailleront la technique de la culture hydroponique qu'ils emploient pour faire pousser leurs plants en les arrosant 28 fois par jour d'eau additionnée de sels minéraux.

Saint-Irénée

Domaine Forget   ♫
398, chemin Les Bains
1888 D FORGET (330-7438)
Ouvert de la Saint-Jean-Baptiste à la fête du Travail.

De concert avec le fleuve. Cette splendide demeure historique fut la propriété de Rodolphe Forget, à qui l'on doit le chemin de fer reliant Québec à La Malbaie. En 1977, le musicien Françoys Bernier y fonde un centre consacré à la diffusion des arts d'interprétation, principalement la danse et la musique. Depuis, les vastes parterres de ce domaine et la vue sur le fleuve en contrebas ont ravi de nombreux musiciens et mélomanes. Les dimanches d'été, vous pouvez prendre un brunch ou manger sur l'herbe au son d'un concert classique, interprété par des élèves du camp musical. Difficile d'imaginer plus champêtre ! De nombreux concerts de jazz et de musique classique sont également présentés dans le cadre du Festival international du Domaine Forget, qui inaugurait en 1996 une nouvelle salle de 600 places. Puisque vous y êtes, sachez que Saint-Irénée est aussi réputé pour ses beaux panoramas et sa plage de sable fin.

Pointe-au-Pic

Musée de Charlevoix 🏛
1, chemin du Havre
(418) 665-4411
Ouvert toute l'année.

Ethnologie. C'est dans un bâtiment moderne que loge, depuis 1990, l'ancien musée érigé à la mémoire de Laure Conan, qui vécut à La Malbaie. Biographe, historienne et romancière, Laure Conan, de son vrai nom Félicité Angers (1845-1924), est considérée comme la première femme écrivain du Canada français. Elle est l'auteur de *L'Oublié*, un roman historique sur Lambert Closse (1902) et de *La Sève immortelle* (1924). Voué à l'art populaire et à l'histoire de la région, ce musée regroupe des collections ethnologiques essentielles du patrimoine québécois. Outre les peintures, sculptures et objets anciens de la collection permanente, des expositions thématiques sont programmées chaque saison.

La Malbaie

Le Tortillard du Saint-Laurent ✈
1 800 563-2008
Du 1er juin à l'Action de grâces.

Tortiller en douce. À 50 km/h de moyenne, le magnifique littoral charlevoisien se laisse contempler en douceur… Narguant les voitures et les cars de touristes, revoici le Tortillard ! Ressuscitant l'ancien service interrompu dans les années 70, ce train au charme d'antan, décoré dans le style des années 50,

relie Québec à Pointe-au-Pic en trois heures et demie. Dès le départ, la gare du Palais à Québec (entièrement rénovée) offre un beau prélude au voyage
à venir. Bercés par le cliquetis des roues, les voyageurs se retrouvent aux premières loges pour admirer les falaises de la Côte-de-Beaupré, les chutes
Montmorency, les battures du fleuve et, bien sûr,
la côte du Charlevoix, avec ses caps et ses rochers
escarpés. Secondé par des musiciens, les guides
racontent la petite histoire des villages qu'on traverse. À l'arrivée à La Malbaie, une navette effectue
une tournée continue des principaux sites touristiques de la région. Les uns peuvent tenter leur
chance au casino de Charlevoix à Pointe-au-Pic, les
autres se rendre à Cap-à-l'Aigle ou Baie Saint-Paul.
On propose également une variété de forfaits (excursions aux baleines, hôtellerie, etc.) qui complè-
tent le voyage en Tortillard.

Saint-Aimé-des-Lacs

Parc régional des
Hautes-Gorges-de-la-rivière-Malbaie 🏕 🚶
123-B, rue Principale
(418) 439-4402
Ouvert toute l'année.

De la drave à la biosphère. Ce parc est une aire
protégée de la Réserve de la biosphère de Charlevoix. Il faut rouler une bonne heure et demie sur
du gravier pour l'atteindre, mais on oublie tout cela
dès qu'on se retrouve face aux immenses parois qui
enserrent la rivière Malbaie. Avec ses escarpements
de 800 mètres de haut et sa gorge en auge, il s'agit
de l'une des vallées glaciaires les plus impressionnantes de l'Est du continent. Y coule la Malbaie, qui
prend sa source au cœur du massif des Laurentides et poursuit sa route sinueuse jusqu'au fleuve.
Elle fut la voie de circulation privilégiée pour le
transport du bois et fut le pays de *Menaud, maître-
draveur.* Vers la fin du XIXe siècle, on y érigea un
barrage, puis en 1911, un moulin à pulpe. Ces installations seront ensuite reprises par les frères
Donohue, qui fondent la société du même nom, en
1920. C'est en 1987 que la drave cesse sur cette
rivière. Aujourd'hui, le parc de 233 km² attire de

nombreux grimpeurs, tentés par l'Acropole des Draveurs (1040 mètres) ou le mont des Érables (1030 mètres), dont le sommet est recouvert de pergélisol. On peut aussi longer le ruisseau Blanc en vélo de montagne (pour voir son coude à 90°) ou admirer les ormes géants (vieux de 400 ans) sur le sentier de l'Érablière. En hiver, l'escalade de la Pomme d'Or, cascade gelée haute de 350 mètres, représente aussi un beau défi pour les glaciéristes chevronnés. Après les inondations de juillet 1996, on a malheureusement interrompu les croisières en bateaux-mouches sur la Malbaie.

Cap-à-l'Aigle

Jardin de la villa Les quatre vents 🦅
Route 138
(418) 434-2209
Sur rendez-vous.

Jardins secrets. Les jardiniers passionnés ne manqueront sous aucun prétexte l'une des quatre visites annuelles de ce jardin privé. Elles sont organisées par le Centre écologique de Port-au-Saumon, auprès duquel il faut s'inscrire presque une année à l'avance tant le site est couru. Il faut dire que la villa est magnifique et son jardin plus encore. On en dénombre en fait plusieurs, créés en 1928 par le père du propriétaire actuel. Roseraie, sous-bois, sculptures végétales, lacs et cascades, parterres fleuris et tapis vert occupent près de dix hectares, qui cachent d'autres verdoyants secrets.

Le royaume des bleuets

Lorsque Cartier aborde le Saguenay, en 1534, les Montagnais qu'il rencontre lui parlent des fabuleuses richesses que recèle la région. Imaginant des montagnes d'or et de pierres précieuses, l'explorateur qualifie le fjord de « royaume ». Champlain le remontera en 1603, mais seulement jusqu'à Saint-Basile-du-Tableau. Puis Jean de Quen sera le premier à pénétrer jusqu'au lac Saint-Jean et à en explorer les rives en 1647.

Quatre siècles plus tard, si royaume il y a, ses trésors ne sont pas ceux auxquels pensait Cartier. Puisant dans ses ressources naturelles et dans la détermination qui anime ses habitants, la souveraineté du Saguenay—Lac-Saint-Jean est surtout forte de son industrie, son agriculture et son tourisme. Son économie est enracinée dans l'hydroélectricité, l'aluminium, la papeterie, l'élevage et la culture du bleuet. Quant à la faune et à la flore, alliées à une géologie glaciaire et à des paysages impressionnants, elles ont permis de développer de nombreuses activités de loisirs.

Autour du lac, voué à la plaisance, la pêche à la ouananiche, les descentes de rivières en canot, le ramassage des bleuets, l'observation des animaux attirent autant de monde que les visites industrielles ou culturelles.

Réputé pour ses croisières et son parc marin, le fjord du Saguenay offre aussi des anses peu connues qui, telles des fenêtres, s'ouvrent de chaque côté de sa rive : on les découvre mieux en voiture ou en kayak.

Sachez enfin que le tragique déluge qui s'est abattu sur cette région en juillet 1996 n'a entamé ni le dynamisme, ni l'hospitalité des Jeannois et des Saguenéens.

Le lac Saint-Jean

❧

Alma

Usine Alcan ☞
1025, rue des Pins Ouest
(418) 668-9849
Visite gratuite sur réservation de début juin à fin août.

Alu brut. L'aluminerie Alcan a mis en place un réseau de visites, allant de son usine de haute technologie de Laterrière jusqu'aux installations portuaires de La Baie, en passant par cette unité de l'Isle-Maligne. C'est avec la construction de barrages sur la rivière Grande-Décharge que la ville d'Isle-Maligne a été fondée en 1924 par la Duke-Price. Si les 2500 travailleurs embauchés pour son édification eurent droit à des tentes de toile pour dormir, les futurs employés de l'usine bénéficièrent de solides logements qui font partie du patrimoine résidentiel d'Alma. En 1943, Alcan prendra possession des lieux pour produire de l'aluminium brut, car les produits finis, comme le papier d'alu, sont fabriqués dans d'autres établissements du groupe.

Usine Abitibi-Price ☞ ☎
1100, rue Melançon Ouest
(418) 668-9400, poste 9408
Visite gratuite sur réservation toute l'année.

Papier journal. Comme pour l'aluminium, la papeterie a donné naissance à un quartier d'Alma. Enjambant la rivière Petite-Décharge, la compagnie Price Brother's faisait naître la municipalité de Riverbend en 1924 pour les besoins de son usine de papier journal. Les belles maisons alentour, qui ne sont pas en carton-pâte, appartenaient à l'entreprise qui les louait à son personnel. Quant à l'usine, elle se visite ainsi que la papeterie Kénogami à Jonquière.

Église Saint-Joseph 🏛

70, avenue Saint-Joseph Sud
(418) 662-6491

Vitraux médiévaux. En 1906, la petitesse de la chapelle Saint-Joseph conduit son curé à entreprendre des démarches afin que soit érigée une église digne des paroissiens d'Alma. Les plans seront tracés par l'architecte de Québec René-P. Lemay et le temple est béni en 1908. Cependant, tout n'est pas terminé, puisqu'il reste à habiller ce lieu de culte, ce qui prendra quelques années. Les trois cloches du carillon seront coulées en France et deux peintres montréalais exécuteront, entre 1948 et 1950, les tableaux et médaillons bibliques. Mais, ce sont surtout les ouvertures qui vont parachever le décor. Au verrier français M.-A. Rault, on commande 44 vitraux qui seront fabriqués en 1951 selon des techniques en usage au XIIIe siècle ; le verre, teint dans la masse en couleurs primaires, est assemblé avec des trames de plomb. Enfin, comme on est au pays de l'aluminium, on s'adresse à Alcan dont l'usine d'Isle-Maligne fournira en 1954 la matière première des portes et grillages. Bien éclairé, l'ensemble est intéressant.

Lac-à-la-Croix

Musée Jules-Lamy 🏛

607, avenue du Musée
(418) 349-3633
Ouvert de la Saint-Jean-Baptiste à la fête du Travail.

Curé collectionneur. Le nombre de religieux qui, au Québec, furent portés sur d'autres choses que la prière laisse pantois. Prenez le cas du curé de campagne Jules Lamy. Toute sa vie, qui prit fin en 1971, il collectionna des centaines d'objets liés à l'agriculture et à la vie des pionniers du village. Au début, il entassa ces trouvailles en tous genres dans le sous-sol de l'église jusqu'à ce que, manquant de place, il construise un musée avec ses paroissiens en 1968. Le nouveau centre qui vient de s'ouvrir a aussi un caractère ethnologique par sa nouvelle interprétation de l'agriculture et de la ruralité. Si vous vous rendez à Lac-à-la-Croix vers fin juin, ne soyez pas épouvanté par l'état des jardins privés. Depuis 1990, la municipalité organise un symposium des... épouvantails !

Desbiens

Trou de la Fée   ⚇

Chemin du Trou-de-la-Fée
(418) 346-5436/346-5480
Ouvert de mi-juin à fin septembre ; sur réservation hors saison.

Au trou. Il y a 10 000 ans que cette caverne, profonde de 75 mètres, s'est formée dans le granite. Pour les spéléologues aguerris, c'est un classique. En revanche, si vous n'avez jamais pénétré les entrailles de la terre, c'est une bonne occasion de vous retrouver au trou... par des escaliers en métal.

Musée de la motoneige   🏛

1640, chemin du Trou-de-la-Fée
(418) 346-5368
Ouvert de la Saint-Jean-Baptiste à la fête du Travail.

Sans nom. Jusqu'en 1972, tous les engins motorisés capables de filer sur la neige n'avaient pas de nom commun. On les désignait depuis les années vingt par leur marque de fabrique et leur modèle, car le terme motoneige ne fut officialisé qu'en 72. Mais cela n'a pas empêché Jean-Rock Potvin de les collectionner longtemps, au point qu'il possède quelques rarissimes machines. Certaines personnes lui ont d'ailleurs fait des offres en or, qu'il a déclinées pour cause de passion. Pour les motoneigistes, ce lieu qui rassemble une trentaine de véhicules des années 60 est considéré comme un sanctuaire qu'on leur ouvre l'hiver sur demande.

Centre d'histoire et d'archéologie de la Métabetchouane 🏛

243, rue Hébert
(418) 346-5341
Ouvert de la Saint-Jean-Baptiste à la fête du Travail ; sur réservation hors saison.

Centre commercial. Ce bâtiment d'architecture moderne a une double vocation. D'une part, il retrace l'histoire des échanges entre les Amérindiens et les Blancs, puisqu'un centre de traite des fourrures y fut ouvert de 1676 à 1879. D'autre part, il met en valeur toutes les découvertes archéologiques, exhumées aussi bien à l'embouchure de la Métabetchouane qu'autour du lac. Car avant l'arrivée du jésuite Jean de Quen, venu en 1647 prêcher l'unique parole, des Amérindiens vivaient depuis près de 3500 ans sur ce site, qui semble bien être l'ancêtre de nos centres commerciaux.

Lac-Bouchette

Ermitage Saint-Antoine-de-Padoue 🛐

250, route de l'Ermitage
(418) 348-6344
Ouvert toute l'année.

Foi touristique. Cet ermitage est un peu le Saint-Benoit-du-Lac… Saint-Jean ! S'il recèle un certain patrimoine artistique et religieux — des tableaux de Charles Huot, des vitraux de Guy Bruneau, un calvaire sculpté par Louis Jobin et une chapelle de 1907 — on peut s'interroger sur sa vocation. Elle paraît plus touristique que spirituelle, même si des pèlerins continuent de s'y presser. Pour une véritable retraite, il y a peut-être mieux dans la région.

Chambord

Village historique de Val-Jalbert 🏛 🚶

Route 169
(418) 275-3132
Ouvert toute l'année.

Ville fantôme. Un lieu d'activités prospères, abandonné par ses habitants, a toujours quelque chose d'impressionnant. On dirait que le temps s'est figé du jour au lendemain. On a cette sensation en déambulant dans ce village-pulperie. Créé de toute pièce à l'aube du siècle par Damase Jalbert sur l'ancien site algonquin de Ouiatchouan, il est délaissé en 1927 après la faillite de l'usine. La chute de 72 mètres de la rivière « où l'on prend beaucoup de poissons blancs » est l'élément le plus imposant. Elle alimentait le moulin à bois et l'on y accède par un téléphérique ou par un escalier de 400 marches. La vue sur la cité fantôme et le lac mérite l'ascension. Autre curiosité : le trou de Philomène. Dans les années vingt, une certaine Philomène armée d'un alambic venait distiller dans une caverne des boissons interdites. L'anfractuosité de quatre mètres sur huit est située près du terrain de camping ; on y accède par un sentier situé à 500 mètres en direction de la deuxième chute de la rivière Ouiatchouan.

Mashteuiatsh

Musée amérindien de Pointe-Bleue   🏛
1787, rue Amishk
(418) 275-4842
Ouvert toute l'année.

Passé, présent et futur. Situé dans la réserve montagnaise de Mashteuiatsh, ce bâtiment moderne qui abrite depuis 1977 des expositions sur les traditions, la culture et l'art amérindiens, sera bientôt agrandi. En effet, la collection permanente ne cesse de prendre de l'ampleur et la communauté de Pointe-Bleue a d'ambitieux projets de développement ; elle vise à mieux faire connaître son héritage millénaire, y compris aux autochtones qui prendront une part active aux nouvelles fonctions du musée. Cela dit, ce centre reste toujours un excellent lieu d'informations sur le mode de vie des Montagnais.

Centre d'interprétation de la traite des fourrures   ☞
1645, rue Ouiatchouan
(418) 275-7770

Générations fourrures. En quittant le musée de

Pointe-Bleue, une visite chez les Robertson vous plongera au cœur de la principale activité d'échanges avec les autochtones : la fourrure. La maison historique est occupée depuis cinq générations par la même famille, qui achète des pelleteries pour les revendre brutes ou transformées. En juin 1996, René, le père, passait le relais à son fils Édouard, tandis que leur demeure accueillait ses premiers visiteurs pour un parcours commenté sur la route des fourrures, son importance historique et ses effets économiques pour la région et ailleurs.

Saint-Prime

Vieille fromagerie Albert Perron 🏛 ☞
148, 15ᵉ Avenue
(418) 251-4922
Ouvert de mi-juin à la première semaine de septembre.

Ça goûte le vieux. De l'avis général, le cheddar d'Albert Perron est le meilleur au monde. À tel point que les Anglais, majoritairement, s'arrachent 80 % des 1000 tonnes produites annuellement et que nous, pauvres Québécois, avons bien souvent du mal à en trouver dans nos villes. Même autour du lac Saint-Jean, ce n'est pas toujours évident de pouvoir en déguster, surtout lorsqu'il est vieux. Pour calmer votre appétit, un film vidéo sur la fabrication du cheddar est projeté dans la fromagerie ouverte en 1895 par Adélard, l'ancêtre des quatre générations de fromagers Perron, et qui est devenue un musée. On profitera de la visite pour goûter leur recette qui, elle, a bien vieilli.

Saint-Félicien

Zoo sauvage 🦅
2230, boulevard du Jardin
1 800 667-LOUP (667-5687)
Ouvert de mi-mai à fin septembre.

Qui est sauvage ? Au royaume des animaux nordiques, c'est la bête humaine qui se retrouve en cage. Rien que cette particularité fait de ce jardin acclimaté à nos espèces sauvages un zoo unique

au Canada. Selon un parcours établi, on emprunte des passerelles au-dessus des milieux naturels des carcajous, des marmottes, etc. ; on entre dans la hutte des castors ; on cohabite avec des rapaces dans leurs volières ; puis on part à la conquête de la faune et de la flore des Prairies et des Rocheuses. Ensuite, un train grillagé nous entraîne vers les villages historiques et les gros spécimens des Sentiers de la nature. Dans cette aire de liberté de 485 hectares dédiés à près de 900 animaux, des guides attendent vos questions devant chaque zone reconstituée, ce qui est plus enrichissant que les traditionnelles visites commentées qu'on sert partout. Depuis son ouverture en 1961, ce rendez-vous avec la nature a beaucoup changé, notamment avec l'aménagement, en 1996, d'un vaste habitat de l'Ouest canadien et d'un autre pour les ours polaires. À lui seul, ce zoo, où l'on peut facilement passer une demi-journée, vaut le déplacement des petits comme des grands au lac Saint-Jean.

Normandin

Ferme de recherches   ❊
1468, rue Saint-Cyrille
(418) 274-3378
Entrée libre du 25 juin au 10 août ; sur rendez-vous le reste de l'année.

Fourrage et bleuet. Partant du principe que les bovins constituent la principale source de revenus des éleveurs jeannois et saguenéens, et que ces petites bestioles cornues se nourrissent de fourrage, les études menées dans cette ferme de recherches ont bien évidemment choisi pour objet les espèces fourragères. Il est certain que les agriculteurs seront les premiers intéressés par cette station expérimentale. Mais si l'on est jardinier, on devrait aussi trouver son compte dans les méthodes que les chercheurs tendent de mettre au point pour accroître la productivité du bleuet nain, spécialité de la région.

Girardville

Aventuraid   ♙♙

2395, rang de la Pointe
(418) 258-3529

Conquistador. Au premier coup d'œil, Gilles Granal fait penser à un coureur des bois. Agile comme un lapin, le regard perpétuellement en mouvement, l'oreille attentive au moindre bruissement, il fait corps avec l'environnement. Mais, dès qu'il parle : surprise. Un bel accent ensoleillé caractérise ce professeur d'éducation physique marseillais qui a un jour décidé d'offrir des expéditions nature dans de grands espaces. Il a alors quitté les rives méditerranéennes pour celles du lac Saint-Jean afin de descendre nos rivières en été et de s'aventurer avec des attelages d'huskies dans des paysages enneigés. Pour le plaisir des conquistadores qui partent avec lui en canot ou en traîneau, il propose chaque fois des parcours différents, à la fois pour tenir compte des lois de Dame nature et pour éviter la monotonie des circuits établis. Signalons que les zones forestières où Gilles installe ses campements ont été traitées contre les insectes. Depuis deux ans, il participe activement aux programmes de luttes insecticides mis en place par la municipalité, et c'est efficace.

Dolbeau

Centre Astro Dolbeau ⚛
1208, route de la Friche
(418) 276-0919
Ouvert de la Saint-Jean-Baptiste à la fête du Travail.

Face enfin dévoilée. Mario Simard, Rémi Desgagné et Michel Garaud ont passé plus de 1000 heures à confectionner la spectaculaire maquette de la lune ; figurant dans le *Guinness des records,* elle permet de voir la face cachée de notre satellite et ses 1600 cratères. Sur la mer de la Tranquillité, une bannière étoilée marque le point d'alunissage du Lem d'Apollo 11 d'où Neil Armstrong descendit pour être le premier terrien à fouler du pied gauche le sol sélénite. Mais le plus passionnant pour les amateurs célestes demeure l'observatoire ; sa lunette de 17 centimètres et son miroir Newton de 62 centimètres sont, depuis peu, reliés au logiciel *The Earth Centered Universe* qui pointe directement un astre de son choix. Pour le plaisir d'enrichir ses connaissances extraterrestres, ce centre d'interprétation des sciences et des technologies, dont le planétarium est orné d'une fresque de Normand Hunter, se doit d'être inscrit à votre itinéraire pour une observation diurne ou nocturne.

Mistassini

Abbaye cistercienne   ☎
100, route des Trappistes
(418) 276-0491
Ouvert tous les jours de 4 heures à 20 heures.

Priez pour votre foie. Aidés d'environ 25 laïcs, les moines de Notre-Dame de Mistassini troquent en été leurs livres saints pour une divine recette : le bleuet frais enrobé de chocolat. Cette friandise et quelques autres, véritables bénédictions pour les papilles, sont la principale ressource financière de cette communauté de trappistes qui, faisant vœu de silence, s'adonnent à la prière contemplative. Cependant, la stricte observance de la règle de saint Benoît n'empêche pas ces hommes de foi de participer à des tâches manuelles, entre les huit prières qui occupent cinq heures de leur quotidien. Ils ouvrent aussi leur église moderne et une partie de leur monastère aux visiteurs et aux croyants qui désirent y faire retraite. Le père Marcel Carrier est à cet égard désigné pour guider ceux qui cherchent Dieu. Quant aux confiseries monacales, on les achetera dans des magasins de la région.

Péribonka

Musée Louis-Hémon   🏛 ☎
700, rue Maria-Chapelaine
(418) 374-2177
Ouvert toute l'année.

Sculpture et littérature. Devant le moderne pavillon Louis Hémon, unique musée de la littérature au Québec, trône *Femme et Terre* de Ronald Thibert, une sculpture qui attire l'attention par sa plastique. Les « Quelques champs enserrés par l'énorme bois sombre », ainsi que l'indique l'épigraphe, conduisent à s'interroger sur cette œuvre qui, depuis son installation en 1986, prête flanc à la critique. Eu égard aux interprétations de sa forme, beaucoup l'ont surnommé avec humour *L'hymen de Maria*, ce qui est assez explicite sur son originalité esthétique. Quand, à votre tour, vous aurez fini de l'examiner, prenez le temps de pénétrer dans la maison d'Éva Bouchard. C'est cette femme qui servit de modèle à l'écrivain de *Maria Chapelaine*. Parmi les objets familiers à Louis Hémon qui vécut là en 1912, on remarque un poêle assez rare à trois ponts de la fonderie Bernier de Roberval et des pièces provenant de musées régionaux aujourd'hui fermés. La correspondance entre Louis Hémon et son égérie, des lithographies de Clarence Gagnon, qui illustra le roman de 54 gouaches, et tout ce qui a trait au film tourné à Péribonka en 1934 par Julien Duvivier, avec Jean Gabin et Madeleine Renaud, sont présentés dans le musée.

Musée Louis-Hémon — Maria rêvasse, *Clarence Gagnon*

Saint-Henri-de-Taillon

Parc de la Pointe-Taillon
825, rang 3 Ouest
(418) 347-5371
Ouvert toute l'année.

Plein air. De mai à octobre, ce parc est très fréquenté pour ses activités récréatives (baignade, pêche, bateau, vélo, pique-nique, etc.) et ses attraits naturels liés à son relief, sa végétation et sa faune. Coincé entre la rivière Péribonka et le lac, cette langue de dunes, forêt, tourbière et marais est ouverte le reste du temps, mais n'offre alors aucun service de plein air.

Le Saguenay

Anse-Saint-Jean

Les Brasseurs de l'Anse ☞
182, route 170
(418) 272-3045
Entrée libre toute l'année.

Bière à 1000 $? Si après quelques heures dans le Saguenay—Lac-Saint-Jean, vous n'avez pas compris que le bleuet était la spécialité du coin, il est temps d'aller vous rincer le gosier avec une Folie Douce. À base de bleuets sauvages, qui lui donnent sa couleur légèrement bleutée, cette bière à 5 % d'alcool n'existe que depuis le 1er juin 1995. C'est-à-dire depuis l'ouverture de cette micro-brasserie, qui produit également L'Illégal et L'Illégal Dry. À quand une bière étiquetée du pont couvert, comme celui de L'Anse-Saint-Jean qui figure sur les billets de 1000 $?

Cap-Trinité 🦅 🚶

Tête de lynx. Voilà sûrement un des plus beaux sites pour admirer le fjord et la rive nord du Saguenay. Il offre en effet une vue imprenable sur les caps Liberté (310 mètres), Égalité (285 mètres) et Fraternité (310 mètres), ainsi baptisés pour commémorer le bicentenaire de la Révolution française. La statue de la Vierge, dite Notre-Dame-du-Saguenay, qui coiffe le cap Trinité est l'œuvre du sculpteur sur bois de Portneuf, Louis Jobin. Haute de huit mètres, cette madone en pin est recouverte de feuilles de plomb et a été installée en 1881. Pour les rochassiers de haut niveau, on signalera que les parois de ce cap sont les plus élevées du Québec (350 mètres). Mais la curiosité reste la tête de lynx qui se découpe dans le rocher sous la statue. On l'aperçoit nettement en fin de matinée, à condition de croiser au large du cap dans un des nombreux bateaux qui naviguent sur le fjord.

Saint-Félix-d'Otis

Site de tournage *Robe Noire*   🏛

Vieux Chemin
(418) 544-8027
Ouvert de mi-juin à la fête du Travail.

Prise de vue. Devant le succès du site de tournage des *Filles de Caleb*, en Mauricie, certains se sont dit que les décors de *Robe Noire* et de *Shehaweh* devraient eux aussi attirer les foules. On a donc laissé en bordure du Saguenay les plateaux de tournage du poste de traite, de l'habitation de Champlain et du village iroquois. Rappelons à ceux qui l'auraient oublié que *Robe Noire*, qui mettait en vedette Lothaire Bluteau, a été réalisé en 1990 par l'Australien Bruce Beresford, à qui on doit *Miss Daisy et son chauffeur,* ou plus récemment *Last Dance* avec Sharon Stone. Quant à *Shehaweh,* avec Maria Orsini, c'est Jean Beaudin qui l'a tourné pour la télévision en 1992. C'est à visiter pour la vue sur le fjord.

Laterrière

Moulin du père Honorat   ♟ 🏛

Chemin de la rivière du Moulin
(418) 674-2575
Visite sur rendez-vous.

L'héritage de Laterrière. Hélène Vincent, une ex-journaliste, achète des murs en ruine sur un terrain de huit acres. Nous sommes en 1969. Pendant toutes les années qui vont suivre, elle n'aura de cesse de restaurer le moulin du père Jean-Baptiste Honorat, un oblat qui fondait Laterrière en mai 1846. Grâce à ses recherches, Hélène Vincent a retrouvé l'origine des œuvres d'art, meubles, céramiques, tissus et pièces d'artisanat présentés dans le moulin, ainsi que l'histoire de celui-ci. On peut notamment voir des poteries du Saguenay, de Portneuf et de Cap-Rouge.

Chicoutimi

La pulperie, la maison du peintre Arthur-Joseph-Villeneuve et le musée du Saguenay—Lac-Saint-Jean 🏛 🏛
300, rue Dubuc
(418) 698-3100
Ouvert toute l'année.

Trois en un. Le 6 juillet 1996, le Tout-Chicoutimi inaugurait son complexe touristico-historico-culturel. Sur les bords de sa rivière, on avait construit en 1896 une pulperie qui fut abandonnée en 1930. En 1980, ses cinq bâtiments industriels devenaient le centre culturel de la ville. Fin 1994, le site accueillait la maison d'Arthur-Joseph Villeneuve. Sorte de facteur Cheval de Chicoutimi, cet ancien coiffeur-barbier avait peint sa maison, entre avril 1957 et octobre 1958, de fresques s'inspirant de l'histoire de la cité, de légendes régionales et de scènes bibliques. Ensuite, il se consacra à la peinture naïve, produisant jusqu'à son décès, en mai 1990, quelque 4000 tableaux. Quant aux archives du musée, qui se situait rue Jacques-Cartier, elles ont été partiellement déménagées pour l'ouverture de ce site (elles concernent l'histoire de la région et des pièces artisanales).

Village de la sécurité 👫
200, rue Pinel
(418) 545-6925
Ouvert de la Saint-Jean-Baptiste à la fête du Travail.

Préventif. Trop d'enfants périssent encore chaque année dans des accidents de la route et domestiques. Unique en son genre, ce village a été essentiellement construit pour eux. Réplique d'une ville à l'échelle un tiers, les petits conduisent avec un moniteur qui leur apprend à respecter les règles de la sécurité routière. Idem à vélo. Très réussie également la simulation d'un incendie dans une maison, animée par un pompier de Chicoutimi chargé de la prévention. Les parents ont tout intérêt à assister à cette démonstration pour comprendre les réactions des enfants et ce qu'il faudrait éventuellement modifier dans les maisons pour en améliorer la sécurité et pour faciliter l'évacuation des lieux. La sécurité des transports scolaires, des appareils électriques, ainsi que le secourisme sont aussi abordés. Quel que soit son âge, le visiteur ne perd pas son temps.

Saint-Fulgence

Centre d'interprétation des battures et de réhabilitation des oiseaux 🦅
100, rue du Cap-des-Roches
(418) 674-2425
Ouvert du 15 mai au 15 septembre ; sur rendez-vous hors saison.

Dangereuse salicaire. La principale mission de ce centre est de recueillir des volatiles blessés, de les soigner, puis de les relâcher dans leur environnement naturel après un séjour dans des volières dites de réhabilitation où ils recouvrent leurs instincts. Ce sont essentiellement les oiseaux de proie, dont 27 espèces sont observables au Québec, qui sont visés par cette approche. Mais il y a aussi d'autres oiseaux en liberté qui profitent des battures, qu'inonde la marée deux fois par jour. Ils y viennent se nourrir, se reposer ou se reproduire. Cependant, un danger guette les battures nourricières : la salicaire pourpre. Cette mauvaise herbe étouffe la végétation indigène du marais et, à ce jour, aucun herbicide n'est apte à combattre l'envahisseur. Il faut donc déraciner la plante avant qu'elle ne se reproduise et, à cet effet, le centre cherche à sensibiliser les visiteurs.

Parc du Cap-Jaseux

Chemin de la Pointe-aux-Pins
(418) 674-9114
Ouvert de mi-mai à mi-octobre.

Loisirs scientifiques. Protégé des vents par deux caps, ce parc bénéficie d'un microclimat qu'apprécient la faune ailée, la flore et tous ceux qui empruntent ses sentiers pour pratiquer des loisirs sportifs (kayak de mer, escalade de rochers) ou scientifiques. Outre le jaseur des Cèdres qui y niche et a donné son nom au lieu, ce parc se démarque par ses fauvettes et mésanges à tête noire, côté oiseaux, ses vinaigriers, pins et épinettes, côté botanique. Mais c'est aussi le paradis pour les géologues, les entomologistes et, surtout, les mycologues. On cherche à identifier les spécimens rencontrés, mais sans les cueillir. Alors, inutile d'apporter des œufs pour concocter une omelette aux girolles, aux pleurotes ou aux cèpes.

Saint-Basile-du-Tableau

Sur la route 172 Est, en direction de Tadoussac, prenez l'intersection située deux kilomètres quatre cents après Sainte-Rose-du-Nord. Aucun panneau routier ne signale la descente de plus de neuf kilomètres qui mène à la petite chapelle construite en 1911 à Saint-Basile-du-Tableau. Pourquoi aller là ? Pour voir le fameux Tableau, immense falaise à surface polie qui orne l'autre rive du Saguenay et qu'on ne peut voir que de cet endroit. Cette paroi constitue une des escalades de haut niveau du Québec et n'est accessible que par bateau. Mais même de loin, c'est beau.

La côte sauvage

❧

Si vous ne pouvez vous passer de la fureur des villes, la Côte-Nord n'est pas faite pour vous. Parce que le Manicouagan, c'est la nature à l'état presque pur. Depuis les premiers occupants amérindiens, les Vikings, les Basques et Jacques Cartier, le paysage n'a pas dû trop changer. Bien sûr, on a percé la route 138 pour relier les municipalités côtières et, dans l'arrière-pays, la construction de barrages et l'exploitation forestière ont obligé à tracer des voies d'accès. Mais dans l'ensemble, la région n'a pas souffert de son infrastructure et il n'est pas exagéré d'affirmer que la route 138 réserve des panoramas époustouflants. Cependant, on ne vient pas là que pour rouler.

Ainsi, lorsqu'on s'arrête, c'est pour profiter du Saint-Laurent, aussi bien en surface qu'en profondeur. Les mammifères marins sont la spécialité de la région. Parc marin, centres d'interprétation, de loisirs, balades en mer, tout est fait pour les observer de près et de loin.

L'archéologie est également instructive. Depuis plus de 5000 ans, les Montagnais vivent ici et ont laissé des traces que les fouilleurs ne cessent de mettre à jour. Récemment, on a rendu publique la découverte de peintures rupestres millénaires sur les falaises d'un lac. Situé dans une ZEC appartenant à la réserve montagnaise de Betsiamites, ce site porte le nom de madame Nisula, qui l'a trouvé par hasard au début des années 90.

Des entreprises parfois gigantesques sont implantées dans cette région, qui ne se contente pas de séduire par ses seuls atouts naturels. Elles sont accueillantes, ouvrant grandes leurs portes aux visiteurs.

Sacré-Cœur

Ferme-5-Étoiles ⭐
465, route 172 Nord
(418) 236-4551
Ouvert toute l'année.

Tintin. Si Claude Deschênes et sa fille Stéphanie proposent différentes activités dans leur ferme, le plus étonnant reste la variété d'animaux tant domestiques que « sauvages » qu'on y croise. Parmi les 32 espèces présentes, lama, bison, chevreuil, cerf rouge, sanglier, paon, faisan doré et loup vivent en liberté ou dans des enclos, lorsqu'ils ne se retrouvent pas sur un plateau de cinéma. Certains de leurs animaux ont en effet figuré dans quelques films. À quand *Tintin au pays du lama de Sacré-Cœur* ?

Transport Janifer ⭐ 👫
152, boulevard Gagné Est
(418) 236-4544

La tournée du camionneur. Propriétaire d'une entreprise de camions spécialisée dans le transport du bois, Fernand Deschênes a eu l'idée de faire partager le quotidien de ses chauffeurs à qui avait envie de monter dans la forêt. Il a donc aménagé la cabine de ses véhicules pour accueillir des passagers, qui font en douze heures l'aller-retour entre Sacré-Cœur et Labrieville. Pendant la pause dans le camp forestier, on se sustente pleinement, on discute avec les bûcherons, on assiste au chargement de la plate-forme. En fin de semaine, le parcours change et la plate-forme est dételée du camion. On découvre alors le fjord du Saguenay, en passant par l'Anse creuse et l'Anse de Roche, et par l'usine de bois de sciage qu'il approvisionne en semaine.

Tadoussac

Station piscicole ☞
115, rue du Bateau-Passeur
(418) 235-4434
Ouvert de mi-mai à fin septembre.

Beaux mâles. En débarquant du traversier, impossible de louper les bassins dans lesquels tournent en rond d'énormes saumons de l'Atlantique. Il n'y a que ces beaux géniteurs qui soient visibles dans cette station gouvernementale qui date de 1874. C'est la plus vieille pisciculture d'Amérique du Nord, mais ses installations sont tout ce qu'il y a de plus high-tech.

Centre d'interprétation
des mammifères marins ⌖
108, rue de la Cale-Sèche
(418) 235-4701
Ouvert toute l'année.

Cantine permanente. Il peut être bon d'en savoir plus sur les rorquals bleus (28 mètres de long, 130 tonnes, quatre tonnes de krill ingurgitées par jour) et à bosse, bélugas ou marsouins, baleines à fanons, épaulards et dauphins avant d'aller les observer dans leur milieu naturel. Pour ces mammifères marins, grande attraction de l'embouchure du Saguenay, on a créé des salles de projection de films et de vidéos et installé des ordinateurs pour que chacun puisse parfaire ses connaissances animalières. À propos d'observation dans le Saguenay, la baie Sainte-Marguerite sur la route 172 est la cantine permanente des bélugas en raison de sa richesse en plancton. C'est, de loin, le site à retenir dans le fjord.

Poste de traite Chauvin 🏛
157, rue du Bord-de-l'Eau
(418) 235-4657
Entrée payante de fin mai à octobre.

Appelant. En 1599, le Français Pierre Chauvin de Tonnetuit débarque de Dieppe. Henri IV lui a accordé le monopole de la traite des fourrures, et la maison qu'il construit vers 1600 est la première demeure permanente d'Amérique du Nord. C'est aussi le premier poste de traite au Canada, faisant de Tadoussac le carrefour obligé des échanges de peaux entre les Montagnais et les Blancs aux XVIe et XVIIe siècles. Ce commerce s'arrête en 1859 et le poste fortifié est abandonné. En 1942, à l'initiative de William Hugh Coverdale, président de la

Canada Steamship Lines et de l'Hôtel Tadoussac, cette maison est reconstruite. Parmi tous les objets exposés, on remarque un phoque en bois peint. Surnommé l'appelant, il daterait de 1600 et servait d'appât aux chasseurs de mammifères.

La chapelle des Indiens 🏛 🏛
Rue du Bord-de-l'Eau
(418) 235-4324
Entrée payante de la Saint-Jean-Baptiste à la fête du Travail.

Jésus en Daisy Stitch. En 1747, le jésuite Claude Godefroi Coquart érige une chapelle en bois blanche et rouge qu'il consacre à sainte Anne. C'est aujourd'hui le plus vieux temple en bois du pays qui soit encore debout. Transformée en musée, la petite église ne recouvre sa vocation religieuse qu'une fois par an. Tous les 26 juillet, on célèbre en effet une messe en l'honneur de sa sainte patronne. Parmi les objets conservés, la pièce maîtresse se trouve derrière l'autel, sculpté par Pierre Émond en 1880. Il s'agit d'un Jésus vêtu d'une robe de satin brodée avec des fils de soie et d'argent et ornée de paillettes dite *Daisy Stitch*. Une figurine rare qui aurait été offerte par Louis XIV. On peut visionner sur demande une vidéo sur l'histoire de cette chapelle.

Maison Clauphi 👥
188, rue des Pionniers
(418) 235-4303

Sport de glisse. Parce qu'il trouvait le pédalo trop vieillot et la planche à voile inutile sans vent, Pierre-Louis Parent a inventé une nouvelle façon de glisser sur l'eau : le vélo planche. C'est par une selle et un guidon de vélo que cet adepte du ski acrobatique a remplacé la voile d'une planche. La sienne se déplace sur les flots grâce à une hélice qui fonctionne en pédalant. On peut essayer ce drôle d'engin en le louant dans cet établissement pour une heure minimum.

Maison des Dunes ↑ ⚘

Chemin du Moulin-à-Baude
(418) 235-4227
Entrée libre de début juin à mi-octobre.

Dunes et sentier. Cette ancienne résidence d'été, datant de 1915 et construite en pierre, appartenait à la famille Molson et a été restaurée pour devenir un centre d'interprétation du Parc du Saguenay. On y relate la formation géologique des terrasses marines, communément appelées dunes, où les riches touristes de la belle époque des grands bateaux blancs s'adonnaient à un sport « exotique » : le ski sur sable. Le sentier pédestre *La plage,* long de six kilomètres, mène les randonneurs de la Maison des Dunes au pied de la chapelle des Indiens, dans Tadoussac.

Casse-croûte du connaisseur ☞

Route 138 Est

Réputation fondée. Depuis 1979, Claude Lapointe gare toujours sa cantine au même endroit, du 26 avril à la mi-septembre. Personnage haut en couleur, il semble connu de toute la planète si l'on se fie aux coupures de presse qu'il ne manque pas de vous coller sous le nez pendant que vous attendez votre sachet de frites. Car sa spécialité, ce sont les frites, et il faut avouer, après les avoir goûtées, qu'il n'a pas volé son titre de roi de la patate. Ça n'a rien à voir avec toutes les cochonneries qu'on vous sert dans les fast-foods. Idem pour la viande hachée de ses bons hamburgers faits maison.

Bergeronnes

Archéo Topo ✳

498, rue de la Mer
(418) 232-6286
Ouvert du 15 mai au 15 octobre.

Le top de l'archéo. Dans les années 50, Louis Gagnon se fait traiter de fou par ses concitoyens de Bergeronnes. En fouillant le sol de la région, cet archéologue amateur déterre des vestiges d'une époque lointaine, que l'Américain Franck Speck

Archéo Topo — Artefacts

avait déjà scruté en 1915. En rassemblant tous les objets trouvés dans le Manicouagan, ce moderne musée offre, sous la houlette de l'archéologue Dominique Lalande, une excellente vision du Québec. De la préhistoire amérindienne à Jacques Cartier, en passant par les Vikings et les Basques qui construisirent des fours pour extraire l'huile des baleines, la remontée du temps est passionnante. Toutes les salles rivalisent d'intérêt et, lors des campagnes de fouilles estivales, les archéologues analysent chaque fin d'après-midi leurs trouvailles du jour en présence des visiteurs de tout âge. Une grande réussite muséale, archéologique, interactive et tout et tout. À savourer également, le coucher du soleil sur le fleuve en prenant un verre sur la terrasse du café L'artefact, construit sous le musée.

Auberge La Rosepierre   👫

66, rue Principale
(418) 232-6543

Santé. Diane, nièce de Louis Gagnon, et son mari Richard ont ouvert en décembre 1995 une sympathique auberge du passant, doublée d'un centre de santé. On peut y dormir toute l'année, confier son corps fatigué aux mains expertes de deux thérapeutes pour une cure de jouvence, déguster les produits locaux apprêtés par Diane avec délicatesse et discuter de plongée sous-marine avec Richard qui connaît bien la luxuriance des fonds de la région. Bon plongeur, il vous donnera des tuyaux. Diverses activités saisonnières sont aussi au menu :

chasse à la perdrix, au lièvre, promenade en Snow de Bombardier de 1952, kayak de mer, observation des baleines… À noter que le granite rose qui pare la maison provient de la carrière qui borde la route 138 Est.

Centre d'interprétation et d'observation de Cap-de-Bon-Désir ⵏ
166, route 138
(418) 232-6751
Ouvert de mi-juin à mi-septembre.

Baleines à la jumelle. Lorsqu'on a le mal de mer, le Cap-de-Bon-Désir est l'endroit idéal pour observer les mammifères qui croisent dans cette zone du Parc marin du Saguenay—Saint-Laurent. Depuis la terre ferme, on voit très bien les baleines à la jumelle. Et si on a envie d'explications sur le parc, la navigation et l'histoire de la région, le centre proche du phare en activité est accueillant.

Essipit

Pourvoiries Nitassinan ⵜ
27, rue de la Réserve
(418) 233-2808

Kuei. En 1903, le territoire d'Essipit est déclaré réserve par le gouvernement. Aujourd'hui, la communauté montagnaise prend une part active au développement des richesses naturelles qui lui appartiennent depuis toujours en bordure du fleuve et dans l'arrière-pays. Très accueillants et ouverts aux échanges, les Montagnais d'Essipit ont donc mis sur pied des activités traditionnelles dans leur village et dans les pourvoiries qu'ils possèdent le long de la rivière des Escoumins. Tout le monde est bienvenu *(kuei)* au sein de cette nation où, au gré des sites et des saisons, on peut s'adonner à des loisirs de plein air, pêcher l'omble de fontaine, chasser le lièvre, la perdrix, l'orignal ou l'ours, vivre en forêt ou observer les baleines.

Les Escoumins

Centre des loisirs marins 👥

41, rue Pilotes
(418) 233-2860
Ouvert de mi-mars à fin décembre.

Les dessous du fleuve. Anémones variées, étoiles coussin, soleils de mer pourpres ou bars sont quelques-unes des rencontres sous-marines auxquelles les plongeurs ont droit dans les parages des Escoumins, à partir de l'Anse-à-la-Barque. Ces fonds figurent parmi les meilleurs sites de plongée en profondeur et en apnée au Québec et, à cet endroit, on ne manquera pas de vous en indiquer d'autres. Quant aux « claustrophobes aquatiques », ils découvriront le milieu marin via des expositions et des formules d'initiation à la faune qui se cache dans les Seychelles laurentiennes !

Centre d'éveil aux sciences de la nature 🦅

26, rue de la Rivière
(418) 233-2094
Ouvert du 15 mai au 15 octobre.

Centre décentralisé. L'eau, douce et salée, est intimement liée à l'histoire de la ville, au même titre que la forêt qui l'entoure ou la tourbe qui longe la route 138 Ouest en se dirigeant vers les Bergeronnes. S'éveiller aux ressources de la nature, mais aussi à la géographie physique et humaine de la région, est au cœur des éléments présentés dans ce centre. Il est également le point de départ de quatre sites thématiques répartis dans la localité.

Sainte-Anne-de-Portneuf

Banc de Portneuf 🦅

Multifaunique. Langue de sable doré venant lécher le fleuve, le banc de Portneuf est une curiosité faunique par la « multiethnicité » de sa population. Le long des sentiers aménagés ponctués d'iris versicolores, des oiseaux prennent leur envol ou vous regardent de loin (canards, bernaches, hérons). Pour

les ornithologues, c'est le labbe parasite qui retient
l'attention. Dans l'eau, capelans, éperlans, plies,
épinoches et poulamons ont chacun leur territoire
et leur saison, puisqu'en hiver on pratique la pêche
blanche. Zone sensible, comme tous les écosystèmes, ce banc de sable qui prend parfois l'allure de
dunes fait l'objet d'un programme de sauvegarde
environnementale.

Forestville

Centre Sylvicole ☞

350, route 138 Ouest
(418) 587-2285
Gratuit sur réservation de mi-juin à fin août.

Reboisement. Jusqu'en 1944, la ville portait le nom
de la rivière Sault-au-Cochon qu'on enjambe près
du Centre Sylvicole. Mais après la venue de la compagnie Price, elle change de patronyme pour ho-
norer Grant Forest, le premier gérant de cette
papeterie bien évidemment liée à la foresterie. Dès
lors, on comprend l'importance de la sylviculture
dans le développement de cette région et la raison
d'être de cet établissement voué à la production de
résineux pour le reboisement.

Les îlets Jérémie ⚲

Route 138

Ancienne réserve. C'est à Noël Jérémie, et non au
prophète, que cette ancienne réserve montagnaise
doit son nom. L'homme ouvrit un poste de traite
en 1650, juste avant l'arrivée des jésuites qui res-
teront parmi les Amérindiens de 1651 à 1782. Les
religieux construiront une chapelle dédiée à sainte
Anne en 1735. Celle qu'on voit aujourd'hui date de
1939, selon le modèle d'origine, et jouxte le cimetière où les Montagnais enterrèrent leurs morts de
1722 à 1862. Un sentier pédestre de neuf kilomètres conduit à l'Anse-aux-Bouleaux, lieu de débar-
quement des premiers colons, et le panorama sur
la côte fluviale est assez agréable.

Betsiamites

Artisanat Opessamo   ☞
59, rue Ashini
(418) 567-8903

Respect des traditions. Tous les 15 août, la population de cette réserve montagnaise revêt ses habits traditionnels pour célébrer sa fête nationale. Une grande fête costumée a également lieu le 26 juillet en l'honneur de sainte Anne. Mais pour en connaître plus sur la vie de cette communauté, il faut se rendre au magasin d'artisanat Opessamo qui fait un peu office de musée dans la mesure où les objets artisanaux exposés à la vente perpétuent les traditions ancestrales. On peut aussi demander à rencontrer les frères Paul-Émile et Robert Dominique, deux artistes aujourd'hui connus au-delà de Betsiamites où ils habitent.

Ragueneau

Au Pignon Bleu   ✈
680, route 138 Est
(418) 567-4571

La nuit de l'iguane. En arrivant à la halte routière du quai de Ragueneau, on a droit à une surprise… de taille : deux dinosaures roses en plâtre paissent dans les feuillus. Sûrement marqués par Spielberg, Rénald (le père) et Hakim (le fils) Girard, aidés de quelques bénévoles, ont voulu « animer » leur ville à la manière de *Jurassic Park,* d'où leur construction saurienne datant de 1994. Et puis, il y a la réalité avec Bob. Originaire du Venezuela, cet iguane coule des jours heureux Au Pignon Bleu où il est traité aux petits oignons par Françoise, Éric, Francine et Xavier. Cette famille s'occupe aussi bien de lui que des voyageurs qu'ils reçoivent dans leur gîte du passant. Après une nuit dans un lit douillet et un sérieux petit déjeuner, on est fin prêt pour s'en laisser conter sur la vie du reptile et des accueillants hôtes de la maison.

Pointe-aux-Outardes

Parc régional ⚓ 👫
4, rue Labrie
(418) 567-4226
Ouvert du 1ᵉʳ juin au 30 septembre.

Arrêt migratoire. Ce n'est pas grand, un kilomètre carré, mais ça vaut la marche dans le marais salé, les dunes, la forêt, les terres en friche, la pinède et sur la plage pour observer près de 200 espèces d'oiseaux qui ont élu domicile dans ce parc. On voit en particulier des balbuzards qui viennent y nidifier. À l'automne et au printemps, ça fait un bruit du tonnerre de dieu, car cette zone est située sur le couloir de migration pôle-Floride, comme l'expliquent les naturalistes qui vous guident dans votre visite. Ce parc est aussi un lieu historique, puisqu'on trouve les traces des premières familles de colons qui s'installèrent à Pointe-aux-Outardes. On propose diverses activités (sports nautiques, chasse, ski de fond) et on peut camper sur ce très beau site naturel.

Baie-Comeau

Société canadienne de métaux Reynolds ☞
100, route Maritime
(418) 296-7042
Visite gratuite, en semaine, sur réservation du 1ᵉʳ juin à la fête du Travail.

Tenaille. Baie-Comeau est prise entre deux gigantesques tenailles industrielles. Côté ouest, le barrage de Manic 1 qui s'affiche comme le plus petit complexe d'Hydro-Québec sur la rivière Manicouagan. Côté est, l'aluminerie Reynolds, dont le papier argenté emballe nos aliments ou tapisse nos climatiseurs. Sauf qu'ici, on ne s'occupe pas des produits finis, mais du métal première fusion. C'est-à-dire de la poudre de bauxite dont on extrait l'alumine par électrolyse, qu'on fait ensuite fondre, qu'on répartit par alliage et, qu'enfin, on coule en blocs ou lingots de dix tonnes, en tiges de cinq mètres de long sur dix centimètres de diamètre ou en fils sur des bobinots. Pour l'année 1995-1996, la production s'élevait à 412 000 tonnes. Au pied de cette impressionnante usine, on ne peut manquer les immenses silos de la Compagnie Cargill et les céréaliers qui accostent à ses quais.

Plage Champlain 👫 🏛
Quartier Sainte-Amélie

Chic. Dans les années 30, il n'était pas rare de voir le beau monde du chic quartier de Sainte-Amélie jouer au golf sur la plage. Cette pratique s'exerce parfois encore. Mais librement, puisqu'il n'y a pas de « 18 trous »… dans le sable ! Les anciennes résidences bourgeoises qui dominent cette grève sont parmi les plus jolies du Manicouagan, avec celles de Tadoussac. À l'intérieur de l'église en granit rose, les fresques sont l'œuvre de Guido Nincheri.

Complexe Manic-Outardes ☞
(418) 294-3923
Visite gratuite sur réservation de mi-juin à la fête du Travail.

Le courant passe. Les barrages de Manic 2, situé à 22 km de Baie-Comeau, et Manic 5, à 200 km encore plus au nord, sont parmi les plus élevés et les plus impressionnants du monde. Fait de voûtes multiples et de contreforts en béton, le barrage Daniel-Johnson (Manic 5) mesure 214 mètres de hauteur. C'est l'ouvrage principal sur la rivière Ma-

Manic 5

nicouagan, qui permet de régulariser l'alimentation en eau de toutes les autres centrales situées en aval. Entré en service en 1968, il porte le nom de l'ancien premier ministre, décédé sur place le jour de l'inauguration. Son réservoir possède une superficie de près de 2000 km^2 : deux fois plus grand que le lac Saint-Jean ! Des visites guidées vous amènent en autobus sur son immense voûte, puis à l'intérieur du barrage et dans les salles de commandes. Tout y est gigantesque, des parois de béton jusqu'aux alternateurs de 400 tonnes qui tournent à une vitesse de deux tours à la seconde ! Quant à Manic 2, il se classe parmi les plus grands barrages-poids évidés du monde. Il mesure 692 mètres de long et 94 mètres de haut. Sa centrale, mise en service en 1965, a été la première de ce complexe à produire de l'électricité.

Mistassini

Panorama. Sur la 138 Est, 2 km avant d'arriver à Fraquelin, un chemin mal signalé et non goudronné descend à Mistassini. Les quelques familles qui y résident l'été bénéficient d'un magnifique panorama sur le fleuve et la côte. En reprenant la route nationale, si vous prêtez attention à la morphologie de certaines montagnes, vous éclaterez peut-être de rire à la vue d'une paire de... fesses !

Godbout

Ancien magasin général

150, rue Pascal-Comeau
(418) 568-7512
Entrée payante de début juin à la fête du Travail.

Bric-à-brac. C'est en 1923 que ce magasin général ouvrait ses portes. Sept ans plus tard, il était racheté par la Papetière Saint-Régis et ses activités commerciales se poursuivirent jusqu'en 1992, date à laquelle il devint musée. Quand on visite ce bâtiment, on a l'impression de retourner à l'époque de ses premiers clients, car rien n'a sûrement changé d'un iota depuis. C'est un bric-à-brac incroyable d'antiquités et d'objets plus modernes, mais d'un goût douteux. Néanmoins, c'est à voir pour l'anachronisme, et la fierté qu'en tire les habitants du village.

Musée amérindien et inuit   🏛

134, rue Pascal-Comeau
(418) 568-7724
Entrée payante de juin à septembre.

Hors du commun. Pendant douze ans, Claude Grenier a vécu avec les Inuits, avant de rester près de quinze ans dans des communautés amérindiennes, essentiellement chez les Montagnais, les Cris et les Atikamekw. Pendant cette période, cet ancien officier de développement pour la culture inuit et amérindienne a accumulé de nombreuses œuvres d'art. Pour faire connaître ces cultures autochtones et parce qu'il n'avait plus assez de place chez lui pour les entreposer, il a décidé de les regrouper dans ce musée privé. Son but clairement affiché est de promouvoir les savoirs de ces communautés. À cet effet, il discute avec les visiteurs, expose des créations récentes, notamment des frères Dominique de Betsiamites, et donne l'occasion de voir des artistes à l'œuvre dans son atelier de poterie. On peut passer des heures à s'instruire avec Claude, personnage hors du commun, tout en dégustant les pains ou les muffins délicieux que prépare Cécile, son épouse.

Mont Caburon   👫

Survol. Étrange, ce qui plane parfois au-dessus de Godbout. Du mont Caburon, mais aussi d'autres falaises encerclant le village, des individus harnachés s'élancent toute voile multicolore déployée pour survoler le littoral et le traversier qui mène à Matane. Bien entendu, il faut déjà être initié au deltaplane avant de se jeter dans le vide.

Pointe-des-Monts

Phare 🏛

(418) 939-2332
Ouvert du 1ᵉʳ juin au 15 septembre.

Séparation. Le géographe de Samuel de Champlain décrivait la Pointe-des-Monts comme l'extrémité des montagnes de la Côte-Nord qui avance dans la mer. Cette pointe marque la séparation entre le fleuve et le golfe du Saint-Laurent. En face, Cap-Chat est éloigné de 45 kilomètres, mais dès qu'on se dirige vers Baie-Trinité, la Gaspésie est à 100 km. On comprend donc l'importance de ce phare construit en 1830. Haut de 29 mètres avec son mur de pierres venues de Pointes-aux-Trembles, épais de 1,95 mètre à sa base, il éclairait la route des navigateurs grâce à treize brûleurs de cuivre alimentés en huile de phoque ou de baleine. Par temps de brume, on donnait du canon. Cela n'a pas empêché de nombreux navires de sombrer par le fond, ce qui permet aujourd'hui aux plongeurs de visiter leurs épaves. Les six étages du phare ont été transformés en musée consacré à la vie et au travail des gardiens, à la navigation et aux naufrages, tandis que la passerelle au sommet offre une vue imprenable.

Pas banale, Montréal !

ᗧ

Il était une fois un gars qui partit à la conquête du Nouveau Monde, et se retrouva à… Hochelaga ! Le « découvreur du Canada », alias Jacques Cartier, allait en ce 2 octobre de l'an de grâce 1535 planter une croix au nom de François 1er sur le mont qui domine le fleuve. Quelque temps s'écoule et voilà qu'à son tour débarque Samuel de Champlain. Il a pour mission les « abitations » et, comme il l'a déjà fait à Québec, il entreprend de défricher la future place Royale. Mais il n'est alors point question de ville, et encore moins de métropole. Il faut attendre le gentilhomme Paul de Chomedey de Maisonneuve pour que soit fondé le bourg de Ville-Marie. Nous sommes alors le 17 mai 1642 et Montréal va bientôt avoir quelques beaux pignons sur rue. Juste un exemple : la maison du huguenot Pierre du Calvet, à l'angle des rues Bonsecours et Saint-Paul Est. On ne cite ici que cette demeure, car depuis plus de trois siècles et demi, Montréal a eu le temps de se forger une sacrée personnalité.

Aujourd'hui, Montréal est sûrement l'une des villes du monde les plus fascinantes qui soient. Elle est à la fois le passé, le présent et le futur. Son architecture en est la preuve. Mais, au-delà de ses constructions de tous styles, c'est son caractère cosmopolite qui domine. Parce qu'elle s'accommode de tout et de tous, Montréal est un véritable microcosme et c'est par sa diversité humaine qu'elle se démarque, à l'échelle tant nationale qu'internationale. Cette dimension, pleine de charme et de contradiction, grouillante de vie quelle que soit la saison, rend de ce fait impossible une présentation qui serait figée dans le béton. Pour que chacun y trouve son compte, il aurait fallu opter pour une vision architecturale ou historique, privilégier des promenades par quartier ou municipalité, s'attacher aux aspects ethniques ou culturels, décliner tous les musées et lieux de culte,

déambuler dans la ville souterraine ou les cimetiè-
res, etc. Et le tout — pourquoi pas ? — de manière
exhaustive. Mais comme Montréal n'est pas l'unique objet de nos sentiments, des choix se sont
imposés. Voici donc les trois facettes que nous
avons retenues pour vous faire découvrir la ville et
sa périphérie sous un autre jour.

Optique médiatique ou les Temps modernes

❧

Musée McCord 🏛 ❋
690, rue Sherbrooke Ouest
(514) 398-7100
Ouvert toute l'année.

Flash-back. Entièrement rénové en 1992, ce musée est voué à l'histoire canadienne. Il regroupe plus
de 80 000 objets de collections de costumes, d'arts
décoratifs, de peintures, d'ethnologie, d'archéologie… dans lesquelles les conservateurs puisent pour
programmer des expositions temporaires de grande
qualité. Néanmoins, le fleuron du musée est constitué par les archives de William Notman. D'origine
écossaise, ce photographe a immortalisé Montréal
en noir et blanc dès la deuxième moitié du XIXᵉ siècle. Entre les négatifs, sur plaque de verre et pelli-
cules, et les tirages papier, cet ensemble compte
jusqu'à nos jours quelque 700 000 photos historiques qu'on peut consulter.

Musée des ondes Émile Berliner 🏛 ❋
1050, rue Lacasse
(514) 932-9663
Ouvert toute l'année.

La voix de son maître. Sûr que vous connaissez
tous Nipper, ce chien qui tend l'oreille vers le pavillon du gramophone qui illustre les disques es-
tampillés RCA et Gramophone. Mais qui inventa le

gramophone ? C'est Émile Berliner, à qui l'on doit également les galettes vinyliques et le microphone. Un petit musée lui est consacré dans l'ancienne usine RCA Victor, où jusqu'à 4000 personnes travaillèrent au pressage des disques et à la fabrication de satellites. Ça vaut d'autant plus le déplacement qu'on répond à toutes vos questions et qu'on n'hésite pas à vous faire écouter de vieux enregistrements ou à sortir des réserves de vieilles radios qui fonctionnent toujours.

Maison de Radio-Canada ✳

1400, boulevard René-Lévesque Est
(514) 597-7787
Visite gratuite sur réservation.

D'un océan à l'autre. Avec ses réseaux de radio et de télévision bilingues, Radio-Canada est présente dans tout le pays. Ce gratte-ciel de la société d'État, inauguré en 1973, est assez gigantesque avec ses 23 étages et 35 kilomètres de couloirs. Visiter le petit musée de la radio, les salles de nouvelles et les studios d'enregistrement en se faisant expliquer leur fonctionnement est certes instructif. Mais participer à une émission est plus vivant, même pour faire la claque sur commande. En réservant sa place, c'est possible.

ONF Montréal ✳

1564, rue Saint-Denis
(514) 496-6887
Ouvert du mardi au dimanche.

Le robot fait votre ciné. Que l'Office national du film soit notre mémoire collective sur pellicule, cela semble normal. Que l'on puisse visionner des œuvres dans sa salle de cinéma de 143 places ou louer plus de 4000 films et documentaires canadiens relève aussi du bon sens. En revanche, concocter son programme grâce à un robot qui manipule les vidéodisques qu'on a sélectionnés, c'est à la fois original et exceptionnel. Avec le Vidéothéâtre auquel elle est couplée, la CinéRobothèque est sans conteste la dernière petite merveille du cinéma québécois.

IMAX du Vieux-Port ⚛

Quai King-Edward
(514) 496-4629 ou 1 800 349-IMAX
Téléphoner pour les programmes, horaires et tarifs

En rouge et vert. C'est dans un hangar du Vieux-Port que se projette le cinéma de demain. Chaussé de lunettes à verres rouge et vert, on participe plus qu'on assiste à des films en trois dimensions (on dit en 3D), qui se débobinent sur écran hypergéant. Depuis les frères Lumière, le cinématographe a pris du relief, donnant l'impression au spectateur d'être partie prenante à l'action. Les scénarios n'ont pas de quoi fouetter un chat ; la technologie et notre cerveau ayant largement le dessus pour recomposer le film tourné par plusieurs caméras. Un avant-goût du cinéma qui s'animera demain dans le salon de monsieur Tout-le-monde.

Cité des Arts et des Nouvelles Technologies ⚛

85, rue Saint-Paul Ouest
(514) 849-1612
Ouvert tous les jours.

Branché net. Notre activité neuronale est phéno-ménale, mais on sait que toutes nos capacités ne sont pas encore exploitées. Chaque jour, notre matière grise fait progresser les sciences qui, à leur tour, induisent de nouvelles technologies et inver-sement. Après les sciences nat et la science-fiction, nous sommes entrés dans l'ère du Net et de son

Masa Inakage (Japon)

autoroute des technologies tous azimuts. Un espace d'exposition présente des installations utilisant le multimédia et la cybernétique, tandis qu'au Café Électronique voisin, on navigue aux quatre coins du monde en sirotant un café. En prime, ça se passe dans un ancien entrepôt construit par les architectes Victor Bourgeau et Michel Laurent, en 1861, à l'emplacement de la demeure de Charles Le Moyne, l'un des premiers fondateurs de Montréal. Cela dit, pour les déjà branchés, deux adresses : e-mail :cafe@infobahnos.com et site www : http :// www.infobahnos.com/_cafe.

De curieux musées

≈

Île Sainte-Hélène 🏛

L'art prend l'air. Avant d'entreprendre une visite de cette île, qui doit son nom à Hélène Boulé, l'épouse de Samuel de Champlain, trois sculptures méritent une halte. D'abord, il y a *L'Homme,* une œuvre d'acier de 60 tonnes qui culmine à 22 mètres de hauteur. Venu de France par bateau, où il fut conçu et fondu, ce *stabile* d'Alexandre Calder a été assemblé à Montréal pour *Terre des hommes,* titre inspiré d'Antoine de Saint-Exupéry et qu'on donna à l'expo de 1967. Ensuite, on peut voir *Le phare du cosmos* d'Yves Trudeau, également mis en place la même année. Enfin, la ville de Mexico a offert à Montréal pour ses 350 ans, *La porte de l'amitié,* du sculpteur mexicain Sebastián.

Biosphère 🏛 ❁
160, chemin Tour-de-l'Île
Île Sainte-Hélène
(514) 283-5000
Ouvert tous les jours.

Le rond de l'eau. Le dôme géodésique de Richard Buckminster Fuller demeure le symbole d'Expo 67 et de l'architecture futuriste de l'époque. En 1976, l'enveloppe transparente en acrylique de sa structure tubulaire de 76 mètres de diamètre part en fumée et l'ancien pavillon des États-Unis est laissé à l'abandon. Restaurée en 1995, la biosphère est devenue le premier Centre canadien d'observation environnemental. Et qu'observe-t-on ? L'eau et tout son écosystème laurentien lié aux Grands Lacs. C'est informatif et interactif à souhait.

Chapelle Notre-Dame-de-Bonsecours ☖ 🏛

400, rue Saint-Paul Est
(514) 845-9991
Ouvert toute l'année.

Marguerite et les marins. Telle qu'elle apparaît aujourd'hui, la chapelle Notre-Dame-de-Bonsecours, dite aussi des marins, est la troisième construite après celle qui fut édifiée en 1657, en bois, par Marguerite Bourgeoys et les paroissiens. Ses façades ont été restaurées par les architectes Maurice Perrault, Albert Mesnard et Joseph Venne entre 1886 et 1892, et le clocher, qui ressemble à celui d'origine, date de 1952. Marguerite y a son petit musée au sous-sol, où sa vie est reconstituée en 58 vitrines garnies de figurines costumées. Dans la chapelle, on remarque *Le Typhus,* une toile de Théophile Hamel peinte en 1849 en souvenir de la peste qui ravagea la ville deux ans plus tôt, et les ex-voto de la nef, celui des zouaves pontificaux par exemple. Partis défendre le pape Pie IX contre Garibaldi, qui voulait abolir son pouvoir temporel, les zouaves remercièrent la Vierge de leur avoir sauvé la vie, sur la mer déchaînée au retour, en accrochant un bateau d'argent au plafond ! À voir aussi le port de Montréal, après avoir gravi les quelque 100 marches de la tour d'observation.

Centre d'histoire de Montréal ☖ 🏛

355, place d'Youville
(514) 872-3207
Ouvert tous les jours.

Les feux de l'histoire. Depuis 1983, l'ancienne caserne centrale des pompiers abrite le Centre d'histoire de la ville. Elle date de 1903 et l'on devine l'influence de l'architecte Richard Norman Shaw dans son mélange de styles hollandais et Queen Anne. Cette ex-caserne n°1 a été édifiée à l'emplacement du marché aux poissons qui accueillit aussi le Parlement du Canada, incendié le 25 avril 1849. Avant l'arrivée des premiers colons, en 1642, la ville était habitée par les Amérindiens qui y ont laissé leur marque, comme tous les occupants ayant forgé la métropole jusqu'à nos jours. Un raccourci historico-urbain appuyé par 300 objets, des diaporamas et des vidéos interactives.

Banque de Montréal   🏛 🏛

129, rue Saint-Jacques Ouest
(514) 877-6892
Entrée libre du lundi au vendredi de 10 h à 16 h.

Par ici la monnaie. Rares sont les Montréalais qui connaissent les vieilles monnaies de la Banque de Montréal. Pourtant, depuis 1963, la banque accueille bon an mal an quelque 20 000 visiteurs dans son musée numismatique. On y découvre notamment de vieilles tirelires et des monnaies qui avaient cours légal au pays avant que la plus ancienne de nos institutions financières ne soit fondée, en 1817, par neuf hommes d'affaires. On y conserve également l'acte original de concession du terrain à des marchands, signé par Paul de Chomedey de Maisonneuve en 1648. De style palladien, l'édifice a été conçu par John Wells en 1848. En 1903, les architectes new-yorkais McKim, Mead et Stanford White,

Banque de Montréal

qui représentent en Amérique la réaction dite académique, la rénovent. On lui a en particulier restitué son dôme, enlevé en 1850 en raison de sa fragilité structurelle. Depuis 1923, *La Victoire,* sa statue emblématique sculptée par James Earle Fraser, trône dans le hall et de très beaux bas-reliefs ornent le couloir d'accès au musée.

Musée Redpath 🏛 ♟ ⚛

859, rue Sherbrooke Ouest
(514) 398-4086
Entrée libre toute l'année.

Tas de vieux os. Le musée de l'industriel philanthrope Peter Redpath a été le quatrième édifice construit, entre 1880 et 1882, dans l'enceinte de McGill. À l'origine, ce bâtiment de style Renaissance, qu'on doit aux architectes Alexander Cowper Hutchison et A. D. Steele, était destiné aux premiers cours dispensés aux femmes par l'université McGill. Aujourd'hui, il recèle des collections scientifiques d'une valeur inestimable, dont quatre momies vieilles de 3500 ans. L'une d'entre elles, baptisée Red II, a révélé ses secrets d'embaumement en 1995 dans le cadre d'une exposition sur les rayons X qui se tint alors au musée McCord. Radiographiée et même scannée sous tous les angles, la momie que le Redpath avait acquise en 1859 dévoilait un Égyptien d'assez noble ascendance, âgé d'une trentaine d'années et qui aurait vécu entre 1570 et 1293 avant notre ère. Cependant, ces vieux os humains ne se sentent pas seuls dans ce musée, riche en fossiles d'animaux, oiseaux empaillés et minéraux.

Écomusée du Fier Monde ♟ 🏛

2050, rue Amherst
(514) 528-8444
Ouvert toute l'année.

Bain de foule. De 1927 à 1992, des milliers d'habitants du quartier Centre-Sud fréquentèrent le bain public conçu dans un style Art déco par l'architecte Joseph-Omer Marchand. Portant le nom d'un conseiller municipal, le Bain Généreux a été transformé en musée par l'architecte Felice Vaccaro. Depuis octobre 1996, la piscine, les douches et baignoires jadis carrelées accueillent des expositions sur les entreprises et les foules de travailleurs qui animèrent Montréal dès le milieu du siècle dernier. C'est la première fois au Québec que l'histoire industrielle et la vie ouvrière font l'objet d'une telle présentation ethnographique, sociale et culturelle permanente.

Maison du Gouverneur 🏮 ☞
905, avenue de Lorimier
(514) 873-2126
Ouvert d'août à juin.

La prison des vins. En 1895, l'architecte montréalais Arthur Gendron érigeait une demeure pour le directeur de la prison Au Pied-du-Courant, située sous le pont Jacques-Cartier. Remarquablement restaurée pour son centenaire, cette maison à l'ameublement victorien est devenue un haut lieu de la gastronomie et des vins. En son sous-sol et dans les anciennes cellules de la prison attenante, on visite une superbe cave, où sont entreposées jusqu'à 50 000 bouteilles de vin. Dans ce site historique, on donne d'intéressantes conférences-dégustations qui peuvent être jumelées avec une visite de la maison Sir-George-Étienne-Cartier, dans le Vieux-Montréal, et pour lesquelles il faut s'inscrire.

Musée d'art de Saint-Laurent 🏮 🏛
615, boulevard Sainte-Croix
Saint-Laurent
(514) 747-7367
Ouvert toute l'année.

Tisser en plein boum. C'est dans une ancienne chapelle de style néogothique qu'est installé le musée des arts et traditions artisanales du Québec, sûrement l'un des moins connus de la métropole. La statuaire religieuse y est bien représentée, ainsi que les pièces mobilières d'autrefois et les outils des artisans de jadis. À voir : trois métiers à tisser du XIXe siècle. Ce sont des objets rares si l'on sait qu'après la Conquête, la répression fut sévère à l'égard des tisserands canadiens pour ne pas nuire aux exportations de textiles du Royaume-Uni, alors en plein boum industriel. Ce bâtiment d'origine protestante a aussi sa propre histoire, puisqu'il s'agit de la St. Paul's Church of Scotland. Érigé en 1867 sur le terrain où s'élève aujourd'hui l'hôtel Reine-Élisabeth, au centre-ville, il a été déménagé pierre par pierre en 1931 et modifié la même année par l'architecte Lucien Parent.

Musée Armand-Frappier   ❈ 🏛

531, boulevard des Prairies
Chomedey
(514) 686-5641
Ouvert toute l'année.

Infiniment petit. Lorsqu'il décède en 1991, Armand Frappier laisse derrière lui une œuvre scientifique remarquable. Ce grand médecin hygiéniste est le père de la microbiologie canadienne, dont la réputation a dépassé nos frontières. Fondateur des laboratoires de l'hôpital Saint-Luc et de l'Institut de microbiologie et d'hygiène de Montréal, en 1938, il s'est intéressé au monde de l'infiniment petit. C'est l'univers des microbes que l'on pénètre dans ce petit musée passionnant.

Moulin Fleming   🏮

9675, boulevard LaSalle
LaSalle
(514) 367-6486
Entrée libre.

Meunier contre curés. William Fleming, un meunier d'origine écossaise, construit un moulin à vent en 1816 sans l'autorisation des sulpiciens, seigneurs et maîtres de l'île de Montréal. Attaqué en justice par les religieux en 1822, l'entrepreneur voit le procureur général Sewal prendre fait et cause pour lui, tandis que trois juges décident de le condamner. L'affaire, portée en appel, divise également la Cour qui, à l'unanimité, renonce à juger. De longues années durant, Fleming fera son blé aux dépens des curés, dans ce moulin unique au Québec par sa conception et sa taille. Savamment restauré, ce monument de pierre de cinq étages, qui est l'emblème de la ville, a retrouvé ses ailes.

Lieu historique national du commerce de la fourrure 🏛

1255, boulevard Saint-Joseph
Lachine
(514) 637-7433
Ouvert d'avril à fin novembre.

On part en dérouine. Dans cet ancien hangar de la Compagnie de la Baie d'Hudson, on retrace une page importante de la prospérité du Bas-Canada qui s'appuyait sur les fourrures de tous poils. L'histoire des trappeurs et des relations commerciales entre les Amérindiens, les coureurs des bois et les marchands écossais est relatée avec humour et intelligence. Comment les autochtones piégeaient-ils les castors sans piège ? Qu'est-ce que le *pemmican* ? Que fait-on des *watap* ? Réponses sur place !

Tapis vert

❧

Jardin botanique 🌱

4101, rue Sherbrooke Est
(514) 872-1400
Ouvert toute l'année.

Vert et vers. La Maison de l'arbre est le dernier-né des aménagements de ce jardin fondé en 1931 par le frère Marie-Victorin et Louis Dupire, journaliste au *Devoir* de 1912 à 1942. Situé dans l'arboretum, ce pavillon inauguré en juillet 1996 est consacré à la forêt, en tant qu'écosystème. Jusqu'à ce moment, les arbres qui poussaient dans cet espace vert de 73 hectares, étaient identifiés sans plus d'explication. Désormais, on peut en savoir plus sur leur genèse, leur environnement ou leur rôle économique. Une halte instructive dans ce site verdoyant permet d'explorer une trentaine de jardins thématiques, dont ceux de Chine et du Japon, et d'admirer les serres qui bénéficient depuis peu d'un bâtiment entièrement rénové. En ajoutant l'Insectarium et le Biodôme, on passe facilement une journée très écologique à l'ombre du mât olympique.

Cité-jardin du Tricentenaire 🏛

Ouvriers propriétaires. Entre les boulevards Rosemont, de l'Assomption, et les rues Sherbrooke Est et Viau, un dédale de culs-de-sac portent des noms d'arbres. En s'y aventurant, on voit de drôles de petites maisons avec des jardins d'agrément et, parfois, des potagers dans ce qui devait être un lotissement paysager de 600 résidences, imaginé dans les années 40. Du projet initial, qui devait permettre l'accès de la classe ouvrière à la propriété, seuls 25 hectares sur la centaine prévue seront aménagés en 1942. Les sentiers qui relient les rues reflètent à la fois l'approche communautaire qui présidait au développement du quartier et la recherche d'un autre tracé urbanistique que le traditionnel damier montréalais. Autre particularité de cet endroit : le golf du Village. Ce parcours municipal de neuf trous est ouvert à tous les golfeurs du 1er mai au 30 septembre (251-GOLF). On retrouve un peu cette urbanisation à Ville Mont-Royal, où le plan de la ville rayonne à partir de la Roseraie P.-E. Trudeau au croisement des boulevards Graham et Laird.

Parc Saint-Henri 🏛

Bourgeois propriétaires. Pour peu que l'on appartenait à l'élite de Saint-Henri, il était de bon ton, vers 1880, de faire construire sa demeure sur le square alors nommé Jacques-Cartier. Il faut dire qu'en 1896, on y inaugurait une fontaine avec une statue en l'honneur du découvreur du Canada et que, 100 ans plus tard, des oiseaux se rafraîchissent toujours auprès de ce monument de style Second Empire. Eugène Guay, édile de la municipalité au début du siècle, demeurait au 846 de la rue Agnès, devenu aujourd'hui Le Bonheur d'occasion. Ce petit hôtel, qui rappelle le titre du célèbre roman de Gabrielle Roy, dont l'action se situe dans ce quartier, a conservé son mobilier et même son papier peint d'origine.

Marché Atwater 🏛 ☞
110, avenue Atwater

En toutes saisons. Alors que la crise de 29 fait rage,

l'entrepreneur Charles Dansereau construit le marché public Atwater, en 1933, pour remplacer le vieux marché Saint-Antoine situé entre les rues Torrance et de la Montagne. Son architecture Art déco est signée Ludger Lemieux. Ce marché et l'avenue qui y mène doivent leur nom à Edwin Atwater, homme d'affaires originaire du Vermont (1808-1874) qui participa activement au développement de la municipalité et fut le représentant du quartier Saint-Antoine à la mairie. Une clientèle plutôt bon chic bon genre se presse toute l'année dans les commerces intérieurs, attendant que les étals fleurissent et regorgent de produits maraîchers avec les beaux jours.

Parcs Summit et Sunnyside

Summit Circle
Westmount

Vert anglais. Si le mont Royal, dont le parc a été conçu par l'architecte paysagiste américain Frederick Law Olmsted qui aménagea Central Park à New York, est archiconnu des citadins et touristes, il n'en va pas de même du sommet de Westmount. Point d'embouteillage devant le belvédère qui surplombe ce chic quartier anglophone et offre une vue étonnante sur le sud-ouest de Montréal et la rive sud du fleuve. Dans la balustrade en pierre qui domine le parc Sunnyside, récemment réaménagé, des flèches indiquent les principaux attraits panoramiques. Derrière vous s'étend le parc Summit, un éden protégé pour sa flore et sa faune. C'est d'ailleurs le seul sanctuaire d'oiseaux en pleine zone urbaine. Admirez tout autour les résidences anciennes ou ultramodernes de cette élégante enclave à l'allure britannique, ainsi que les serres de Westmount, ou Green House, situées au 4624 de la rue Sherbrooke Ouest.

Pistes cyclables

Vélo mieux qu'auto. Les amateurs de pédales douces apprécieront la balade qui les conduira de la Pointe-Saint-Charles jusqu'à Lachine, via Verdun et LaSalle. On y va par la piste cyclable du canal Lachine et on revient par celle des boulevards

Saint-Joseph et LaSalle. On peut aussi faire l'inverse. Au choix ! En voiture, allez-y par les boulevards, nettement plus sympas que l'autoroute.

Rapides de Lachine

Boulevard LaSalle, à hauteur de la 9ᵉ Avenue
Héritage Laurentien
LaSalle
(514) 367-6540

Hérons et rapides. Ne trouvez-vous pas curieux que les rapides de Lachine — qui, par leur force, empêchent tout l'hiver que le Saint-Laurent ne gèle à cet endroit — soient situés à LaSalle ? C'est simplement une question de sobriquet, attribué à Robert Cavelier de La Salle, propriétaire du fief en 1667, qui voulait découvrir la Chine en partant de là. Cela dit, le plus intéressant consiste à descendre les rapides en raft et, surtout, à braquer ses jumelles sur les îles aux Chèvres et aux Hérons. Depuis les vestiges de la centrale d'Hydro-Québec, on observe une multitude d'oiseaux y logeant toute l'année, parmi lesquels le grand harle, le garrot à l'œil d'or, l'aigle chauve ou pygargue à tête blanche, le balbuzard pêcheur et le bihoreau gris. C'est aussi l'héronnière la plus proche du centre-ville, mais elle est inaccessible. Pour en savoir plus sur ce site protégé, on peut joindre Héritage Laurentien, un organisme à but non lucratif.

Parc René-Lévesque

À l'extrémité du chemin du Canal
Lachine
Ouvert tous les jours de 6 heures à 23 heures.

Hommage en plein air. Sur une bande de terre de deux kilomètres, avec un arboretum en son centre, plus de vingt sculptures monumentales d'artistes contemporains ont transformé ce parc en un immense musée à ciel ouvert. Un *Hommage à René-Lévesque* est rendu par Robert Roussil à travers un ensemble de neuf sculptures qu'il a moulées en ciment et qui se veulent être les « flambeaux de l'ambition québécoise ». Une vingtaine d'autres œuvres s'éparpillent dans les différents parcs et lieux publics de la ville.

Par monts
et régions

※

Au Québec, nous sommes très habitués au « spécial du jour » et formule « 2 pour 1 ». Eh bien, en Montérégie, ce sont quatre régions qu'on peut visiter d'un seul coup ! Qui dit mieux ?

Il y a d'abord le Suroît, nom d'un vent du Sud-Ouest. On a récemment baptisé cette portion de terre qui, en amont de l'île de Montréal, s'étend jusqu'aux frontières de l'Ontario et de l'État de New York. Peuplée d'Iroquoiens à l'époque de Cartier, elle recèle des trésors archéologiques — qu'on ne cesse de mettre à jour — et des légendes qui n'attendent… que vous ! Mal connu, le Suroît mérite qu'on le découvre mieux.

Au-dessus de lui, on pénètre la Rive-Sud du Saint-Laurent qui, n'en déplaise à ses habitants, est devenue la banlieue-dortoir de Montréal, au même titre que Laval, côté nord. Elle n'en conserve pas moins quelques attraits.

Ensuite, on aborde la vallée du Richelieu. Champlain surnomma son cours d'eau la « rivière des Iroquois », car cette tribu l'emprunta pour mener ses raids contre les colons français et leurs alliés hurons et algonquins entre 1660 et 1670. Ces épopées culminèrent avec le massacre de Lachine en 1689, puis se terminèrent par la Grande Paix de Montréal, en 1701. Mais le Richelieu coincé dans les collines montérégiennes porte en ses berges des pages de notre histoire : l'occupation américaine de l'île aux Noix, pendant la guerre d'Indépendance, la guerre canado-américaine de 1812 et la rébellion des Patriotes.

Enfin, la Yamaska donne un avant-goût des cantons de l'Est, dont elle est la porte d'entrée.

Le Suroît

&

Île-Perrot

Parc historique de la Pointe-du-Moulin 🏛 🚶
2500, boulevard Don Quichotte
(514) 453-5936
Entrée libre de mi-mai à la fête du Travail.

Au temps de Trottier. En 1672, l'intendant Jean Talon offre cette île à François-Marie Perrot, qui donne
son patronyme au lieu et y ouvre un poste de traite
des fourrures. Vers 1705, Joseph Trottier
Desruisseaux, en tant que nouveau maître de l'île,
se voit obligé d'ériger un moulin à vent pour ses
résidents, puis une maison pour le meunier, 80 ans
plus tard. Le tout a été restauré, puis transformé en
un parc aménagé où l'on peut pique-niquer…
comme au temps des premiers occupants.

Rigaud

Le champ du diable ⚐
Rue Bourget

Patata missa est. À quelques encablures du sanctuaire de la Vierge, une messe coûta son champ à
un paysan. C'était à l'époque des premiers colons.
Les pieux et laborieux cultivateurs virent un jour
s'établir un « étranger » qu'ils qualifièrent bien vite
d'impie, car il faisait peu de cas de la religion. Un
dimanche de printemps, les villageois qui allaient
à la chapelle croisèrent le mécréant se rendant à son
champ. Un vieillard lui prédit malheur si, en ce jour
du Seigneur, il poursuivait son labeur. Faisant fi de
ces mots et blasphémant contre les croyants qui
allaient à l'office au lieu de semer des patates, le
paysan commença de tracer des sillons quand un
orage éclata au premier tintement de la cloche pa-
roissiale. Une grêle de cailloux s'abattit alors, en-
gloutissant l'homme dans son champ par la même
occasion. Cette histoire est celle de la légende de
José-le-Diable. Il n'empêche qu'on s'interroge encore sur l'origine de cet épais champ de galets, où

pas la moindre herbe folle ne pousse. Ancien gla-
cier ? Lit d'une rivière soulevé par un séisme ? Ou
œuvre de Dieu dépêchant le diable pour transformer les tubercules en galets ?

Vaudreuil-Dorion

Musée régional de Vaudreuil-Soulanges 🏛

431, avenue Saint-Charles
(514) 455-2092
Ouvert toute l'année.

Félix et les seigneurs. Dans une ancienne école de
1847, on fonda en 1953 ce qu'on qualifia à l'époque de premier musée rural provincial. Sa vocation
était tournée vers le patrimoine seigneurial et le
mode de vie traditionnel de la région. Riche d'objets ethnographiques et artistiques liés à la vie québécoise des XVIIIe et XIXe siècles (habitation,
mobilier, alimentation, outillage, habillement, agriculture), ce musée puise dans ses collections les
thèmes de ses expositions temporaires, tout en
présentant en permanence des sujets sur l'histoire
seigneuriale et... la première guitare de Félix
Leclerc !

Maison Trestler 🏛 🏛

85, chemin de la Commune
(514) 455-6290
Ouvert toute l'année.

Fidèle à l'esprit. On pourrait s'en tenir à une visite
patrimoniale de cette énorme bâtisse de pur style
français que fit construire, en 1798, le député Jean-
Joseph Trestler. Occupée par ses descendants jusqu'en 1927, la demeure aura ensuite trois
propriétaires et sera restaurée, à partir de 1976,
dans la fidélité des traditions d'aménagement que
connurent les Trestler et consorts. Mais n'interro-
gez pas seulement votre guide sur l'origine de tel
chaudron ou les études de médecine de Jean-Baptiste Curtis, le fils de Jean-Joseph Trestler : question-
nez-le aussi sur les esprits qui hantent cette
maison... Oui, oui ! Et insistez pour qu'on vous relate les anecdotes insolites vécues par certains
visiteurs.

Pointe-des-Cascades

Parc des Ancres 🏛
76, rue du Canal
(514) 455-3546
Ouvert toute l'année.

Naviguer dans l'histoire. Dès l'époque de la Nouvelle-France, le Saint-Laurent a posé problème aux navigateurs en raison de ses rapides. Les Français, les Anglais puis les Québécois à leur tour ont déployé une énergie colossale pour le domestiquer, ne cessant de percer des voies maritimes parallèles. Pas étonnant qu'il y ait une longue histoire fluviale à raconter ici, via la présentation d'ancres et d'autres objets de navigation.

Coteau-du-Lac

Lieu historique national de Coteau-du-Lac 🏛
550, chemin du Fleuve
(514) 763-5631
Ouvert de mi-mai à mi-octobre.

Premières écluses. Vers 1740, les Français se demandent comment naviguer sans encombre sur notre bouillant fleuve. Résultat : ils creusent un « rigolet », qui sera suivi, en 1780, par le premier canal à écluses d'Amérique du Nord construit par les Anglais. Aujourd'hui asséché, cet ancêtre de la voie maritime du Saint-Laurent se parcourt à pied, comme le reste du site qui fut fortifié par les Britanniques. On en voit les vestiges, ainsi que la réplique d'un blockhaus octogonal et des barges « Durham » qui transportaient les militaires comme les marchandises. Signalons qu'à partir de 1965, des fouilles ont permis de mettre à jour un site amérindien vieux de 5000 ans.

Melocheville

Parc archéologique de la Pointe-du-Buisson ❀
333, rue Émond
(514) 429-7857
Ouvert de mi-mai à la fête du Travail.

Archéologues en action. Depuis deux décennies de fouilles, on a pu trouver sur ce site de plus de vingt hectares des traces d'habitat remontant à 5000 ans av. J.-C. Restes culinaires d'ours, de caribou, d'esturgeon et de barbue, harpons en os, pointes de lance, grattoirs en pierre, pendentifs et fosses funéraires témoignent de l'occupation des lieux, en particulier l'été. Outre les expositions de vestiges et les visites commentées, on voit des archéologues à l'ouvrage sur le terrain.

Centrale de Beauharnois

80, rue Edgar-Hébert
1 800 365-5229
Ouvert de la fête de Dollard à la fête du Travail.

Ça turbine et ça passe. L'enfilade des 36 turbines de cette centrale ne manquera pas de vous impressionner. Il y en a près d'un kilomètre ! Construit en trois phases à partir de 1929, ce bâtiment accueille les visiteurs pour leur expliquer comment sont produits les 1683 mégawatts de cette station électrique. Se déroule à coté un lent et impressionnant spectacle de vases communicants. Au rythme des portes qui s'ouvrent et se ferment, d'énormes navires pouvant atteindre 220 mètres de long et peser 30 000 tonnes franchissent les écluses de Beauharnois, entre les lacs Saint-François et Saint-Louis.

Howick

Lieu historique national de
La-Bataille-de-la-Châteauguay

2371, chemin Rivière Châteauguay-Nord
(514) 829-2003
Ouvert de mi-mai à mi-octobre.

Le Canada bat les USA. À la tête des troupes canadiennes, le lieutenant-colonel Charles-Michel d'Irumberry de Salaberry mit en déroute les Américains qui voulaient envahir le pays en 1812. C'est ici que la bataille décisive se déroula le 26 octobre 1813 et, si l'un de vos ancêtres a participé au combat, vous pourrez chanter victoire grâce à un fichier informatique qui le retrouvera.

Saint-Anicet

Site archéologique Droulers ❄
Rue Prayer, par les chemins Leahy et Cooper
(514) 654-9414
Ouvert de mai à septembre.

Site majeur. Il y a vingt ans, François Droulers découvre une herminette amérindienne dans un champ de sa ferme. Depuis 1992, on procède à des fouilles sous la direction de l'archéologue Michel Gagné. Celles-ci ont révélé que ce site était, à ce jour, le plus gros village agricole autochtone du Québec, puisqu'il abritait de 500 à 600 Iroquoiens vers 1450. Outre les 60 000 objets déterrés entre 1992 et 1996, on a aussi retrouvé les vestiges de maisons longues. Sous leur structure de piquets de cèdre revêtue d'écorce, elles pouvaient contenir près de 70 personnes et les fouilleurs en ont reconstruit un prototype. Encore très peu connu du public, ce site est appelé à devenir l'un des lieux majeurs de l'archéologie du Haut-Saint-Laurent. On continue en effet de l'exploiter, estimant qu'il recèle encore plus de deux millions de vestiges. Le chantier Droulers est prêt à dévoiler ses trésors aux amateurs de trouvailles qui désirent se joindre à l'équipe de Michel Gagné. Pour ce faire, il suffit de lui téléphoner pour réserver sa place et se faire indiquer le chemin.

Sainte-Agnès-de-Dundee

Réserve nationale de faune du lac Saint-François 🦃
5551, chemin Neuf
(514) 264-4519
Sur réservation du 1er mai au 15 octobre.

Patrimoine humide. C'est uniquement accompagné d'un naturaliste qu'on peut pénétrer dans ce milieu humide qui, depuis 1987, est inscrit sur la liste mondiale des écosystèmes uniques reconnus par la convention Ramsar. Pour le botaniste et l'ornithologue amateurs, ce paradis de 1350 hectares se parcourt à pied et en rabaska entre sentiers, étangs, marécages et canaux. La réserve recense près de 600 espèces végétales et 270 espèces d'oiseaux. Les castors ont leur barrage et une île répond au doux nom « d'orchidées ».

Hinchinbrooke

Pont Percy 🏮
Chemin Powerscourt

Inflexible. Ce pont couvert est remarquable en trois points. Il est d'abord le vétéran de tout le Canada, puisqu'il enjambe la rivière Châteauguay depuis 1861. Ensuite, il relève d'un type de construction mis au point par l'ingénieur américain Daniel Craig McCallum pour le trafic ferroviaire. Il semblerait que l'entrepreneur qui érigea l'ouvrage se soit procuré les plans destinés au train du Grand Tronc et les ait adaptés pour un pont couvert. Du fait de sa structure, il supporte sans vibrer de grosses charges et c'est pourquoi on le dit inflexible. Enfin, ce pont unique en son genre au Québec est toujours en service.

Franklin

Côte magnétique ✳
Route 202 Est, puis chemins Stevenson et Covey Hill

Drôle de côte. Après le champ de patates de Rigaud qui ne valait pas une messe et les esprits qui hantent la maison Trestler, voici une expérience peu ordinaire, mais drôle à vivre. Entre Blueberry Farm et Oxenbow, dans le creux du chemin Covey Hill, coupez le moteur de votre véhicule et mettez le changement de vitesses au point mort. Attendez quelques instants et, sans bouger, vous vous retrouverez… au sommet de la route ! On constate ce même phénomène de côte magnétique à Chartierville dans les Cantons de l'Est.

Havelock

Vignoble du Marathonien ☞
318, route 202
(514) 826-0522
Ouvert de mars à octobre ; sur réservation hors saison.

In vino veritas. Jean Joly, ingénieur de formation et ancien marathonien, possède le plus petit domaine de la province et le plus méridional des vignobles. C'est en famille et à ses moments de loisir qu'il cultive ses 5000 plants, essentiellement de blanc, que l'on peut venir vendanger. Il est également un des rares producteurs de vins de glace québécois, un blanc liquoreux élaboré à partir de grappes récoltées en décembre après les premières gelées. Membre de l'Association des vignerons du Québec, il vous parlera de ses treize confrères et vous indiquera le chemin à emprunter pour aller leur rendre visite.

La Rive Sud

Kahnawake

Musée Kateri-Tekakwitha ♟ 🏛
Mission Saint-François-Xavier
(514) 632-6030
Entrée libre toute l'année.

Décor en odeur de sainteté. Kateri Tekakwitha (1656-1680) est la seule Amérindienne déclarée bienheureuse par Rome. Elle repose dans un tombeau en marbre de Carrare à l'intérieur de l'église agrandie en 1845 autour de l'ancienne construite en 1720. Vous serez attiré par la richesse du décor dans ce lieu de pèlerinage, où l'on remarque des fresques de Guido Nincheri, des tableaux offerts par le roi de France Charles X et d'anciens objets de culte. Dans le musée, coincé entre la sacristie de 1831 et le presbytère de 1720, on voit une peinture

de la jeune fille qu'aurait exécutée le père Claude
Chauchetière, qui vécut à Caughnawagha de 1679
à 1694. Pour la petite histoire, les épigraphes du
chemin de croix de 1926 étaient en français. Elles
ont été remplacées, en 1928, par des mentions en
langue mohawk.

Saint-Constant

Musée ferroviaire canadien 🏛

122-A, rue Saint-Pierre
(514) 632-2410
Ouvert de mai à octobre.

Kitten en bois. Une gare centenaire et plus de 130
véhicules ferroviaires servent à retracer l'histoire du
rail canadien qui débute en 1836. La compagnie
Champlain and St-Lawrence Railroad inaugure alors
la première ligne de chemin de fer qui relie La Prai-
rie à Saint-Jean-sur-Richelieu. C'est d'Angleterre, où
elle a été fabriquée, qu'arrive par barge la locomotive Dorchester qui tractera deux wagons sur le
parcours. Mais cette première motrice est si faible,
qu'on la surnomme *kitten* et qu'on est obligé de
l'atteler à des chevaux pour qu'elle gravisse les rai-
dillons. Détruite par une explosion, la Dorchester
n'offre plus que sa réplique en bois, à côté d'autres
machines et tramways que d'anciens conducteurs
à la retraite continuent de bichonner, tout en vous
narrant leur vie de cheminot.

Saint-Lambert

Musée Marsil 🏛

349, Riverside
(514) 465-3357
Ouvert toute l'année.

De fil en costume. Comment s'habillait-on au siècle dernier ? Pourquoi fabriquait-on des courtepoin-
tes à la veillée ? D'accord, la télé n'existait pas et
c'était un bon moyen de meubler les soirées. Mais
il y a aussi une origine politico-économique au pat-
chwork. Elle est liée à l'interdit des autorités anglaises, après la Conquête, de confectionner des étoffes

hors d'Angleterre à l'époque de la révolution industrielle. D'ailleurs, en ce temps, les tisserands
n'avaient pas le droit d'émigrer avec leur métier et,
s'ils se faisaient prendre à tisser, on leur coupait les
mains à la première récidive. Bonjour l'ambiance
coloniale ! À part les costumes de cette époque à
nos jours, on présente des textiles et des fibres.

Boucherville

Parc des Îles-de-Boucherville

Autoroute 20, sortie 89
(514) 873-2843
Ouvert en toutes saisons.

Allez aux îles. Au début du siècle, l'île Grosbois
abritait un hippodrome et un parc d'attraction qui
attiraient les habitants des deux rives. Aujourd'hui,
les douze îles de Boucherville accueillent 170 espèces d'oiseaux et 40 variétés de poissons. On ca-
note dans les marais des chenaux du Courant, et à
Pinard on randonne sur quinze kilomètres à pied ou

Génératrice de Vander Graaff

à ski, on pédale sur les îles Sainte-Marguerite, Grosbois et de la Commune, avant de pique-niquer dans des aires aménagées. Des croisières-excursions sont organisées depuis le Vieux-Port de Montréal.

Sainte-Julie

Électrium
2001, rue Michel-Faraday
(514) 652-8977
Entrée libre toute l'année.

Y a de l'électricité dans l'air ! Quand Van de Graaff perd la boule, il y a de fortes chances que vos cheveux se dressent sur la vôtre, parce que ce physicien américain a démontré le premier que l'électricité n'était pas statique. D'ailleurs, dans ce centre, tout est dynamique pour éclaircir les phénomènes dus à l'électricité dans l'environnement, que les champs soient électriques ou magnétiques.

La vallée du Richelieu

Sorel

Église anglicane Christ Church
Rue du Prince
(514) 743-3412
Visite sur réservation.

Première mission. En 1784, le révérend John Dorty débarque de Londres et construit une chapelle en bois qui devient la première mission anglicane officielle au Canada. En 1842, c'est une église en pierre qu'on érige face au Carré Royal. Cette place avait été tracée par le gouverneur Frederick Haldimand qui dressa, en 1783, le plan d'urbanisme de Sorel, alors appelée William Henry, en l'honneur du futur

William IV. Au siècle dernier, toutes les rues portaient des noms de la famille royale anglaise, car le gouverneur voulait que les loyalistes viennent s'y installer. Mais revenons à Christ Church. Par son architecture de style gothique, elle rappelle la chapelle de la Colonie Sainte-Jeanne d'Arc, située à Contrecœur, qui abrite aujourd'hui le Théâtre des lunes de miel. Enfin, si des esprits frappent les pompiers et policiers sorelois, il ne faudrait pas s'en étonner. À l'endroit où s'élèvent maintenant la caserne et le poste de police, des protestants, des militaires anglais et des dignitaires de la région furent inhumés de 1833 à 1911 : c'était alors un cimetière.

Centre d'exposition des Gouverneurs 🏛

90, chemin des Patriotes
(514) 780-5720
Entrée libre toute l'année.

Se faire passer un sapin. Nous ne savons pas si c'était la route des Seigneurs qui passait devant ce centre d'exposition quand il fut bâti, mais, en tous cas, le nom de chemin des Patriotes fait peut-être se retourner dans leur tombe ses anciens habitants. Érigée en 1781, cette maison accueillit des commandants en chef des forces militaires et servit de résidence d'été aux gouverneurs généraux jusqu'en 1866. Or, tous étaient Anglais. L'un d'eux était même d'origine allemande, puisque le premier occupant fut le baron Friedrich von Riedesel. Il y arriva pour la Noël 1781, emportant dans ses bagages le premier sapin qui illuminera les nativités au Canada. Pour commémorer le conifère illuminé, une exposition se déroule chaque année du 22 décembre au 10 janvier, outre toutes les autres tournées sur l'art actuel. Cette maison est à voir pour son style et son histoire.

Saint-Denis-sur-Richelieu

Maison nationale des Patriotes 🏛 ⛲

610, chemin des Patriotes
(514) 787-3623
Ouvert toute l'année.

Tournant historique. Un des points-clés de notre histoire se déroula au cœur de Saint-Denis, le 23 novembre 1837. Ce jour-là, quelque 800 patriotes peu armés mettent en déroute les cinq compagnies du général Gore. Depuis, tout le village est figé par l'histoire de la Rébellion, notamment la maison de Jean-Baptiste Massé. En 1809, ce commerçant et aubergiste fait bâtir un magasin général. Cette maison en pierre est typique de l'architecture commerciale urbaine édifiée en milieu rural, bien qu'elle se démarque par un plan au sol en forme de trapèze rectangle. En ses murs coupe-feu, elle abrite depuis 1988 le Musée de l'insurrection de 1837. Un tour dans les rues du village permet aussi de mieux comprendre les événements et d'apprécier les différents styles des demeures intégrées au circuit patrimonial. Un arrêt s'impose à l'église aux tours jumelles, dont la première pierre fut posée en 1792. Lorsque tinta sa Cloche de la liberté, les patriotes partirent au combat. Dans ce lieu restauré en 1922, les tableaux sont signés Antoine Coypel, Jacques-Antoine Delaistre et Otto Voenuis, un des maîtres de Rubens.

Saint-Marc-sur-Richelieu

Horloger Daniel Pelletier ☞

573, rue Richelieu
(514) 584-2807

L'heure est aux pendules. À l'heure du quartz, Daniel Pelletier perpétue dans son atelier la tradition horlogère, dont il est maître depuis les années 80. Comme les mécanismes d'antan n'ont plus de secrets pour lui et qu'il est un collectionneur averti, il s'est spécialisé dans la restauration des vieilles montres et horloges. Pour peu que l'on partage sa passion, il vous montre quelques-unes de ses plus belles pièces et vous explique pourquoi les horloges du XVIIIe siècle n'avaient qu'une seule aiguille.

Mont-Saint-Hilaire

Manoir Rouville-Campbell ☖

125, chemin des Patriotes Sud
(514) 446-6060

Tudor. Réputé pour sa table, ce manoir vaut qu'on
s'y arrête aussi pour son architecture, ses jardins,
sa roseraie et son histoire. Fief de la seigneurie de
Jean-Baptiste Hertel, sieur de Rouville, sa construction commence en 1819. Mais, devant affronter des
fins de mois difficiles, Hertel le vend au major Thomas Edmund Campbell. Celui-ci va l'agrandir en
1854, selon les plans de l'architecte anglais
Frederick Lawford, qui fait en sorte de reproduire
le château ancestral des Campbell en Écosse. De ce
fait, ce manoir de 35 pièces réparties sur trois niveaux est la seule demeure de style Tudor au Canada. Occupée par des descendants de Campbell
jusqu'à la mort de la dernière susnommée en 1955,
la propriété est achetée en 1969 par l'artiste d'origine catalane Jordi Bonnet. Il installa son atelier dans
les dépendances. Et le dernier propriétaire en lice,
c'est l'humoriste Yvon Deschamps.

Église Saint-Hilaire-de-Rouville ☖

260, chemin des Patriotes Nord
(514) 467-4434
Visite sur réservation.

Chef-d'œuvre pictural. Avec Paul-Émile Borduas
et Jordi Bonnet, Ozias Leduc est la troisième figure
marquante de la vie artistique hilairmontaise. Il a
assuré la décoration de cette église de style
néogothique, commencée en 1830 et achevée en
1837. Ses quinze fresques, déclarées biens culturels en 1976, représentent les sept sacrements, les
quatre évangiles, les mystères de la Nativité, de
L'Ascension du Christ, de l'Assomption et un *Mys-
tère de la Trinité,* où l'on voit saint Hilaire rédigeant
son traité sur la sainte Trinité. Dans *La Vocation de
Pierre,* Ozias Leduc a peint le mont et dans *La Pen-
tecôte,* il s'est « autoportraituré » à droite. L'importance de ce peintre a valu qu'on attribue son nom
au Centre d'art multidisciplinaire de la ville, où de
très grands artistes canadiens sont exposés. On y

présente des Riopelle, Pellan, Dallaire, McEwan, Bellefleur, Jackson, mais pas un seul… Leduc ! Pour l'admirer, il faut se vouer à ses saints de l'église.

Centre de conservation de la nature   🦅 ⚛ 👥
422, chemin des Moulins
(514) 467-1755
Ouvert toute l'année.

Réserve bio. Déclaré refuge des oiseaux migrateurs par le gouvernement fédéral en 1960 et première réserve de la biosphère par l'Unesco en 1968, le mont offre une vue exceptionnelle sur Montréal, située à 35 kilomètres. Les randonneurs apprécieront les 24 kilomètres de sentiers aménagés et ne manqueront surtout pas l'escalade du Pain de sucre et des sommets Rocky (396 mètres), Sunrise (407 mètres), Dieppe et Burned Hill. Attention les géologues : sachez que l'on dénombre plus de 120 minéraux dans les roches du mont et de ses sommets. Il y a aussi 600 espèces de végétaux, 178 d'oiseaux, 41 de mammifères, 12 de reptiles, 17 d'amphibiens et 13 de poissons. Ça en fait du monde !

Saint-Basile-le-Grand

Les Forges Cantin   ☞
401, boulevard Richelieu
(514) 658-2658
Visite sur rendez-vous uniquement.

Forgé sur le métier. Depuis quatre générations, on *naît* forgeron dans la famille Cantin. Et si le père de Pierre et d'André a plutôt menuisé que forgé, les deux frères utilisent toujours les outils de l'arrière-grand-père pour fabriquer de la quincaillerie décorative et surtout, des girouettes, leur grande spécialité. Durant les fins de semaines estivales, la famille Cantin plonge dans le passé, revêtant des costumes d'époque pour battre le fer en public.

Saint-Mathias-sur-Richelieu

Église et cimetière 🏛

279, chemin des Patriotes
(514) 658-1671
Visite sur réservation.

Défilé de bateaux sous le clocher. Faisant partie de la seigneurie concédée à Jacques de Chambly, Saint-Mathias-sur-Richelieu devient un port commercial très achalandé au tournant du XIXe siècle, avantagé par sa situation sur les rives du bassin de Chambly. Aujourd'hui, l'église et son enclos paroissial témoignent de cette période florissante. Le cimetière, qui date de 1779, est le mieux conservé du Québec. Quant à l'église, elle a été construite entre 1784 et 1788 par François Châteauneuf, maître-maçon à Saint-Mathieu de Belœil. On peut y admirer un maître-autel et une chaire de style Louis XV, œuvres du sculpteur Louis-Amable Quévillon et de ses élèves. Ne manquez pas d'observer également son double jubé à l'arrière et sa voûte en bois sculpté et ornée de médaillons dorés. Face à la rivière, l'église voit toujours défiler sous son clocher de nombreuses embarcations... de plaisance, cette fois. Véliplanchistes, capitaines du dimanche et pêcheurs s'en donnent à cœur joie.

Chambly

Lieu historique national du Fort-Chambly 🏛 🏛

2, rue Richelieu
(514) 658-1585
Ouvert de mars à novembre.

Ça c'est fort. Chambly fait partie du réseau de fortifications du Richelieu qui devait protéger la colonie naissante des attaques iroquoises. Sa construction en bois, puis en pierre, ainsi que son rôle stratégique sous les régimes français et anglais et durant la guerre de 1812 contre les États-Unis, font de ce fort un haut lieu de notre histoire et de notre patrimoine. On ne peut donc que recommander sa visite, d'autant qu'on y reconstitue la vie des militaires comme celle des civils. Cependant, ce bastion n'est pas une fin en soi. Il doit être intégré à un circuit patrimonial qui comprend le bassin, le canal à neuf écluses et des bâtiments plus que centenaires, qu'on peut parcourir en calèche, l'été. Parmi ces vieilles habitations, la maison de Thomas Whitehead vaut son pesant de restauration. Située au 2592 de la rue de Bourgogne, le peintre Robert Pilot l'avait immortalisée en 1934 dans sa toile *Blue House,* qui est exposée au Musée des beaux-arts de Montréal. On s'est inspiré de ce tableau lors de la restauration de la maison, pour rester fidèle au style architectural adopté par Thomas Whitehead, militaire anglais qui l'avait construite en 1815 et peinte en bleu et blanc. Cette demeure est aujourd'hui un restaurant coté.

L'Acadie

Musée René Bertrand 🏛

2864, route 219
(514) 346-1630
Ouvert de mai à octobre.

Concours agricole. D'aucuns collectionnent les rondelles de hockey ou les timbres, René Bertrand, lui, est depuis longtemps passionné par la machinerie agricole. Conséquence : près de 250 instruments aratoires étalent leur ancienneté dans le cadre champêtre de sa fermette. Au grand étonnement des visiteurs, toutes ces machines glanées çà et là fonctionnent parfaitement. Qui plus est, des batteuses rouillées ont repris leur couleur (d'origine), la semeuse et l'arracheuse de pommes de terre sont en situation devant leurs plants, tandis que la lieuse à maïs signale clairement que McCormick-Decry l'a fabriquée en 1898. René et sa fille, Josée, ont aussi pensé aux enfants. Outre une aire de jeux, où les petits se balancent dans des vrais sièges de tracteurs, les ados ont droit à un *quiz* aratoire. S'ils répondent bien à une douzaine de questions — genre : quelle est la fonction d'une renchausseuse ? — ils reçoivent un prix en chocolat. À votre avis, à quoi ressemble la friandise ?

Église Sainte-Marguerite de Blairfindie ⛪

Chemin du Clocher
(514) 346-3384
Visite sur réservation.

Au-delà du culte. Par l'effet de mosaïque de sa maçonnerie extérieure, son décor baroque qui emprunte ses teintes pastel au style Louis XV, et ses tableaux, dont une copie de *Saint Ambroise repoussant Théodose* de Rubens, cette église de 1801 offre un beau volet artistique. Mais au-delà du lieu de culte, ce sont les références à l'histoire de la petite Acadie et au Grand Dérangement de 1755 qui donnent tout le relief aux propos du paroissien qui guide la visite.

Saint-Jean-sur-Richelieu

Les Montgolfiers de St-Jean ⚄

Aéroport municipal de St-Jean, bureau #1
(514) 347-4332
Envolées toute l'année.

Déroulez le tapis rouge, vert ou blanc… Saint-Jean s'est taillé une place enviable dans le circuit des festivals d'été grâce à ses montgolfières (fin août). Certes, on peut profiter de ce gigantesque rassemblement pour vivre l'expérience d'une envolée. Quand la température et les vents le permettent, les ballons décollent à l'aube et à la brunante. Mais pour Daniel Béland et sa famille, qui se sont d'ailleurs impliqués dans l'événement dès ses débuts, la passion de la montgolfière dépasse le cadre de ces deux semaines… On plane avec eux toute l'année pour voir défiler sous la nacelle un tapis tantôt rouge, tantôt vert ou blanc.

Lacolle

Église méthodiste d'Odelltown ⛪

243, route 221

Le sabre et le goupillon. Le 4 novembre 1838, des patriotes proclament la République du Bas-Canada à Napierville. Pendant sept jours, ça bataille ferme dans la région jusqu'au combat ultime et acharné qui se déroule dans cette église où des loyalistes se sont retranchés le 10 novembre 1838. Fortement endommagée, cette bâtisse en pierre datant de 1823 sera restaurée par ses paroissiens en 1867, puis en 1973. En tant que lieu de culte, elle est aujourd'hui désaffectée, car il n'y a presque plus de méthodistes dans la région.

Hemmingford

Cidrerie artisanale du Minot 🖙
376, chemin Covey Hill
(514) 247-3111
De mi-mai à fin octobre.

Frappé à souhait. Comme tout ce qui pétille à base de pommes ne mérite pas forcément l'appellation

Montgolfières à Saint-Jean-sur-Richelieu

cidre, cette boisson a longtemps eu mauvaise réputation au Québec. Jusqu'au jour où quelques
personnes ont décidé qu'on ne refilerait plus n'importe quoi aux consommateurs. Pour Joëlle et
Robert Demoy, cette cause est entendue depuis
qu'ils furent les premiers, en 1988, à obtenir un
permis de production artisanale. Grâce à leur pom-
meraie plantée de McIntosh, Melba, Lobo et
Cortland, ils élaborent six qualités de cidre qu'on
trouve facilement sur les tablettes de la SAQ. Dans
leur propriété, il y a toujours quelques bouteilles
frappées à souhait qui n'attendent qu'une seule
chose : qu'on se délecte à régler leur sort !

La Yamaska

Saint-Hyacinthe

Cathédrale 🏛

1900, rue Girouard Ouest
(514) 773-8581

Orgue et Bohème. C'est en restaurant l'orgue du
séminaire de Sainte-Thérèse dans les Laurentides,
en 1834, que le forgeron Joseph Casavant (1807-
1874) acquiert sa réputation de facteur d'orgues. Il
transmet son savoir-faire à ses fils Joseph-Claver et
Samuel qui fondent en 1879 la maison Casavant
Frères. L'orgue installé dans cette cathédrale, qui
ressemble à Notre-Dame de Paris, date de 1885 et
est le huitième fabriqué par les deux frères. On peut
aussi y admirer des lustres en cristal de Bohème et,
en haut du maître-autel, une toile du Père éternel
signée Ozias Leduc.

Chapelle des religieuses adoratrices du Précieux-Sang 🏛

2520, rue Girouard Ouest
(514) 774-4633
Ouvert toute l'année.

Une sacrée restauration. Depuis fin 1995, les religieuses cloîtrées en ce lieu ont ouvert leur chapelle
aux visiteurs. Et tant mieux pour l'art. À la fin du

siècle dernier, le peintre Joseph Rousseau et une sœur de cette congrégation avaient orné les murs de magnifiques fresques, qui se détériorèrent au fil des ans. Il faut savoir que cette chapelle de style romano-byzantin date de 1877 et qu'elle renferme le tombeau de mère Aurélie Caouette, fondatrice maskoutaine de la première communauté cloîtrée du pays. Or les sœurs ne pouvaient financer la restauration de ces œuvres. Mais Constantin Florea, un réfugié roumain, se proposa d'exécuter ce travail moyennant gîte et couvert. Ce qui fut fait, et on accorda ensuite la résidence permanente au Québec à cet exilé.

Faculté de médecine vétérinaire

3200, rue Sicotte
(514) 773-8521 #8545
Entrée libre de fin mai à début août
Téléphoner obligatoirement pour les visites.

En proie au mal. Seule école vétérinaire de langue française en Amérique du Nord, cette faculté n'accueille pas que des étudiants. Les visiteurs sont admis sur rendez-vous, ainsi que les oiseaux de proie mal en point et les autres animaux, grands comme des vaches ou petits comme des chiens. Eux, ils vont à l'hosto. Nous, on visite aussi le labo de recherche, avec des spécimens dans le formol. Si les oiseaux de proie québécois vous passionnent, sachez qu'un site a été aménagé à Saint-Jude par des personnes qui veillent à leur réhabilitation.

Les encans de la ferme

140, rue Martineau Ouest
(514) 796-2612
Tous les lundis et mercredis.

Pas de sensiblerie, SVP. Pour avoir un bifteck dans son assiette, il faut du bœuf. Mais entre l'élevage et l'abattage, il est une étape intermédiaire : la vente aux enchères de l'animal sur pied. Deux fois par semaine, un marché aux bestiaux se tient dans ce bâtiment, et il ne vise pas que les bovins. Les ventes du lundi sont les plus animées, d'autant qu'a lieu en même temps un marché aux puces.

Saint-Simon

Parachutisme de l'Aérodium   🏃
1450, rang Saint-Georges
1 800 661-PARA (661-7272)

Planche en l'air. Nouveau sport de glisse aérien, le *skysurfing* commence à faire planer les parachutistes expérimentés. Pas question, en effet, de sauter d'un avion planche aux pieds si l'on n'est jamais descendu des cieux suspendu à une toile. Même chose pour les figures en chute libre. En revanche, l'Aérodium ne requiert aucun apprentissage, puisqu'on reste au sol pour s'envoyer en l'air. Vêtu d'une combinaison spéciale, on flotte au-dessus d'un épais « matelas » grâce à de l'air propulsé par une hélice. C'est… survolant !

Sainte-Madeleine

Fondation Mira   🐦
1820, rang Nord-Ouest
(514) 795-3725
Visite sur rendez-vous uniquement.

Ils sont leurs yeux. Alors qu'il était spécialisé dans le dressage des chiens d'attaque ou de défense, Éric St-Pierre a tourné son regard vers ceux qui ne voient pas. À la fondation Mira qu'il a créée, cet ancien chanteur élève des bouviers bernois, des labradors et des labernois, dont il fait don à des aveugles. Bien sûr, Éric n'est pas le seul à donner la possibilité à des adultes et des adolescents de « voir » grâce à des chiens. À condition de téléphoner dans la semaine, on peut visiter le week-end la fondation, c'est-à-dire la maison qui héberge les aveugles pendant les 26 jours durant lesquels ils se familiarisent avec leur compagnon, et le chenil où l'on explique comment les animaux sont dressés.

Saint-Jean-Baptiste de Rouville

Louise Bousquet, potière   ☞
1896, rang sud de la rivière
(514) 464-2596
Visite sur rendez-vous uniquement.

Le tour de Louise. Quelques tours de tour, et la

masse de terre commence à prendre forme. Louise s'active et l'on comprend vite qu'elle façonne un vase. Il va sécher, être « bidouillé », puis cuit. C'est le biscuit. Elle l'émaille et allons-y pour une deuxième cuisson. Dans son atelier, Louise la potière fabrique de la vaisselle en porcelaine. Si on lui téléphone avant, on peut la voir à l'œuvre. Elle vous dira tout sur la porcelaine, ses techniques et sur ce que signifie le bidouillage.

Rougemont

Centre d'interprétation de la pomme du Québec ☞
11, chemin Marieville
(514) 469-3600
Ouvert de mai à fin octobre.

Un paradis pour Ève. Curieux qu'à Rougemont personne n'ait jamais pensé à élever une statue à Ève, car avec tous les vergers que compte la région, notre ancêtre se serait régalée ! Dans cette sorte de musée, on lui aurait tout expliqué sur la pomoculture, ainsi que sur les variétés anciennes et nouvelles qui se côtoient dans le verger conservatoire attenant.

Atelier-musée Gagnon ☎ ☞
245, rue Petite-Caroline
(514) 469-1148/469-1276
Sur rendez-vous.

L'art et la grange. Depuis qu'ils en sont propriétaires (1990), Claude Gagnon et Normand Choquette n'ont eu de cesse de restaurer cette grange datant de 1855 environ. Ils vous conteront son histoire, ainsi que tous les travaux qui ont conduit à la transformer en maison et atelier d'artiste pour Claude, qui est peintre. C'est aussi une galerie d'art et l'on peut y suivre des cours de peinture et de mosaïque.

Upton

Théâtre de la Dame de Cœur   ☖
611, rang de la Carrière
(514) 549-5828

Attachez vos bretelles. Dans le genre théâtre d'été, la Dame de Cœur se démarque largement des autres compagnies par ses prouesses techniques et par l'originalité de ses créations, qui mettent en vedette des marionnettes géantes. Il faut attendre les premières étoiles pour que démarre le spectacle et que le public « s'attache » à l'action afin d'y prendre part. On doit en effet se sangler dans son siège pour suivre les effets sonores et visuels, car le fauteuil pivote sur 360°. Vous n'aurez pas à craindre le froid, puisque les bretelles des fauteuils sont chauffantes. Pour solliciter l'imaginaire en plein air, imagination rime avec innovation.

Représentation

Terrain d'observation de la SAM ❋

2800, rang 21
(514) 728-4422
Sur rendez-vous uniquement.

Se rincer l'œil en équipe. Les membres de la Société d'astronomie de Montréal sont super sympas. Même sans adhérer à leur association, les astronomes amateurs de passage peuvent fréquenter cet observatoire situé en rase campagne de Saint-Valérien de Milton. Le lieu est idéal pour scruter les cieux, car aucun halo urbain ne trouble les étoiles et, quand la météo est de la partie, on se rince bien l'œil. À une condition toutefois : réserver sa place par téléphone pour se joindre à une équipe.

À l'Est,
des cantons

❧

Estrie, Cantons de l'Est. Cantons de l'Est, Estrie. Entre ces deux appellations, cette région a toujours valsé.

Peuplée à l'origine par des Abénakis, une nation algonquine, ce secteur se caractérise par un passé anglophone toujours vivant. Il est le fait des loyalistes, fuyant les États-Unis lors de l'indépendance, puis des Irlandais et des Écossais. Les premiers refusaient la mainmise britannique sur leur île et les seconds, la misère. Si aujourd'hui les francophones sont majoritaires, de nombreux villages prisent davantage la langue de Shakespeare que celle de Michel Tremblay. Deux théâtres d'été, le Piggery à North Hatley et celui du Lac-Brome, présentent des pièces en anglais, sans oublier le Centennial Theatre de l'université Bishop's à Lennoxville.

À travers ses légendes et surtout son architecture, très bien préservée, les cantons offrent de beaux circuits patrimoniaux. À cela s'ajoutent de nombreuses promenades, toutes bénéfiques pour la santé du corps et de l'esprit.

Selon les saisons, on admire le paysage pendant le festival des couleurs, on aide les viticulteurs à vendanger, on cueille des fruits rouges ou des pommes, on skie ou on largue les amarres sur les lacs qui sont légion, on rencontre des peintres, des sculpteurs et d'autres artistes dans leur atelier ou au cours de manifestations artistiques estivales. Bref, à l'est de Montréal, la diversité est au programme dans un beau paysage vallonné.

Granby

Jardin zoologique 🦃
347, rue Bourget
(514) 372-9113
Ouvert toute l'année.

Bleu grenouille. Après une visite au Pavillon des reptiles, les artistes peintres enrichiront peut-être leur palette d'une nouvelle couleur : le bleu grenouille. Ce batracien rigolo n'est qu'une des 225 espèces accueillies dans ce zoo, qui fait la célébrité de Granby depuis les années 50. Pour les enfants, c'est une attraction majeure, car des activités ont été spécialement créées à leur attention. C'est le cas de la caverne des Débrouillards et, depuis peu, du Pavillon de l'éducation où l'on fait notamment des tas de découvertes en manipulant des objets qu'il faut identifier sans les voir. L'hiver, il faut absolument s'y rendre pendant la Féerie des lumières pour une rencontre polaire des ours, brillant sous… l'étoile !

Maison Vittie 🏛 🏛
66, rue Dufferin
(514) 372-4500
Entrée libre toute l'année.

Vernaculaire. Une surprise testamentaire attendait la municipalité de Granby en juin 1975. Alice Laurin-Vittie, qui venait de mourir, léguait sa propriété à la ville afin d'y abriter un centre d'archives régionales. Depuis plus de vingt ans, la Société d'histoire de Shefford gère donc une énorme documentation sur le passé historique, géographique, économique ou politique de la Haute-Yamaska. Sans oublier la généalogie des familles et des individus qui, ne serait-ce qu'en y étant né, ont leur nom inscrit dans les registres de la région. Par exemple, vous voulez savoir qui sont les *Brownies* dont on parle tant à Granby ? Intéressez-vous alors à la biographie de Palmer Cox, le père de ces personnages de contes enfantins, qui fit construire le Château Brownies au 125, rue Elgin. Reproduction d'un manoir écossais, sa demeure fait partie des curiosités patrimoniales de la cité, comme la Maison Vittie qui, elle, se démarque par son architecture vernaculaire.

Fontaines européennes 🏛

Les pierres de Pierre. C'est à son ancien maire, Pierre-Horace Boivin, que Granby doit, d'une part, la création du jardin zoologique et, d'autre part, la mise en valeur du centre-ville. C'est en effet lui qui eut l'idée de créer des parcs et d'y faire installer des fontaines. Offerts par des richissimes particuliers et des édiles de villes européennes, comme Rome, Bruxelles ou Paris, ces jets d'eau ont tous une histoire et, parfois, une anecdote. Telle celle d'un maire de Rome qui perdit les élections dans le milieu des années 50. Ses électeurs lui reprochèrent d'avoir laissé partir la *Fontaine romaine*, qui se dresse dans le parc Pelletier et qui est composée du sarcophage de marbre d'un empereur. Les successeurs de Boivin ont, à leur tour, embelli la ville en y ajoutant des sculptures modernes.

Fontaine romaine

Pistes cyclables 👫

Vélo buissonnier. En Estrie, de nombreuses voies ferrées ont été converties en pistes cyclables. Grâce à elles, les vadrouilleurs roulent allégrement à travers champs et forêts, le long des lacs et rivières, et s'arrêtent pour pique-niquer à l'ombre d'un vieux pont couvert. L'ancêtre de ces pistes, et la plus connue, est l'Estriade, qui relie Granby à Waterloo (21 kilomètres). Elle commence aux abords du lac Boivin à Granby, puis traverse des champs paisibles qui ont comme toile de fond les nombreux monts de la région. Un autre tronçon, baptisé la

Montérégiade, se rend de Granby à Farnham, via
des champs et des pâturages. Quant à la piste les
Grandes Fourches, elle décrit une boucle de 53 ki-
lomètres entre le canton d'Hatley, Lennoxville et
Sherbrooke. Dans le secteur d'Hatley, son parcours
longe la rivière Massawippi et le pont couvert de
Capelton, qui s'avère un excellent prétexte pour
faire une pause... On peut accéder à cette piste par
North Hatley (à côté du barrage), par l'université de
Lennoxville et par plusieurs parcs de Sherbrooke.

Roxton Pond

Zoo d'oiseaux exotiques

2699, route 139
(514) 375-6118
Ouvert de mi-juin à fin septembre.

Elvis Lori. Il n'y a pas que le cacatoès qui réclame
des cacahuètes dans ce zoo qui abrite quelque 450
oiseaux venus de Chine, du Japon, d'Inde, d'Australie, d'Afrique et d'Amérique latine. Si le plus
grand « orateur » demeure le gris d'Afrique, l'immense ara et l'amazone sont aussi très affables dans
la catégorie des perroquets, tandis que le serin du
Mozambique et le rossignol japonais sont plutôt du
genre siffleur. Chaque oiseau exotique a sa particularité et, d'une cage à l'autre, on les regarde avec
des yeux de chouette en pépiant comme un pin-
son. Parmi les plus curieux, le rosella bariolé offre
jusqu'à douze couleurs de plumes, la perruche
moineau est encore plus petite que l'inséparable et
le touraco du Kenya ressemble à une bête de cinéma. Normal, c'est lui qui prête ses traits au *Bip-
Bip* du dessin animé. À ne pas manquer : Elvis, un
lori qui se prend pour le rocker de Memphis.

Waterloo

Safari Tour

475, boulevard Horizon
(514) 539-0501

À la poursuite des trésors perdus. Dans la veine
cinématographique des arches perdues et autres

Mission Mayday

poursuites de diamants verts, que diriez-vous d'une expédition nocturne pour récupérer le Nanookor sans réveiller le dieu Waloo ? Vous préférez retrouver un avion dans la brousse ? Désamorcer une bombe ? Pas de problème ! Puisqu'à partir d'une dizaine de thèmes au choix, on se transforme en Harrison Ford, Michael Douglas ou Kathleen Turner l'espace de quelques heures pour des chasses aux trésors organisées toute l'année. En dehors des jeux d'aventure, qui rassemblent sur réservation des participants de tous âges, on peut visiter un musée rempli d'insectes et de minéraux ou découvrir à vélo ou en ski de fond le patrimoine victorien de Waterloo.

Bromont

Jardin Marisol   🌱

1, rue Marisol
(514) 534-4515
Ouvert de mi-juin à fin septembre.

Floraison et semences. C'est en hommage à leur fille Marie, décédée d'un cancer, que Jeanne et Raymond Toulouse ont conçu ce jardin au début des années 90. Sur un terrain de douze acres vallonné et boisé, ils ont aménagé un circuit et créé des jardins de fougères, de rocailles et de fleurs sauvages et rustiques. Jusque-là, rien de novateur, hormis la beauté du site qu'ils entretiennent avec passion. Mais voilà, admirer des plates-bandes multicolores pendant l'été n'est pas tout, on peut acheter aussi toute l'année plus d'une soixantaine de variétés de semences cultivées dans ce jardin. Ce qui permet, en fonction des coloris, de la taille et de la période de floraison de chaque fleur, de composer son propre jardin. En voyant avant de semer, on est sûr de ne pas se planter !

Knowlton

Musée historique du comté de Brome   🏛 ⚖

130, rue Lakeside
(514) 243-6782
Ouvert de mi-mai à mi-septembre.

Première guerre. Au lendemain du premier conflit mondial, l'Allemagne vaincue remet au Canada un de ses avions de combat, au titre de réparation de guerre. Ce Fokker DVII, unique dans toute l'Amérique du Nord, est entreposé depuis 1921 dans un bâtiment construit spécialement à cet effet. Celui-ci abrite également des collections militaires, des objets amérindiens, des jouets et du mobilier. Ces antiquités font partie du patrimoine que le comté de Brome engrange depuis le siècle dernier à Knowlton. Elles sont disséminées dans cinq édifices au cœur du village qui témoignent de la vie des pionniers et de l'influence victorienne. Il faut ensuite visiter, sur la colline Tibbits, l'école de rang qui fut fréquentée de 1844 à 1928.

Stanbridge-Est

Musée de Missisquoi   🏛

2, rue Rivière
(514) 248-3153
Ouvert du dernier dimanche de mai au deuxième
dimanche d'octobre.

Comme au temps du magasin général. Lorsqu'on arrive dans la rue principale de Stanbridge — bordée de maisons anciennes tapies entre l'ancien magasin général Hodge's Store et le vieux moulin à farine — on a vraiment l'impression d'être remonté dans le temps. En 1797, Caleb Tree et Nathan Andrews furent les premiers à coloniser des terres qui deviendraient, quatre ans plus tard, le canton de Stanbridge-Est. En 1808, Ebenezer Martin ouvre une tannerie, puis Ebenezer Hart un magasin en 1810, tandis que John Baker construit, en 1820, le premier moulin à carder du coin et une usine de vêtements. En 1830, c'est au tour de Zabulon Cornell de construire un magasin, un barrage et un moulin à farine, sur la rivière aux Brochets. Jusqu'en 1947, quatre générations de Cornell se succéderont. En 1964, les bâtiments deviendront la propriété de la Société d'histoire de Missisquoi, qui en a fait un musée très bien documenté. On y expose des vêtements, des meubles, de vieilles caisses enregistreuses, bouteilles, affiches, outils et jouets, dont un cirque miniature entièrement fait main. Au sous-sol, on a reconstitué les lieux de travail du forgeron, du dentiste, de l'institutrice et de l'imprimeur. En complément, on peut visiter l'ancien magasin général Hodge ou fouiner dans son pendant moderne, le Blinn's General Store ; on trouve de tout... et même, surtout, un petit air rétro et anglais très dépaysant.

Asbestos

Musée minéralogique et
d'histoire minière 🏛 ☸
104, rue Letendre
(819) 879-6444
Ouvert d'avril à novembre.

Grève. En 1881, Charles Webb découvre de l'amiante dans ses terres et c'est W.A. Jeffrey qui se charge d'exploiter la mine portant son nom depuis. Ce site à ciel ouvert, d'environ sept kilomètres de circonférence et de 350 mètres de profondeur, connut en 1949 une grève de quatre mois qui allait marquer l'histoire syndicale et politique du Québec. Le musée évoque cet épisode de la vie minière, tout en présentant des minerais provenant de la mine Jeffrey et les procédés d'extraction de l'amiante, ou *asbestos* en anglais.

Valcourt

Musée Joseph-Armand-Bombardier 🏛
1001, avenue J.-A. Bombardier
(514) 532-5300
Ouvert toute l'année.

Usine Bombardier ☞
726, rue Saint-Joseph
(514) 532-2211, poste 5332
Sur réservation.

Merci Armand. Tous les fanas des grands espaces saluent l'invention géniale de Joseph-Armand Bombardier. Grâce à la motoneige, plus de 120 000 Québécois, auxquels se joignent chaque année des milliers d'Américains, de Canadiens et d'Européens, empruntent les quelque 30 000 kilomètres de sentiers sillonnant la province, conçus spécialement pour eux. Outre le musée qui regroupe une collection d'engins unique, et le garage, qui vit naître dès 1926 les premiers véhicules utilitaires du « père » de la motoneige, on peut aussi visiter l'usine Bombardier. Selon la saison, on assiste alors à l'assemblage des Ski-Doo et des Sea-Doo.

Bonsecours

Mines Cristal Kébec 🏛 ☞
430, 11ᵉ Rang
(514) 535-6550
Ouvert de début juin à fin septembre.

Vibrations. Bonsecours est la seule ville canadienne où le quartz est extrait de façon industrielle, et ce depuis la fin des années 50. En plus du musée et de la mine, dont on propose des visites guidées, on donne également dans l'ésotérisme et l'énergie avec des concerts et des ateliers qui s'appuient sur les vibrations qu'émettent les cristaux de quartz lorsqu'on les manipule. L'expérience peut révéler de nouveaux horizons à ceux qui ne sont pas rompus à la cristallographie ou familiers du nouvel âge.

Kingsbury

Centre d'interprétation de l'ardoise 🏛

289, rue Principale
(819) 826-5329
Ouvert de fin juin à fin août.

La tuile. Toitures, tableaux noirs des écoles, comptoirs d'évier sont quelques-unes des utilisations de l'ardoise, dont regorgent les terrains de la région. Son exploitation plus que centenaire fait l'objet d'une interprétation dans cette demeure, construite vers 1850 et couverte, évidemment, d'un toit en ardoise. On peut assister à la taille de tuile dans cette matière première à la fois friable et très résistante.

Windsor

La Poudrière 🏛

342, rue Saint-Georges
(819) 845-5284
Ouvert de mi-mai à fin novembre.

Recette explosive. En mélangeant du charbon de bois d'aulne, avec du soufre, du salpêtre et de l'eau, on obtient un « gâteau » qui, après quelques transformations, est particulièrement apprécié des militaires, des chasseurs et des mineurs. Absolument immangeable, cette recette a pourtant fait les délices économiques de la région entre 1864 et 1922. Ces ingrédients ne sont autres que ceux de la poudre noire, que deux Américains commencèrent à

L'atelier de menuiserie

fabriquer pendant la guerre de Sécession. Dans les
bâtiments de la Poudrière, qui cessa ses activités
après une gigantesque explosion, on relate l'histoire
de la plus ancienne usine de poudre noire du Québec, les méthodes de production et la vie ouvrière
de l'époque.

Bromptonville

Sanctuaire de Beauvoir ☗
169, chemin Beauvoir
(819) 569-2535
Ouvert toute l'année.

La marche des anges. Quand des cultivateurs offrent des pierres des champs à un curé, on se retrouve avec un sanctuaire édifié en 1920 par l'abbé
Joseph-Arthur Laporte. Depuis, des pèlerins s'y rendent par milliers chaque été pour participer à des
messes en plein air. Les murs du sanctuaire de Beauvoir sont d'ailleurs décorés des béquilles des inva-
lides dont le Sacré-Cœur de Jésus, auquel il est
dédié, a exaucé les vœux de bonne marche. Marche d'autant plus angélique que, sur le chemin de
croix qui mène à la chapelle, on découvre des sculptures taillées en 1960 par l'artiste Joseph Guardo,
qui a puisé ses thèmes dans l'Évangile.

Sherbrooke

Musée de la Tour 🏛 ✳
195, rue Marquette

Centre d'exposition Léon-Marcotte
222, rue Frontenac
(819) 564-3200
Ouvert toute l'année.

Naturellement scientifique. Créé en 1879, le musée du Séminaire conserve quelque 100 000 pièces de collection ayant trait aux sciences naturelles.
Dans le musée de la Tour, qui offre par ailleurs un
beau panorama sur la ville, les minéraux, insectes,
ou animaux naturalisés sont présentés en permanence dans des vitrines, d'une manière assez traditionnelle. En revanche, dans le centre d'exposition

Léon-Marcotte, la mise en valeur des sciences s'appuie sur l'interactivité et permet de découvrir les particularités de certaines espèces animales ou les caractéristiques des fossiles. Ainsi, il y a une vingtaine d'années, on a cru que des pierres déterrées dans un champ de la région dataient de l'époque phénicienne, parce qu'elles portaient de curieuses marques rappelant l'écriture cunéiforme. On sait aujourd'hui que ces traces ne sont que les stigmates des érosions naturelles.

Société d'histoire de Sherbrooke 🏛

275, rue Dufferin
(819) 821-5406
Ouvert toute l'année.

Balades et baladeur. C'est dans le premier bureau de poste de Sherbrooke que la Société d'histoire, créée en 1927, a élu domicile pour ses archives en 1992. Dans ce bâtiment de pierres grises coiffé d'un toit à la Mansart, les expositions sont surtout orientées vers l'habitat des cantons de l'Est, tandis que l'histoire régionale est traitée par l'intermédiaire d'une bibliothèque et de documents informatisés, accessibles à tous. Ce centre propose également des visites commentées sur le patrimoine de la cité, la gorge de la rivière Magog qui offre une chute de 50 mètres au centre-ville et la vieille centrale hydroélectrique Frontenac, toujours en activité. On se balade soit avec un guide, soit seul avec un baladeur sur les oreilles.

Archives nationales du Québec 🏛

740, rue Galt Ouest
(819) 820-3010
Entrée libre toute l'année.

Recherchez vos ancêtres. Si vous pensez que les archives nationales ne sont ouvertes qu'aux historiens, archéologues, généalogistes ou notaires, vous êtes dans l'erreur. Tout le monde peut consulter les documents que la province conserve depuis plus de 65 ans. À Sherbrooke, on met bien sûr l'accent sur l'histoire de ceux qui ont forgé les cantons de l'Est, à travers des registres de baptême, des procès-verbaux de justice ou des actes notariés. Avec l'aide des archivistes, on peut rechercher ses ascendants, même s'ils n'ont pas vécu dans la région, car ce centre possède sur microfilms des documents détenus par les huit autres bureaux du Québec. Mais ce qui est aussi très sympa, ce sont les collections de cartes postales, de photographies, de plans d'architectes ou de manuscrits donnés par des particuliers. Les musiciens seront enchantés par les archives de Sylvio Lacharité, fondateur de l'Orchestre symphonique de Sherbrooke, les partitions des violoneux ou les chansons de « La Bolduc ».

Lennoxville

Campus de l'Université Bishop's 🏛
Rue College
1 800 567-2792
Ouvert toute l'année.

Nuit peu studieuse. Quand les bancs de l'université se vident de leurs étudiants, le campus se remplit de touristes désireux d'admirer la chapelle Saint-Marc richement décorée, d'assister à la représentation d'une pièce anglophone au Centennial Theatre ou d'écouter un opéra dans la salle Bandeen. Fondé en 1843, ce centre universitaire offre une remarquable architecture néogothique qui s'inspire des styles d'Oxford et de Cambridge. Parfaitement restaurés et entretenus, ces bâtiments d'allure médiévale sont l'un des principaux attraits de Lennoxville. Mais ce que l'on sait moins, c'est qu'on peut y séjourner pour un soir, une semaine ou un mois. Sur réservation, les résidences des étudiants hébergent en effet des visiteurs du 15 mai au 31 août, pouvant aussi accéder au John H. Price Sports Centre. Peut-être qu'une nuitée d'été dans une chambrée donnera envie de s'inscrire à ceux qui, depuis longtemps, ont déserté l'université.

Musée Uplands 🏛 🏛
50, rue Park
(819) 564-0409
Ouvert toute l'année.

Thé à l'anglaise. L'architecture de style néogeorgien alliée au mobilier d'époque et aux antiquités de cette demeure de 1862 invitent au détour. En consultant les archives des familles fondatrices des Cantons de l'Est, on appréciera surtout de se sentir plongé dans l'ambiance victorienne à l'heure du thé. Servi l'été sur la véranda fleurie, il réchauffe l'hiver ceux qui ont réservé leur place dans la grande salle à manger.

Maisons hantées ✵
3905, route 147
(819) 569-2671
Ouvert du printemps à l'automne.

Newton s'est trompé ! Vous souvenez-vous de la comédie musicale *Mariage royal* où Fred Astaire exécute un numéro de claquettes époustouflant sur les murs et le plafond d'un salon ? Eh bien, dans cette mystérieuse maison, pas besoin de trucage pour grimper aux murs. Lorsqu'en 1966, Henry Musty achète un terrain de 75 acres afin d'y aménager un camping, il ne se doute pas que la loi de la gravitation formulée par Newton ne tient pas… debout ! Par un étrange phénomène, à la fois imputable à une illusion d'optique et au magnétisme de la terre, la pesanteur semble ici neutralisée. Résultat : sans perdre l'équilibre, on s'assoit sur une chaise posée seulement sur deux pieds et, selon la position adoptée, on a l'impression de grandir ou de rapetisser. Une curieuse expérience pour qui aime défier la nature.

Centre de recherche et de développement sur le bovin laitier et le porc ✵
2000, route 108 Est
(819) 565-9171
Gratuit sur réservation de mi-mai à mi-août.

Meuh ! Comment améliorer la productivité des vaches laitières et favoriser la croissance porcine, tout en contribuant au bien-être de ces deux espèces ? Sur cette question et d'autres du même acabit qui ne vous ont peut-être jamais effleuré l'esprit, planchent quotidiennement une centaine de chercheurs et techniciens. Si l'on ne peut pénétrer dans les laboratoires, une partie des étables et porcheries

ouvrent en revanche leurs portes à ceux qui sou-
haitent en savoir plus sur l'élevage de ces animaux
de ferme qui alimentent… nos assiettes.

Cookshire

Pont couvert sur la rivière Eaton
Route 253

Pont notarié. Par acte notarié du 31 mars 1837, il
en coûta 228,15 £ au fermier Benjamin Lebourveau
pour faire construire ce pont par la British American
Land Co. de Sherbrooke. De type Town Lattice —
du nom de son inventeur Ithiel Town — il est constitué de madriers en diagonale, assemblés par une
cheville à chaque intersection. Sachant que pour
100 pieds de long, on a besoin de 2950 chevilles
et que le pont mesure 133 pieds, combien de chevilles a-t-on utilisé ? Ou vous faites le calcul, ou vous
allez les compter ! D'autant que c'est le plus vieux
pont couvert de la région. Fermé à la circulation
motorisée, eu égard à son âge, ce pont constitue
l'un des attraits du circuit patrimonial de la ville.
Celui-ci inventorie de belles résidences, tel que le
château Pope construit par le ministre John Henry
Pope en 1880, et une église anglicane de style
néogothique datant de 1869.

Eaton Corner

Musée historique du comté de Compton
Route 253
(819) 875-5256
De mi-juin à fin septembre.

Encan d'animaux Lafaille et fils
420, route 253
(819) 875-3577
Gratuit tous les lundis de 9 h à 20 h 30.

Surtout le lundi. Charmant petit village loyaliste où
prédomine aujourd'hui l'industrie agricole, Eaton
Corner revendique fièrement le titre du plus vieux
village de l'Estrie. On peut y visiter une ancienne

église, qui date de 1841 et devenue le musée du comté de Compton, ainsi que l'académie, érigée en 1825 et aujourd'hui transformée en hôtel de ville. Face au magasin général se trouve la maison où le docteur Edward Worthington aurait réalisé la première anesthésie au Canada. Dans le village, des panneaux situés devant les sites d'intérêt historique relatent leur petite histoire... Le mieux est de venir un lundi pour assister à une tradition très courue ici : l'encan d'animaux de Lafaille et fils. Un spectacle on ne peut plus coloré et captivant pour les gens de la ville !

Ascot

Musée historique des mines de Capelton ❋ 🏃

800, route 108
(819) 346-9545
Ouvert toute l'année.

Entrailles cuivrées. Face au pont couvert de Capelton, construit en 1862, on accède à la mine de cuivre exploitée de 1863 à 1907. Avec 250 pieds de montagne au-dessus de la tête, ce sont les plus profondes galeries qu'on inspecte au Québec. Les stalagmites, qui montent, et les stalactites, qui descendent, composent un étrange paysage souterrain, creusé au pic et à la pelle, dans des parois qui ressemblent à des tranches de bacon, eu égard à leurs couleurs brique, vert, noir ou bleu veinées de blanc. La visite, guidée par des mineurs en costumes d'époque, permet d'en savoir plus sur les autres minéraux du site qui, à l'origine, visait l'extraction de l'or. Il faut de bonnes jambes, car on se promène deux heures, et des vêtements chauds et confortables (même si bottes, casques et imperméables sont prêtés à l'entrée), parce qu'il n'y fait pas plus de 9 °C.

Bishopton

Les relais et roulottes à cheval de l'Estrie   ⚲

24, route 255 Nord
(819) 884-2257
Ouvert de la Saint-Jean-Baptiste à l'Action de grâces.

Sans chevaux-vapeur. Que les touristes stressés délaissent ici leurs chevaux-vapeur pour un tour de roulotte gitane tirée par un cheval. C'est en puisant dans ses souvenirs d'enfance que Danielle Danet, originaire du Sud-Ouest de la France, trouve l'idée et le modèle de ses caravanes. Toute la famille s'attelle alors à la construction des roulottes. De l'attelage jusqu'à la confection des rideaux, tout est artisanal. Pendant trois jours, les voyageurs vivent une aventure de romanichels. Leur cortège singulier chemine, lentement mais sûrement, sur de petites routes de campagne, au cœur d'un magnifique paysage vallonné. Comme à l'époque des diligences, on s'arrête chaque soir dans un relais (auberges ou base de plein air, au choix), pour de joyeux festins et de l'avoine pour le cheval !

Compton

Lieu historique national Louis-S.-St-Laurent   🏛

6, rue Principale Sud
(819) 835-5448
Entrée libre de mi-mai à l'Action de grâces.

Patrimoine et marché. Surnommé « oncle Louis », Louis Stephen Saint-Laurent fut de 1948 à 1957 le douzième premier ministre du Canada. Sa maison natale, habitée par une descendante jusqu'en 1969, a été restaurée en suivant des moments précis de son histoire, qui s'étend sur 150 ans. Il faut dire que, juste à côté, Jean-Baptiste-Moïse Saint-Laurent, le père de ce politicien, avait ouvert un magasin général au siècle dernier. Dans les deux bâtiments de style vernaculaire, on peut voir des biens de cette famille et des articles de consommation jadis vendus dans la maison de commerce. Un spectacle son et lumière sur la vie et la carrière de Louis Stephen est présenté dans l'entrepôt du magasin, tandis qu'à l'ombre des grands arbres de la propriété se déroule un marché public certains samedis d'été.

Coaticook

Parc de la Gorge de Coaticook ⭱ 🚻
400, rue Saint-Marc
(819) 849-2331
Ouvert toute l'année.

Gorge profonde. Dite la perle des Cantons de l'Est, Coaticook n'est pas qu'une ville. C'est d'abord une rivière qui tire son nom d'un mot abénaki qui signifie « rivière de la terre des pins ». En fait, il s'agit d'un fjord vieux de 15 000 ans, comme le révèle la géologie de ses falaises hautes de 50 mètres. Un pont suspendu de 169 mètres a été installé en 1990, notamment pour mieux voir une « marmite », c'est-à-dire un trou creusé par le tourbillon de l'eau au cours des siècles. Des sentiers longent la gorge et dans le parc où poussent des pins, pruches et bouleaux, on a reconstruit une grange ronde, rénové un pont couvert et bâti la tour Couillard. Après avoir gravi 100 marches, ce belvédère offre une vue fantastique sur la région. La salle Touchatout permet aux petits de faire des découvertes scientifiques.

Musée Beaulne 🏛 🏺
96, rue de l'Union
(819) 849-6560
Ouvert toute l'année.

À la fortune du cric. C'est en fabriquant et en vendant des crics qu'Arthur Osmond Norton a bâti sa fortune au tournant du siècle. En 1912, il fera construire cette demeure de style éclectique à forte tendance Queen Ann. Baptisé le château Norton, l'édifice comptera une quarantaine de pièces, réparties sur quatre niveaux, et sera occupé par cette richissime famille pendant 30 ans. Après avoir accueilli des étudiants, puis des personnes handicapées, le château Norton sera acquis par la municipalité en 1976. Il est devenu un musée d'art et d'artisanat, dont les collections principales portent sur les costumes et les tissus anciens.

Austin

Grange circulaire 🏮
101-105, chemin Fisher

Le diable tourne en rond. Le diable n'a pas la réputation de couper les coins ronds mais, à une époque, on le croyait susceptible d'aimer s'y cacher. Aussi est-ce pour lui faire faux bond qu'on aurait construit... des granges rondes ! C'est entre 1890 et 1910 qu'on a bâti au Québec des granges étables circulaires, suivant l'influence américaine. Ce type de grange offrait plusieurs avantages, dont l'organisation optimale de l'espace intérieur. Placés en cercle, les animaux avaient la tête orientée vers le centre, ce qui allégeaient les tâches de ravitaillement et de nettoyage. Il n'en reste qu'une douzaine, dont celle d'Austin qui a été jugée la plus représentative et classée monument historique en 1984. Elle mesure plus de 20 mètres de diamètre, avec un plateau d'environ onze mètres de diamètre accessible par un « garnaud » couvert. Sa construction remonterait à 1907. Près de Coaticook, d'autres granges se démarquent par leur intérêt patrimonial, leur excellent état et leur harmonieuse intégration dans le paysage. Notamment deux d'entre elles situées à Barnston. La première, celle de la ferme Blayrond sur le chemin de Baldwin Mills, possède l'unique revêtement extérieur en bardeaux de cèdre et le plus grand diamètre. La seconde, sur le chemin Jordan, est la plus ancienne (1901).

Highwater

Église de la Transfiguration 🏮
83, chemin du Monastère
(514) 292-3943

Russe hors frontières. Comme le père Serge fait souvent la navette entre ce monastère orthodoxe russe, dont il a la garde, et ses fidèles de Montréal, il faut absolument lui téléphoner si l'on veut visiter ce lieu. Il vous racontera comment la belle église, coiffée de son bulbe caractéristique, a été construite les fins de semaine pendant cinq ans par les paroissiens montréalais de Saint-Nicolas, dans les années

80. Il vous montrera le cimetière, aux pierres tombales gravées de lettres cyrilliques. Et, surtout, il vous détaillera la pratique du culte orthodoxe d'avant la révolution d'octobre qui se perpétue ici sous le nom de « russe hors frontières ». Conseil : le père Serge aime que les visiteurs soient correctement vêtus.

Highwater — Église de la Transfiguration

Abbaye de Saint-Benoît-du-Lac
Chemin Fischer
(819) 843-4080
Ouvert toute l'année.

Top 50 du chant grégorien. Ils ne sont plus aujourd'hui qu'une soixantaine de moines à célébrer quotidiennement les offices en chant grégorien dans la nouvelle église, signée Dan S. Hanganu. Cet architecte — à qui l'on doit le musée montréalais de Pointe-à-Callière et le Pavillon du design de l'UQAM — a su marier ce bâtiment au site abbatial inauguré en 1912. À l'époque, l'abbaye bénédictine, située sur le cap Gibraltar, se composait d'une petite maison et de bâtiments de ferme en bois. C'est dom Paul Bellot, le moine architecte français arrivé en 1937, qui dressa ensuite les plans de cette construction en granite rose d'où l'on a une vue imprenable sur le lac Memphrémagog et l'État du Vermont. Le paysage est encore plus beau depuis le clocher, auquel on peut accéder en s'adressant au portier. Pour subvenir à leurs besoins, les religieux fabriquent d'excellents fromages, reçoivent dans leur hôtellerie pour des retraites spirituelles et, surtout, enregistrent des disques. Au Top 50 de la musique religieuse, le chœur monastique de l'abbaye bat tous les records de vente pour ses chants grégoriens du Moyen Âge. Pas mal non plus les pièces d'orgue et de clavecin. Signalons que de l'autre côté de la baie Sargent, on aperçoit sur le chemin Penfield à Bolton Est, l'ancienne résidence d'été du grand neurologue Wilder Graves Penfield. Elle est maintenant propriété de l'université McGill.

Beebe Plain 🏛

Rue Canusa

Parallèle. C'est une erreur d'arpentage de quelques mètres qui est à l'origine de cette ville frontalière, qui doit son nom à David et Calvin Beebe, ses premiers habitants. Lorsque le Canada et les États-Unis établissent leur frontière de part et d'autre du 45e parallèle à la suite du traité de Paris signé en 1763, la ligne de démarcation sera plus nordique que prévue. Conséquence : dans la rue Canusa, toponyme formé à partir du nom des deux pays, on marche au Québec du côté nord, et dans le Vermont du côté sud. Et au bureau de poste, il ne faut pas se tromper d'étage, parce qu'une lettre déposée au rez-de-chaussée partira directement pour l'Amérique, tandis qu'au premier, elle sera estampillée à l'effigie de la reine.

Rock Island

Opéra et bibliothèque Haskell ⚱
Angle de la rue Church et de l'avenue Caswell
(819) 876-2471
Ouvert toute l'année.

Art sans frontières. La particularité de l'opéra Haskell, qui ouvrit ses portes en 1904, réside dans sa situation géographique. La façade et un tiers du bâtiment, avec les sièges des spectateurs, ont pignon sur les États-Unis, alors que la scène où se produisent les acteurs est québécoise. Il en est de même de la bibliothèque, dont les 20 000 ouvrages rayonnent au Canada tandis que l'entrée et la salle de lecture sont vermontoises. L'architecte James Ball s'inspira de l'ancien opéra de Boston pour dresser les plans de cette demeure que traverse la frontière en diagonale. Construits par Martha Stewart Haskell à la mémoire de son époux et rénovés en 1996, l'opéra et le théâtre ont toujours leurs abonnés.

Stanstead

Musée Colby-Curtis 🏛 ⚱
35, rue Dufferin
(819) 876-7322
Ouvert toute l'année.

Équinoxe. Si ce musée vaut la visite pour son architecture de style Renaissance, son ameublement de l'époque victorienne et ses précieuses archives et collections d'œuvres d'art du siècle dernier, sa pelouse offre un curieux spectacle bisannuel. Les trois tubes d'acier rouillé qui y trônent n'ont pas été oubliés par les services de la voirie municipale, mais installés avec précision par Kate Pound. Il s'agit d'une sculpture baptisée *Zigzag* que cette artiste vermontoise a créée pour symboliser l'amitié qui lie, depuis des décennies, les habitants établis sur le 45e parallèle. Or, deux fois par an, le 21 mars et le 22 septembre exactement, l'ombre portée de la sculpture indique parfaitement cette latitude, à mi-chemin entre l'équateur et le pôle Nord. Qui plus est, l'espace rejoint le temps, puisque ces deux dates marquent l'équinoxe, période de l'année où la durée du jour égale celle de la nuit.

Katevale

Île du marais   🦅
Chemin du Ruisseau
(819) 842-4460
Ouvert toute l'année du lever au coucher du soleil.

Tortues bizarres. Les barrages ont parfois du bon. Ainsi, lorsqu'on en construit un à la décharge du lac Magog vers 1910, un marais se forme à l'extrême sud du plan d'eau. Dans cet habitat diversifié, constitué de marécages à plantes palustres, de forêts de pins sylvestres et de lilas, la faune ailée a trouvé un gîte du passant dans sa migration printanière et automnale, tandis que d'autres espèces y prennent pension toute l'année. Les rigolotes tortues serpentines et peintes partagent l'endroit avec des castors, rats musqués, carouges à épaulettes et colverts. En tout, plus de 200 espèces de végétaux et presque autant d'oiseaux à découvrir en parcourant les six sentiers de ce sanctuaire écologique.

Lac-Drolet

Maison du Granit   🏛
Route du Morne
(819) 549-2566
Ouvert de fin mai à l'Action de grâces.

Le triangle du granit. Les expositions présentées dans la moderne Maison du Granit doivent seulement s'envisager comme une étape dans la visite de ce coin des Appalaches, vieux de 350 millions d'années. En effet, pour mieux comprendre l'importance de ce noble matériau dans l'histoire et le développement économique des environs, il faut voir et toucher sur place. On emprunte alors un parcours qui passe par les carrières du mont Saint-Sébastien, par les usines et ateliers encore actifs et par un circuit patrimonial dans le triangle formé par Lac-Drolet, Sainte-Cécile-de-Whitton et Saint-Sébastien.

Gould

La Ruée vers Gould 👁

19, route 108
(819) 877-3446

Haggis et scones. L'ancien magasin général de James Ross, dont la construction remonte à 1841, a été reconverti en un bistrot sympathique. On donne un véritable coup de chapeau à ceux qui ont su y faire revivre le passé écossais de la région. Les employés, vêtus de costumes directement copiés du catalogue Sears de 1902, se faufilent entre le vieux four à bois et les tables décorées de nappes à carreaux. Il règne une atmosphère à la bonne franquette, tandis qu'on déguste du rosbif à l'écossaise (préparé avec de la cannelle et de la cassonade), des scones et du haggis : une sorte de terrine typiquement écossaise (et assez rare) faite à partir d'abats d'agneaux et d'avoine, bouillis dans l'estomac de la bête. On peut dormir ensuite dans des chambres meublées à l'ancienne et à l'anglaise de ce bâtiment et de la maison Mc Auley, qui date de 1913.

Circuit patrimonial écossais 👁
Municipalités de Gould, Scotstown, Lac-Mégantic

Sur la route des Écossais. Les Cantons de l'Est possèdent une histoire et un patrimoine très riches. Loyalistes et Écossais y ont laissé un héritage architectural et culturel important, notamment dans la région du Haut-Saint-François, dans les villages de Gould et Scotstown. En roulant sur les charmantes routes de campagne, on découvre des églises anglicanes pittoresques, des demeures victoriennes centenaires et le pont McVetty-McKerry. D'une longueur de 63 mètres, il enjambe la rivière au Saumon ; il s'agit du plus long pont couvert de l'Estrie et certainement d'un des plus typiques. À Gould, ne manquez pas d'entrer dans le cimetière de Lingwick (angle des routes 108 et 257). À gauche de la très belle entrée de grillages en fer forgé se trouve une imposante tombe de granite gris surmontée d'une urne. Il s'agit de la sépulture de la veuve McIver, dont l'un des côtés, celui qui fait dos à la route, porte des inscriptions en gaélique. Dans la belle église presbytérienne, de l'autre côté de la route, on officie encore quelques fois par an et on donne de nombreux concerts de musique écossaise et gaélique. À Scotstown, c'est surtout vers 1830 qu'arrivèrent les émigrants écossais en grand nombre. En 1888, l'un d'entre eux, Donald Morrison, devient un hors-la-loi particulièrement célèbre. Il abat le shérif venu arrêter son père poursuivi par un créancier. Il fuit et trouve refuge chez des habitants pendant presque un an. Finalement arrêté et condamné à 18 ans de prison, il meurt de maladie quatre ans plus tard. Il sera enterré au cimetière Gisla, tout près de Milan où il fut capturé le 21 avril 1889 alors qu'il était venu rendre visite à ses parents. Selon la tradition orale, la date du décès inscrite sur sa tombe correspondrait à la date approximative de son incarcération, et non à la date de sa mort.

Notre-Dame-des-Bois

AstroLab du Mont-Mégantic ✳ ⚲
189, route du Parc
1 888 881-2941
Ouvert de mi-juin à la fête du Travail.

Envoûtement céleste. Depuis juin 1996, le mont Mégantic s'est offert un nouvel attrait. Jusqu'alors, on s'y rendait pour son parc sillonné de 50 km de sentiers et pour son observatoire. Perché à 1100 mètres de hauteur et doté d'un miroir de

Exposition

1,6 mètre de type Ritchey-Chrétien, il était surtout fréquenté par des astronomes et peu adapté aux loisirs scientifiques du grand public. Une carence désormais comblée avec l'ouverture d'un centre d'interprétation et d'activités astronomiques, situé au pied du mont. Équipé de salles d'exposition et d'un auditorium, l'AstroLab organise des ateliers d'observation céleste, ainsi que des visites de l'observatoire au clair de la lune.

Chartierville

Côte magnétique
Route 257 Sud

Reculer pour mieux grimper. Sur la 257 Sud, un phénomène assez particulier attend les automobilistes : une côte magnétique. Il faut le voir pour le croire. Pour ce faire, on met le moteur au point mort à l'endroit indiqué (par un panneau sur le bord de la route). La voiture repart doucement vers l'arrière... alors qu'on a l'impression de la remonter. Cela dit, en remontant cette pente, on peut franchir la frontière... non pas du réel mais celle, bien réelle, du New Hampshire, située à seulement cinq kilomètres. Chartierville est aussi l'une des deux municipalités les plus élevées du Québec (518 mètres d'altitude). Attention : du haut de la côte, la vue sur les montagnes américaines et sur le mont Mégantic est tellement sublime... qu'on peut presque en perdre les pédales !

Les bois sont francs au Cœur du Québec

❧

C'est en hommage aux premiers défricheurs de bois durs, comme l'érable, l'orme, l'hêtre ou le merisier, que le pays mis en valeur par le député William Laurier prit le nom de Bois-Francs.

Historiquement, la région s'est développée en deux temps, voyant d'abord les colons français, jésuites en tête, s'établir sur la rive du Saint-Laurent au tournant du XVIIIe siècle. Ensuite la pénétration vers les collines appalachiennes sera plus tardive et consécutive aux velléités d'invasion américaine de 1812. Des loyalistes, puis des francophones laisseront leurs empreintes architecturales dans cette contrée, où les érablières sont reines.

Aujourd'hui, les Bois-Francs appartiennent à la région Cœur du Québec et concentrent leur richesse économique autour de trois pôles industriels, qui se doublent d'attraits touristiques. L'autoroute 20 qui les traverse a depuis longtemps supplanté le chemin de fer qui les animait. Elle dessert aussi bien de grandes entreprises installées près du fleuve que des villes à l'intérieur des terres, dont le charme tient au patrimoine historico-culturel. Mais, pour contrebalancer la platitude et la monotonie de cet axe routier, qui conduit rapidement de Montréal à Québec par la rive sud, on peut s'arrêter chez des antiquaires et brocanteurs, presque tous situés près des sorties de la 20.

Odanak

St. Francis Anglican Mission   ☖
Rue Principale

Victoria y souscrit. Dès 1700, des jésuites s'établirent à Saint-François et dispensèrent des cours d'instruction aux Abénakis qui vivaient là-bas. Tout se passait bien, jusqu'à ce qu'en 1837 un maître d'école du nom de Masta se mette à prêcher et que la souveraine Victoria joue les bâtisseurs d'église. Formé aux États-Unis, où il a embrassé la foi protestante, Masta va désobéir à l'abbé en étendant sa stricte mission d'enseignement à la religion. Dans sa maison, qui se révèle vite trop petite, il accueille même trois fois par jour la communauté amérindienne toute ouïe à ses bonnes paroles. C'est alors que les Abénakis vont soumettre leur requête à Victoria. Pour souscrire à la construction d'une église anglicane, dont elle était la chef, la souveraine allégea sa bourse de 50 £. D'où la fondation de cette église, en 1866, qu'on peut visiter en demandant la permission des anglicans présents à Odanak.

Baie-du-Febvre

Centre d'interprétation de Baie-du-Febvre   ⋔
420, route Marie-Victorin
(514) 783-6996
Ouvert toute l'année.

Volage et embouteillage. En trouvant gîte et couvert sur les bords du lac Saint-Pierre, la faune ailée a réussi à provoquer de beaux… embouteillages ! Au lever et au coucher du soleil, les automobilistes stationnent à la queue leu leu sur la route 132 pour une envolée de bernaches et d'oies blanches. Dans la Baie-du-Febvre s'arrêtent en effet de nombreuses espèces, que les ornithologues en herbe viennent observer dans des tours. Comme chaque saison amène son lot volage dans ces plaines inondées et asséchées, il n'y a pas de quoi s'ennuyer.

Nicolet

Musée des religions 🏛 ☎
900, boulevard Louis-Fréchette
(819) 293-6148

Cathédrale ☎
671, boulevard Louis-Fréchette
(819) 293-5492
Ouverts toute l'année.

Plus près de toi... Dieu retrouvera les siens en prière ou en visite dans l'un de ces deux bâtiments qui se démarquent par leur architecture avant-gardiste. La cathédrale, érigée en 1961 par l'architecte nicolétain Gérard Malouin et qui est la cinquième construite à cet emplacement depuis 1885, rappelle l'opéra australien de Sydney. Beaucoup d'artistes de la région ont contribué à la richesse de ses vitraux et de ses icônes. En face, au musée, tous les dieux sont permis, car on n'est pas sectaire. Allah, Bouddha, le Grand Manitou et Yahvé y ont entre autres leur paradis à côté de Jésus.

Centre d'essai et d'expérimentation ☞
695, route 132 Ouest
(819) 293-2004
Entrée libre de juin à septembre ; sur rendez-vous hors saison.

Balistique. La Défense nationale n'a rien à cacher et, pour le prouver, elle ouvre sa garnison Jean Nicolet au public. Le but de la manœuvre ? Démontrer que les tests pratiqués sur les armes et munitions utilisées par les militaires ne nuisent ni aux populations alentour ni à l'environnement. On explique aussi le rôle du centre et ce qu'on y expérimente.

Maison Rodolphe-Duguay 🏛
195, rang Saint-Alexis
(819) 293-4103
Ouvert du premier dimanche de juin à la fête du Travail.

Peinture et poésie. Né en 1891 de parents cultivateurs, Rodolphe Duguay habita dans cette maison paternelle jusqu'à sa mort, en 1973. Grand peintre et graveur, il est l'un des rares artistes de sa génération à avoir vécu de son art. Il prit des leçons pendant un an avec Suzor-Côté, avant de partir pour Paris en 1920, où il étudia à l'Académie Jullian avec Pierre et Jean-Paul Laurens, et à La Grande Chaumière. Après un séjour en Italie en 1925, il revient à Nicolet et se fait connaître du public par son portrait au fusain du poète Nérée Beauchemin en 1928. Débutent alors le succès et une série de plus de 1000 œuvres, qu'aujourd'hui encore sa fille Monique continue de répertorier. Rodolphe Duguay partagea son atelier et sa vie avec la poétesse Jeanne L'Archevêque et la production de chacun est ici présentée.

Sainte-Angèle-de-Laval

L'Angélaine   ☞
12 275, boulevard Bécancour
(819) 222-5702

Tourner mohair. En sortant de la chèvrerie de Michèle et Donald Lanteigne, il est certain que la question suivante ne sera plus une colle pour vous : avec quel animal produit-on l'angora ? Le premier qui répond « la chèvre », a besoin d'un bon nettoyage d'oreilles. Parce qu'avec la chèvre angora, c'est du mohair que l'on fabrique. Venu des hauts plateaux anatoliens, ce caprin s'est parfaitement adapté à notre rigoureux climat, et ses longs poils droits et soyeux constituent une véritable toison d'or pour cet élevage. Deux fois par an, les bêtes sont tondues pour que l'on puisse produire de la laine et des étoffes de mohair.

Bécancour

Parc industriel et portuaire   ☞
1000, boulevard Arthur-Sicard
(819) 294-6656

Visites industrielles. C'est dans le rectangle formé par l'autoroute 30, le fleuve et les rivières Bécancour et Gentilly que la région des Bois-Francs, mais aussi le Québec, abrite son poumon économique. La zone industrielle de Bécancour regroupe en effet une vingtaine de grandes entreprises et la plupart d'entre elles accueillent volontiers des visiteurs dans leurs installations souvent ultramodernes. La Société du parc industriel et portuaire de Bécancour peut vous fournir une liste de ces établissements. À vous, ensuite, de communiquer avec ceux qui vous intéressent.

Gentilly

Centrale nucléaire Gentilly-2   ☞
4900, boulevard Bécancour
(819) 298-5205 et 694-3801
Entrée libre.

Un mélange détonnant. Plus habitué à l'eau ou au vent, Hydro-Québec a préféré le nucléaire pour produire ici de l'énergie. Cette centrale, qui fournit près de 3 % de nos besoins, est équipée d'un réacteur CANada Deutérium Uranium, CANDU en abrégé. Un mélange d'uranium naturel côté combustible et d'eau lourde pour que ça baigne. Il faut avoir plus de quatorze ans et ne pas être enceinte pour en savoir plus... lors des visites guidées qui durent environ deux heures.

Église Saint-Édouard   ☖
1920, boulevard Bécancour

Argenterie. Ceux qui travaillèrent à l'édification de cette église en pierres étaient tous de grands maîtres en leur temps. Si Thomas Baillairgé en signa les plans, elle a été agrandie en 1907 par l'architecte Louis Caron de Nicolet. Rehaussée d'une imposante façade en pierre de taille, elle resplendit par son ornementation et ses objets de culte. Raphaël Giroux et ses fils, Alfred et Eugène, ont sculpté le maître-autel et la chaire en 1868, tandis qu'on attribue à Adolphe Rho, un artiste local, les bas-reliefs du chœur, des autels latéraux et le chandelier pascal exécutés vers 1875. Le tableau de saint Édouard est d'Eugène Hamel, alors que l'on doit à François Ranvoyzé l'ostensoir, le bénitier et le ciboire en argent massif. Un autre ciboire en argent est signé Laurent Amyot.

Sainte-Gertrude

Ferme du Joual Vair ⚞
3225, route 261
(819) 297-2107

Prêts pour le rodéo ? Après avoir vu le film *City Slickers* et Brad Pitt jouer les cow-boys dans *Légende d'automne*, combien d'entre vous ont pensé que ce pourrait être amusant d'essayer ça, ne serait-ce qu'une journée ? Eh bien ! ici, on s'est lancé dans le jeu des apprentis vachers pour qu'à votre tour vous preniez le taureau par les cornes ! En équipe, les cavaliers doivent conduire un troupeau d'une douzaine de vaches à l'enclos. À grand renfort de « Yé Ho » virils, bien sûr... Et en suivant des parcours balisés qui croisent ceux de l'équipe adverse. Évidemment, le bétail s'emmêle. Mais, vous l'aurez deviné, ça fait partie de l'aventure et du plaisir ! Après cela, le fameux *round up* d'automne n'aura plus de secret pour vous et, qui sait, votre exploit de cow-boy ou *cow-girl* passera peut-être dans la légende...

Saint-Pierre-les-Becquets

Église Saint-Pierre-les-Becquets ⚞
280, rue Marie-Victorin
Ouvert du lundi au mercredi de 9 h à 16 h.

Querelle de rangs. En 1724, une chapelle-presbytère est bâtie sur la seigneurie concédée à Romain Becquets. Sept ans plus tard, une autre chapelle en bois est construite et, en 1764, le presbytère laisse sa place à une église en pierre, pour satisfaire à la demande des fidèles. Mais la population a tellement augmenté que l'évêque de Québec décide d'en construire une plus spacieuse, en 1824. C'est alors qu'une querelle éclate entre les paroissiens quant au rang du lieu de prière. Certains prônent le premier, d'autres le second, tandis qu'un troisième clan défend le troisième rang, ce qui déclenche une bataille de clochers qui durera quatorze ans. Sans oublier les procès, dont le montant en frais de justice déboursé par les fidèles rivaux va correspondre au coût de l'érection de... quatre églises ! Enfin, en 1839, la messe est célébrée dans une nouvelle église de style corinthien dessinée par l'architecte Thomas Baillairgé et décorée par Raphaël Giroux. Cette église, qui fut aussi l'objet de discorde, fut à l'origine d'une nouvelle polémique en 1962. Eu égard à son passé, la Commission des monuments historiques souhaitait la classer, ce que le curé d'alors refusa.

Saint-Charles-de-Drummond

Parc des Voltigeurs 🏃
Autoroute 20, sortie 181

À l'assaut ! Créé par de Salaberry, le corps d'élite des Voltigeurs campa dans la région lorsqu'il vint combattre les troupes américaines en 1812. C'est Frederick-George Heriot qui le commandait et, en récompense de sa bravoure, cet officier fut nommé lieutenant-colonel et surintendant de la colonie en 1815. L'été de la même année, Heriot fondait Drummondville — en l'honneur du gouverneur du Canada, Lord Drummond, qui l'avait distingué — où il deviendra propriétaire de 12 000 acres de terre. Voltigeur hors pair, il développa considérablement le village et ses alentours, sans se douter qu'un jour on viendrait se baigner dans la piscine ou jouer au soccer dans le camp de son armée…

Domaine Trent 🏛 ⛲
Parc des Voltigeurs
(819) 472-3662
Ouvert toute l'année.

À la soupe ! En 1836, Georges-Norris Trent, un lieutenant de la Royal Navy, achète au député Henri Menut une terre près de la rivière Saint-François. Deux ans plus tard, il fait ériger une maison pour y vivre avec ses deux enfants, Dorothy et Henry, avant de retourner dans son Angleterre natale, où il rend l'âme. Henry, qui avait accompagné son père, revint pour tenir sa promesse à Élisa Caya : l'épouser. Les tourtereaux, qui habitèrent le manoir, n'eurent pas moins de sept filles et trois garçons, dont Frederick qui fut le dernier à occuper la demeure jusqu'au décès de sa mère en 1936.

Aujourd'hui, le Musée de la cuisine et le Centre québécois d'information sur les vins et les fromages, animé par Jules Roiseux, ont pris possession du manoir.

Ulverton

Vieux Moulin d'Ulverton 🏛 🎭
210, chemin Porter
(819) 826-3157
Ouvert de juin à octobre.

On tricote avec le passé. Au détour d'une petite route de campagne où broutent des moutons, trône fièrement ce moulin, qui a repris du poil de la bête... grâce à sa nouvelle vocation de centre d'interprétation. La rivière « noire » ou Ulverton, qui coule devant, desservait jadis une quinzaine de moulins. Celui-ci, construit en 1869, est le seul survivant du passé industriel de la région. L'eau alimentait une turbine qui activait les différents mécanismes nécessaires à la transformation de la laine brute en lainages ou couvertures. Le moulin a cessé ses activités en 1944, mais on a restauré la structure et toute la machinerie. Au rez-de-chaussée, on assiste à la démonstration des premiers métiers à tisser mécaniques, des ourdissoirs et d'une immense fileuse d'une douzaine de mètres, qui équivalait à l'époque au rendement de 186 femmes travaillant au rouet ! À l'étage, une exposition explique toutes les étapes de transformation de la laine et les techniques artisanales. Outre les cardeuses et les nombreux rouets, on découvre une tricoteuse de bas et un métier à tisser des ceintures fléchées... Une terrasse au bord de l'eau et des sentiers pédestres permettent également de profiter de la sérénité des lieux.

Kingsey Falls

Parc Marie-Victorin 🌿 ☞
385, rue Marie-Victorin
(819) 363-2528
Ouvert toute l'année.

Le Frère et le mouchoir en papier. On se rend à Kingsey Falls pour deux raisons : les fleurs et l'hygiène du papier. Explications. Au 19, rue Marie-Victorin, s'élève la maison où Conrad Kirouac vit le jour le 3 avril 1885. Au bout de cette rue, un parc de 29 acres rend hommage au célèbre botaniste religieux qui est l'un des fondateurs de l'Institut et du Jardin botanique de Montréal. En poursuivant sa route parmi les jardins thématiques, on arrive chez Cascades, l'un des plus importants fabricants de pâtes et papiers québécois. En sortant du parc, on peut s'arrêter au presbytère et à l'église Saint-Aimé, construits à l'initiative du curé Georges Caron. Pour ce faire, il imposa aux paroissiens du siècle dernier une dîme annuelle de deux dollars.

Tingwick

Pépinières Bonsaïs   ☞
27, rue Saint-Joseph
(819) 359-2563
Entrée libre toute l'année.

Arboretum minimum. En cultivant depuis 1986 des espèces naines, Daniel Charland est devenu l'un des plus importants producteurs de bonsaïs de la province, mais aussi de tout le Canada. Les serissa, buis, cryptomeria, pyrancantha, eugenia, olivier, juniperus, ficus et autres arbustes minuscules qui poussent dans ces serres sont rempotés et taillés à la main pendant deux ans. Ils seront alors prêts pour rejoindre les étals des fleuristes, les chaînes de magasins et les centres de jardinage québécois, ontariens et américains. Sur place, Daniel initie les amateurs aux techniques de base du bonsaï.

Victoriaville

Maison Sir-Wilfrid-Laurier   🏛 🏛
16, rue Laurier Ouest

Hôtel des Postes
949, boulevard des Bois-Francs Sud
(819) 357-8655
Ouvert toute l'année.

In memoria. Élu député libéral de Drummond-Arthabaska en 1871, Wilfrid Laurier décide de se faire construire en 1876 une maison en briques de quelque 32 pieds sur 36, qu'il meuble dans le style victorien. Vendue par sa nièce Pauline, cette demeure devient propriété du gouvernement du Québec en 1929. Avec toutefois une exigence : qu'elle soit transformée en musée à la mémoire de Sir Wilfrid Laurier, décédé à Ottawa en 1919. À cet effet, on démolit la cuisine en 1934 pour installer toutes les archives et les objets personnels du premier Canadien français à devenir premier ministre du Canada. Par ailleurs, le musée a acquis la poste d'Arthabaska ouverte en 1910 et qui avait fermé ses guichets en 1967. Les collections familiales, dont un portrait de Laurier par Suzor-Côté, un buste sculpté par Alfred Laliberté et un piano Kranik et Bach de 1885 offert par Wilfrid à Zoé Lafontaine, son épouse, sont réparties depuis entre les deux bâtiments. Diverses expositions sont également programmées.

Église Saint-Christophe 🏛

40, rue Laurier Ouest
(819) 357-2376
Tous les jours de 9 heures à 17 heures.

Saint d'un bloc. Édifiée par l'architecte J. F. Peachy en 1873, cette église de style néoroman offre dans sa voûte des fresques peintes par Joseph-Thomas Rousseau. Or, cet artiste de Saint-Hyacinthe eut un assistant qui deviendra célèbre : Suzor-Côté, jeune homme à l'époque. Le saint Christophe près de l'autel a été sculpté par des élèves de Louis-Philippe Liébert (1850-1917) dans un seul bloc de bois.

Centre de création théâtrale le Parminou ☞

150, boulevard des Bois-Francs Nord
(819) 758-0577
Visite payante sur réservation.

L'envers du décor. Quand le rideau se lève sur ce « théâtre », c'est pour dévoiler ses coulisses et non la scène. Parce qu'ici, les acteurs répètent des pièces, mais ne les jouent pas devant un public en tenue de soirée. Outre d'une salle de répétition, ce centre dispose d'ateliers de scénographie, de fabrication de décors, de costumes, et de production de spectacles. Si chaque acte de la création théâtrale est accompagné d'une explication, il en est de même pour l'architecture solaire du bâtiment ultra-moderne conçu spécialement par l'architecte Christian Ouellet.

Maison natale de Marc-Aurèle de Foy Suzor-Côté 🏛

846, boulevard des Bois-Francs Sud

L'ami de Wilfrid. Cette maison privée, que l'on ne peut voir que de l'extérieur, est l'une des premières de la ville construite en briques. Elle date de 1851. C'est là que naquit en 1869 le grand peintre et sculpteur Marc-Aurèle de Foy Suzor-Côté qui, mort en Floride le 29 janvier 1937, est enterré dans le cimetière d'Arthabaska. Ami de Wilfrid Laurier, il est honoré au musée Laurier et à celui du Bronze d'Inverness. À voir aussi, les 14 fresques dont il a orné l'église Sainte-Anne-de-Sorel.

Parc du mont Saint-Michel 🚶

100, rue du mont Saint-Michel
(819) 357-3111
Ouvert toute l'année.

Théâtre d'été. Depuis des décennies, le mont Saint-Michel fait partie des lieux de promenades dominicales des Sylvifrancs pour la vue qu'il offre sur les Appalaches gaspésiennes et américaines. À 25 kilomètres à la ronde, son sommet se repère aisément depuis qu'une croix de 24 mètres de haut y a été érigée en 1928. Si on continue à pique-niquer en famille ou à observer les oiseaux, on assiste aussi depuis l'été 1996 à des soirées théâtrales dans le nouveau centre récréo-touristique qui vient d'ouvrir ses portes.

Norbertville

Moulin La Pierre 🖙 🏛

99, chemin Laurier
(819) 369-9639
Ouvert de mi-juin à la fête du Travail.

Le moulin de la galette. Construit en 1845 sur la rivière Gosselin pour moudre la farine, scier le bardeau de cèdre et carder la laine, ce moulin à eau de trois étages a appartenu à la famille Lapierre, de 1909 à 1996. Danièle Huberdeau et René Simard, qui viennent de le reprendre, poursuivent les activités de leurs prédécesseurs, sous le même nom. Danièle prépare donc des galettes de sarrasin qu'on déguste avec du beurre, de la mélasse ou du sirop d'érable, tandis que René se transforme en meunier. Comme il y a 150 ans, blé, maïs, sarrasin et seigle passent sous d'antiques meules de pierre, puis la farine fraîchement moulue est vendue sur place ou à des boulangers. Le site, qui avait subi les flammes d'un incendie en 1974, a été reconstitué par Ronald Lapierre, mais le mobilier date du siècle dernier.

Village miniature 🏛
101, route 263 Sud
(819) 369-9622
Ouvert de mai à octobre.

Maisons de retraite. Alors qu'ils fêtaient leurs 60 ans, Émile Therrien et son épouse Marie-Jeanne Marcoux vendirent leur ferme qu'ils exploitaient depuis 32 ans. Mais que faire alors pour rester encore très actifs ? Construire des maisons se dit Émile, serait un passe-temps amusant. Mais pas des grandes maisons habitables, non, des miniatures en bois ou en tôle, que peindrait Marie-Jeanne. C'est ainsi que pour meubler leur retraite et leur jardin, le couple a reconstitué un village québécois comprenant une quarantaine de bâtiments éclairés. Ils ont aussi aménagé une aire de pique-nique. C'est assez folklorique.

Notre-Dame-de-Ham

Corporation de gestion des rivières des Bois-Francs 🚶
30, rue Principale
(819) 344-5844

L'omble et la mouche. Il était une fois un parcours de huit kilomètres aménagé sur la rivière Nicolet pour taquiner la truite brune et la mouchetée, connue sous le nom d'omble de fontaine. Ces deux espèces sont régulièrement ensemencées dans ce cours d'eau de 41 fosses, où l'on pratique aussi le lancer léger. En remontant le courant depuis Notre-Dame-de-Ham, les « moucheurs » et les lanceurs se font les jambes sur 4,5 km jusqu'à Ham-Nord, tandis que la mouche a l'exclusivité du sens du courant sur 3,5 km entre Notre-Dame et les abords du 11e rang de Saint-Rémi-de-Tingwick. Pour les connaisseurs, il s'agit d'une zone 07.

Princeville

Club de golf Laurier 🚶
651, 12e rang Ouest
(819) 364-7069

Des ronds dans l'eau, des trous dans le bois. Depuis le 15 juin 1996, les golfeurs princiliens ou de passage se réjouissent. Deux ans auparavant, ils avaient eu droit à un neuf trous pas triste. C'était du genre survol de plan d'eau et « trou-d'un-coup » sur… une presqu'île ! Autre particularité : le terrain de pratique au bord du lac pour frapper des balles flottantes. Mais la nouveauté, c'est l'agrandissement du parcours à dix-huit trous. De nouveaux venus s'ajoutent au circuit d'origine et, dans le tracé modifié, des *dogs legs* à pas piquer des vers attendent les joueurs dans une forêt centenaire. Faut le fer !

Plessisville

Musée de l'érable 🏛
1280, avenue Trudelle
(819) 362-9292 ou 1 800 ERABLE0
Entrée libre.

L'érable-roi. Dans le parc de la rivière Bourbon, qu'enjambe une passerelle créée par le sculpteur Armand Vaillancourt, l'érable est roi. Outre les différentes espèces qui ombragent l'espace vert, on le découvre aussi dans le Musée et l'Institut québécois qui portent son nom. N'oublions pas que Plessisville est considérée depuis des lustres comme la capitale mondiale de l'érable et que l'acériculture y est célébrée par un festival printanier depuis 1957.

Plaque commémorative 🏛

En fanfare. À l'angle des rues Saint-Calixte et Saint-Édouard, un singulier monument vous guette. En lisant l'épigraphe, on apprend qu'il est dédié à Jean-Baptiste Vallée, fondateur de la... fanfare de Plessisville ! C'est sûrement la seule stèle du genre au Québec et peut-être même au monde. La fanfare en question vit le jour vers 1850 à l'initiative du notaire Olivier Cormier, lui-même clarinettiste. Jean-Baptiste Vallée, violoniste du groupe, en fut le directeur jusqu'en 1922. Son fils Jean, puis son petit-fils Jean-Louis, lui succédèrent dans cette fonction.

Inverness

Musée du Bronze 🏛
1760, rue Dublin
(418) 453-2101
Ouvert d'avril à fin décembre ; sur rendez-vous le reste de l'année.

Montrez patte blanche. Dans l'ancien palais déserté par la justice, on se gante de blanc pour toucher les bronzes d'artistes québécois de renom, tels Louis-Philippe Hébert, Marc-Aurèle de Foy Suzor-Côté, Alfred Laliberté ou Armand Vaillancourt. Une rareté qui mérite d'être signalée, car dans les autres musées, c'est plutôt bas les pattes ! Toutes les techniques des fondeurs sont expliquées et on assiste parfois à l'élaboration d'une pièce de joaillerie bronzée. Précisons qu'Inverness s'est spécialisée dans la fonderie d'art à la fin des années 80 pour répondre à la demande des créateurs québécois qui devaient se rendre en Ontario ou aux États-Unis pour produire leur travail. C'est ainsi qu'est née la Fonderie d'art d'Inverness, où fut coulée, en 1988, la statue *Debout* qui rend hommage à Félix Leclerc. Ce bronze du sculpteur Roger Langevin est installé dans le parc Lafontaine, à Montréal, depuis le printemps 1990.

Les Appalaches dans la chaudière

❧

De Leclercville, peuplée d'Acadiens chassés par le Grand Dérangement, à Saint-Roch-des-Aulnaies, la Beauce s'est offert une façade seigneuriale dès 1630. C'est en effet à cette date que sont concédés les premiers rangs de cette partie de la rive sud du Saint-Laurent, connue aussi sous le nom régional de Chaudière-Appalaches. Il est vrai qu'une rivière tumultueuse, la Chaudière, et de vieilles montagnes érodées, les Appalaches, justifient cette appellation. Néanmoins, cette terminologie officielle rend mal justice au pays de l'oie blanche et de l'érable.

Sa côte qui longe le Saint-Laurent s'agrémente d'un circuit patrimonial assez pittoresque. Des exemples ? Examinez la grange octogonale à Saint-Antoine-de-Tilly, visitez l'église moderne de Saint-Nicolas qui ressemble à un vaisseau de prières ou celle de Saint-Michel-de-Bellechasse, plus ancienne, ornée de fleurs de lis et de feuilles d'érable, arrêtez-vous à la chapelle des marins à Berthier-sur-Mer dédiée depuis 1835 aux naufragés.

Dans les terres, le paysage est différent en raison de sa géomorphologie, d'une part, et, d'autre part, de ses habitants qui l'ont modelé. Après leur quarantaine à l'île aux Grues, les immigrants s'enfoncèrent dans l'arrière-pays qui, au siècle dernier, était l'Eldorado canadien. Aux côtés des entreprenants Beaucerons francophones qui forgèrent des entreprises en bordure de la Chaudière, les Écossais et les Irlandais se démarquèrent dans les territoires miniers et les forêts à défricher. Mais à mesure qu'on se rapproche des cantons de l'Est, leur influence est de plus en plus sensible.

Les seigneuries littorales

❧

Sainte-Croix

Domaine Joly De Lotbinière 🎋 🏮
Route Pointe-Platon
(418) 926-2462
Ouvert de mai à octobre.

Romantique. Peu nous importe que Julie-Christine Chartier de Lotbinière ait été heureuse de son mariage avec Pierre-Gustave Joly, marchand bien nanti rencontré à Montréal en 1828. Ce qui compte pour nous, c'est la résidence d'été qu'il fit construire en 1840 près des terres seigneuriales de son épouse. En effet, leur manoir impose par son architecture et par son parc qu'Henri-Gustave, le fils du couple, aménagea en 1851. Les parterres plantés de fleurs sauvages et de cultivars, les essences d'arbres rares, comme le noyer noir, et les oiseaux qui nichent près de l'étang aux Castors ont fait de ce jardin romantique un des plus beaux espaces verts de la région.

Charny

Chutes de la Chaudière 🎋
Autoroute 73, sortie 130
Entrée libre toute l'année.

Bouillons de chaudière. Depuis l'autoroute 20 en venant de Montréal, impossible de manquer l'*asticou* sur la droite. Ce nom a été donné par les Abénakis à la chaudière qui recueille les eaux de la rivière tombant de 35 mètres de haut sur une largeur de 121 mètres. Depuis une passerelle longue de 113 mètres, la vue est belle et le bruit assourdissant lorsqu'à la fonte des neiges, le cours qui a pris naissance dans le lac Mégantic vient rejoindre plus bas le Saint-Laurent avec fracas. Ça bouillonne comme dans une chaudière.

Lévis

Maison Alphonse-Desjardins 🏛

6, rue du Mont-Marie
1 800 463-4810, poste 2090
Entrée libre toute l'année.

Cuisine bancaire. C'est un peu normal que ce soit le Mouvement Desjardins qui ait restauré la maison de son fondateur, puisque c'est dans sa cuisine qu'était ouverte, en 1901, la première coopérative d'épargne et de crédit d'Amérique du Nord. Créateur de nos caisses populaires, Alphonse Desjardins s'était fait bâtir cette résidence en 1882, dans laquelle il demeura près de 40 ans avec son épouse, Dorimène. Celle-ci eut une grande influence sur la carrière de son mari, comme on a pu le constater dans une récente série télévisée et, bien sûr, dans cette maison blanche de style néogothique où l'on évoque la vie des Desjardins.

Beaumont

Église Saint-Étienne 🏛

Chemin du Domaine
(418) 837-6924

Wolfe et Louis XV. Construite entre 1726 et 1733, l'église de la seigneurie des Couillard doit sa célébrité aux Anglais. En juin 1759, elle sert de quartier général à la flotte du général Monckton qui, après la bataille des Plaines d'Abraham, fait placarder la proclamation de la victoire de Wolfe à la porte de l'église. Mais les Beaumontois ne l'entendent pas de cette oreille et arrachent la déclaration. En guise de représailles, Wolfe ordonne de brûler l'église. Mais seule la porte sera calcinée. À l'intérieur, son ornement en bois sculpté par Étienne Bercier, de l'atelier Louis-Amable Quévillon, est magnifique. Exécuté de 1809 à 1811, le chœur est orné de boiseries style Louis XV et il est surmonté de *La mort de saint Étienne*, peint par Antoine Plamondon. Quant à l'argenterie religieuse, elle est signée par les orfèvres Laurent Amyot et François Sasseville. Le presbytère attenant date de 1855 et remplace celui de 1722 qui, après de nombreuses transformations, est devenu la bibliothèque municipale Luc-Lacourcière.

Moulin de Beaumont ☺

2, route du Fleuve
(418) 833-1867
Ouvert de mi-mai à fin octobre.

Moulins et générations. À l'origine, ce moulin seigneurial a été érigé en 1821 au sommet de la
« chute à Maillou » pour carder la laine. À partir de
1850, on y ajoute une scierie et des meules pour
moudre le blé. Si l'on y produit toujours de la farine, c'est grâce à Arthur Labrie. En 1967, ce médecin entreprit de restaurer l'édifice de trois étages,
avec grenier et toit à la Mansart, et de réactiver le
moulin. C'est également au docteur Labrie et à son
neveu, Normand, qu'on doit le pont couvert des
Générations sur le ruisseau Maillou. Les descendants
de Pierre Nault dit Labrie — qui vint s'établir à l'île
d'Orléans en 1692 — ont inauguré ce pont en 1994
pour rendre hommage à leur ancêtre. Derrière ce
moulin, un escalier mène aux battures et aux ruines du moulin Péan, construit vers 1744 et qui fut
actif jusqu'en 1888. Signalons que cette municipalité offre un intéressant circuit patrimonial et qu'elle
envisage de reconstruire le moulin de Vincennes,
érigé en 1733 sur le cap Saint-Claude et incendié
en 1949.

Montmagny

Centre éducatif des Migrations 🏛

53, rue du Bassin Nord
(418) 248-4565
Ouvert de mai à novembre.

Il était une oie. Ici, on s'intéresse à la migration
sous toutes ses formes. Tout d'abord à celles des
oies, qui envahissent les berges de Montmagny à
l'automne. Une exposition composée de répliques,
objets, tableaux et plumes, explique en détails la
physiologie de leurs ailes, leurs comportements en
vol et leurs mœurs en général. Mais ce qui fait l'originalité de ce centre éducatif, ce sont ses nombreux
parallèles entre la migration faunique et la migration humaine. La Grosse-Île, située au large du Centre, fut le refuge — et l'arrêt forcé — de nombreux
immigrants mis en quarantaine. Un spectacle

multimédia très dynamique retrace les principaux chapitres de son histoire. À deux pas du Centre des Migrations, il ne faut pas manquer de s'arrêter à la maison d'Anselme Lachance au 20 de la rue du Bassin Nord (un des nombreux frères de cette famille qui organise des excursions dans les îles). Sa spécialité ? L'esturgeon fumé. Un pur délice !

Manoir de l'accordéon 🏛 🏛

301, boulevard Taché Est
(418) 248-7927
Ouvert toute l'année.

Tango. Sur les ruines de son ancienne maison seigneuriale, la famille Couillard de l'Espinay fait construire ce manoir en 1812. Ses trois niveaux, ornés de deux galeries couvertes d'un toit en bardeaux, accueillent aujourd'hui le musée « du piano à bretelles », qui connut son heure de gloire au Québec entre 1930 et 1960. On apprend qu'ici se jouait surtout de l'accordéon diatonique, tandis que le chromatique animait les bals-musettes français. On constatera que ça continue toujours, même si l'accordéon électronique a fait son apparition dans les années 60. Quant à l'Allemand Heinrich Band, il fait toujours danser le tango aux Argentins avec son bandonéon qu'il inventa à la fin du siècle dernier.

Archipel de l'Isle-aux-Grues   🦅 🏛

1 800 463-5643

Lieux historiques. Des 21 îles de l'archipel, Grosse-Île est sans doute la plus célèbre. À partir de 1830, elle servit de lieu de quarantaine aux immigrants, et plusieurs milliers d'entre eux, notamment des Irlandais, ne connaîtront de leur pays d'accueil que le cimetière de cette île où ils reposent. Quand, en 1937, les installations sanitaires de l'île de la Quarantaine ferment leurs portes, les Canadiens et les Américains entreprirent des recherches, en particulier sur les armes bactériologiques, qui se poursuivirent jusqu'en 1947. Même si les troupes de Wolfe la ravagèrent, l'Île-aux-Grues, toujours habitée depuis 1679, présente un passé moins dramatique. Plusieurs sociétés offrent des services de navette, des vols d'avion et organisent des excursions dans l'archipel, à partir de Berthier-sur-Mer et de Montmagny.

L'Islet-sur-Mer

Musée maritime Bernier   🏛
53, rue des Pionniers Est
(418) 247-5001
Ouvert toute l'année.

Bien, mon capitaine. En 1979, la garde côtière canadienne fit don de son brise-glace *Ernest-Lapointe* à ce musée, qui le présente à quai. À côté, on peut voir l'hydroglisseur *Bras d'or 400*, un navire expérimental que la Défense nationale utilisa de 1968 à 1972. Mais ce n'est pas tout. Dans le bâtiment ancré sur la terre ferme, des objets de navigation, des instruments scientifiques et des maquettes anciennes racontent l'époque des traversées périlleuses, la vie des marins et du capitaine Joseph-Élzéar Bernier, né à Berthier en 1852. Si on a surnommé la ville « la patrie des marins », c'est à cause de ce navigateur qui, en 1909, prit possession de toutes les îles arctiques au nom du Canada. Il fut le plus jeune capitaine (dix-sept ans) à naviguer et traversa 267 fois l'Atlantique. En plus de tout cela, on retrace aussi le naufrage de l'*Empress of Ireland,* survenu au large de Sainte-Luce en 1914.

Saint-Jean-Port-Joli

Les bateaux Leclerc   ☞
307, avenue de Gaspé Ouest
(418) 598-3273
Ouvert toute l'année.

Générations maquettes. Pendant que Ménard Bourgault s'adonnait à la sculpture sur bois, qui fera la réputation de la ville, Eugène Leclerc fabriquait la nuit des maquettes des bateaux qu'il voyait passer devant le phare dont il avait la garde. Le point commun de ces deux hommes, nés au siècle dernier, est que leurs descendants perpétueront leur art respectif. C'est aujourd'hui Manon Leclerc qui s'occupe de l'économusée des bateaux miniatures, où l'on produit toujours des maquettes pour des musées américains et canadiens. On y voit aussi des répliques de voiliers appartenant à des célébrités. Le président Roosevelt était un bon client d'Eugène et son fils, Honoré, offrit à Richard Nixon un petit *U.S.S. Constitution.*

Atelier d'art Myriam ☞
233, avenue de Gaspé Ouest
(418) 598-3219
Ouvert toute l'année.

La Madone des violons. Spécialisé dans la sculpture d'art religieux, André Pelletier cultive une passion pour les violons. Cela fait près de 25 ans qu'il coiffe sa casquette de luthier amateur et consacre quelque 250 heures de ses loisirs à chaque modèle qui égrènera des sanglots longs sous l'archet. À ce jour, il a produit plus de 50 violons, mais conserve les plus beaux pour sa collection. Ce qui ne l'empêche pas d'en exposer dans cet atelier où, entre deux coups de gouge à une future madone, il évoque son violon d'Ingres. Ce sont ces instruments qui meubleront sa retraite active. Prions saint Grégoire et sainte Cécile, les patrons des luthiers, pour qu'elle soit longue !

Église Saint-Jean-Baptiste ♨
Place de l'église

Crèche. L'une des meilleures manières d'apprécier le travail de Ménard Bourgault est de se rendre à l'église, construite en 1781 puis agrandie en 1815, parce qu'on peut y voir certaines de ses sculptures. Jean Baillairgé et son fils Thomas ont participé à la décoration de l'édifice, mais la crèche installée dans la sacristie en 1987 est l'élément le plus remarquable. Elle est l'œuvre de dix-sept artistes de la région qui ont sculpté dans du tilleul massif les 22 personnages de la Nativité.

Saint-Roch-des-Aulnaies

Seigneurie des Aulnaies 🏛 🏛
525, rue de la Seigneurie
(418) 354-2800
Ouvert de mi-juin à l'Action de grâces.

Le Seigneur et son pain. Dans le charmant village de Saint-Roch-des-Aulnaies, La Seigneurie est un arrêt qui s'impose et qu'on ne regrette pas. Le beau manoir de style victorien (1853) est encadré par de vastes galeries ornées de dentelle. On en a fait un centre d'interprétation du régime seigneurial, officiellement aboli au Québec en 1854. Des personnes en costumes d'époque vous invitent à le visiter, et vous expliquent le mode de vie du XIXe siècle. Ensuite, on se dirige vers le vieux moulin de pierres, où tourne une roue à godets, la plus grande du Québec. D'ailleurs, tout ça donne bien envie de se procurer du pain, des biscuits à la mélasse et autres produits très appétissants fabriqués sur place. On peut les déguster sur la terrasse au bord de la rivière ou dans les jardins, à l'ombre des arbres centenaires.

La Beauce

ॐ

Sainte-Marie

Maison J.A. Vachon ☞
383, rue de la Coopérative
(418) 387-4052
Ouvert d'avril à octobre.

Croquignoles. Les Beaucerons ont la réputation d'être de grands travailleurs. Joseph-Arcade Vachon et son épouse, Rose-Anna, en sont probablement l'un des meilleurs exemples. Fermier devenu boulanger, ce couple va créer avec ses enfants la première pâtisserie industrielle du Québec au début des années 30. Dans la maison familiale, où Rose-Anna confectionnait des croquignoles, son livre de recettes est toujours là. Mais on n'y trouve pas les ingrédients des Jos Louis et May West qu'on prépare aujourd'hui dans l'usine du groupe Culinar, qui a acheté la pâtisserie Vachon et produit quotidiennement un million sept cent mille petits gâteaux.

Frampton

Église Christ Church of Springbrook
Route 216

Une communauté tissée serrée. Pendant la première moitié du XIXe siècle, les Irlandais qui s'établissent à Québec et dans les environs sont pour la plupart catholiques. Cependant, des protestants ont aussi émigré et un noyau d'entre eux viendront défricher le nouveau canton de Frampton, où coule la rivière Etchemin. La majorité de ces pionniers reposent aujourd'hui dans le cimetière qui sert d'écrin à la petite église Christ Church of Springbrook. Les quelque 88 stèles encore debout font toutes face à l'est (et on ne sait pas pourquoi). Y apparaissent les noms des familles souches, dont les derniers descendants sont décédés dans les années 1950. L'église, consacrée en 1844, s'inscrit dans le courant néogothique de l'époque, mais se démarque par l'utilisation de deux matériaux : la pierre, pour le corps du bâtiment, et le bois, pour la tour-clocher en façade. Elle a fait l'objet d'importantes modifications au tournant du siècle, mais les derniers travaux de 1985 ont rétabli la forme originelle de son toit à trois versants. Située en retrait de la route, on la découvre au bout d'un sentier boisé, sur un promontoire naturel. À son apogée, vers 1900, l'îlot paroissial comprenait également la maison du pasteur et une école, entourées par les terres de ces familles anglicanes.

Thetford Mines

Musée minéralogique et minier 🏛 ☞
671, boulevard Smith Sud
(418) 335-2123
Ouvert toute l'année.

Circuit complet. Voir des roches dans des vitrines, avec explications de leurs caractéristiques propres à l'appui, est une chose. Descendre dans des mines en est une autre. Ce qui veut dire que le musée doit être considéré avant tout comme une étape au cœur du pays de l'amiante, dont la visite ne saurait être complète sans une escale à Black Lake et un trajet sur un site d'extraction. C'est en 1876 qu'on découvre que le sol de la région est jonché de pierres qui se décomposent en fibres. Celles-ci offrent d'excellentes propriétés d'isolation et de résistance à la chaleur qui vont, entre autres, intéresser les secteurs de la construction et de l'industrie des biens de consommation. Malgré les dangers que présente ce minerai lorsqu'il est transformé, on continue d'exploiter ces gisements à ciel ouvert et dans des galeries souterraines, car on n'a encore rien trouvé pour le remplacer qui soit sans risque pour la santé et économiquement rentable. Très impressionnant : la taille des engins qui extraient et transportent le minerai.

Notre-Dame-des-Pins

Pont Perreault œ
1ʳᵉ Avenue

Numéro 1. Si, dans un quelconque *quiz,* on vous demande quel est le plus long pont couvert du Québec, eh bien, c'est celui-là ! En 1927, on en avait construit un à cet endroit, mais les glaces eurent raison de lui, l'année suivante. Alors, rebelote en 1929. De type Town à quatre travées, ses 154,5 mètres de longueur prennent appui sur trois piliers assis dans la rivière Chaudière. Jusqu'en 1969, il resta ouvert à la circulation automobile, mais seuls les piétons, cyclistes et motoneigistes ont aujourd'hui le droit de passer. Question subsidiaire : à quel rang se classe-t-il à l'échelle canadienne ? Réponse : au deuxième.

Saint-Georges-de-Beauce

Église Saint-Georges   ⛪
Angle 1ʳᵉ Avenue et 18ᵉ Rue
(418) 228-2558

L'original et sa copie. Sur le parvis de l'église, réalisée par l'architecte David Ouellet, l'or de *saint Georges terrassant le dragon* attire l'œil. Et le trompe, parce que c'est de la peinture qui recouvre cette copie de la statue. Un peu comme le *David* de Michel-Ange à Florence, l'original est à l'abri, tandis qu'à l'extérieur on expose des imitations. À la fin des années 80, la sculpture en bois recouverte de feuilles d'or, qu'avait exécutée Louis Jobin en 1912, était en mauvais état. Pour 60 000 $ environ, on l'a réparée et on en a fait une copie pour ne pas dépouiller le perron, car pas question de laisser sortir le vrai *saint Georges*. On peut le voir reposer en paix au centre culturel Marie-Fitzback.

Saint-Philémon

Musée de l'or   👥
149, route du Massif du Sud
(418) 469-2900
Ouvert toute l'année.

Ça pépite. Ce n'est pas en se ruant vers l'Ouest que les pionniers ont découvert de l'or. Pour les chercheurs, l'Est était le bon filon. Et même le Sud, avec le massif du même nom dans le haut du comté de Bellechasse. Au début du siècle, des prospecteurs avaient trouvé (petite) fortune dans le coin et, du côté de Saint-Magloire, une compagnie minière exploitait le métal jaune. Pour Raymonde et Guy Garant, l'aventure commence au début des années 90 lorsqu'ils construisent un ranch près de trois ruisseaux. En tamisant le sable noir des cours d'eau, ça « pépite » et ils décident d'en faire profiter les vacanciers. Le musée, la mine et la prospection sont les activités de base des différents programmes qu'ils proposent.

Le fleuve vers le bas

❧

En route vers la Gaspésie, l'automobiliste néglige encore trop souvent le Bas-Saint-Laurent. Pour couper son voyage, il s'arrête tout au plus dans une auberge, sans prendre le temps de respirer l'air marin, ni de pousser une petite pointe dans les terres. Dommage pour lui. Parce que cette région du bas du fleuve, c'est déjà la mer et non un de ses avant-postes.

Dès qu'on pénètre dans le pays de Kamouraska, on a l'impression que l'eau salée qui baigne la côte, inondant puis découvrant les battures au rythme des marées, est chargée d'histoire. Les Micmacs et Malécites fréquentaient le littoral avant que les Vikings l'abordent, puis que les Basques viennent y chasser la baleine. Plus tard, quand les rangs seront investis, on verra la bourgeoisie canadienne et américaine élire domicile le long du fleuve. Notre-Dame-du-Portage et Cacouna surtout deviennent des lieux de villégiature très prisés, comme en témoignent les superbes demeures toujours fréquentées. L'air du large remplissait les poumons, on se baignait sans craindre la pollution et la pêche à fascines nourrissait son monde.

Si le passé continue d'irriguer la plaine fluviale, le présent marque aussi le paysage jusqu'à la frontière avec le Maine et le Nouveau-Brunswick. Au riche patrimoine historique et architectural, qui mérite plus qu'un simple détour sur les traces de nos ancêtres, s'ajoutent des loisirs sympathiques. À longueur d'année, les Baslaurentiens mettent en effet à portée de tous les explorateurs des temps modernes des activités à caractère écologique, scientifique, artistique, culturel et sportif.

La Pocatière

Institut de technologie agroalimentaire ✷
401, rue Poiré
(418) 856-1110
Gratuit sur réservation.

Recherche alimentaire. On doit prendre rendez-vous pour visiter en semaine la ferme-école, le centre équestre où l'on entraîne des chevaux de course, les laboratoires et le jardin horticole à vocation pédagogique. Cette institution, créée en 1859 par l'abbé François Pilote et qui fut la première école d'agriculture fondée au Canada, perpétue sa mission éducative en dispensant un enseignement de niveau collégial et en effectuant des recherches en bio-alimentation.

Musée François-Pilote 🏛
100, 4ᵉ Avenue
(418) 856-3145
Ouvert toute l'année.

Il y avait un pilote pour l'école. Sur quatre étages désaffectés du couvent des sœurs de la Sainte-Famille, on a reconstitué la vie rurale telle qu'elle se déroulait il y a une centaine d'années. On rend bien sûr hommage à François Pilote, le père de l'école agricole, ce qui n'empêche pas d'aborder les sciences naturelles ni les us et costumes endossés autrefois.

Saint-Pacôme

La Framboisière des 3 ☞
17, rue du Domaine
(418) 852-2159
Ouvert toute l'année.

Ça se laisse boire. Avec des framboises cultivées sur deux hectares et demi, on peut faire autre chose que des confitures. Du vin par exemple, qui, bien frappé, descend facilement dans le gosier à l'heure de l'apéritif. Outre « Le Pacômois », comme il se nomme, Véronique Gagné-Ouellet fabrique aussi « Le Pier O », qui allie la framboise et le bleuet. Cette boisson a ainsi été nommée en l'honneur de Pierre, l'époux de Véronique, décédé.

Saint-Denis-de-Kamouraska

Maison Chapais 🏛 🏛
2, route 132 Est
(418) 498-2353
Ouvert de la Saint-Jean-Baptiste à la fête du Travail.

Toiture ministérielle. Appartenant aujourd'hui au Musée de la civilisation de Québec, cette maison fut construite pour Jean-Charles Chapais, un des pères de la Confédération, en 1833-1834. Avec sa façade de treize mètres et ses dix mètres de profondeur, elle avait vocation de magasin général au rez-de-chaussée et de résidence en étages. Un mur de pierres, qui prolongeait les fondations, s'élevait jusqu'au premier pour laisser place au bois, omniprésent dans la décoration intérieure et sur le toit Regency, à deux versants aux larmiers incurvés, fait de bardeaux. Quand Chapais devient ministre des Travaux publics en 1866, il fait embellir sa demeure. S'ajoutent alors une galerie, des escaliers tournants et des lucarnes pour éclairer les combles dans le toit qu'on élargit. Cette toiture Regency prendra le nom de toit Kamouraska vers les années 1970, en raison des nombreux exemplaires qu'on retrouve dans la région et que le public découvrira dans des films et des séries télévisées. Signalons que l'église de style gothique, œuvre de l'architecte David Ouellet, qui jouxte la maison Chapais est la seule du pays à tourner le dos au fleuve.

Centre d'interprétation de l'aboiteau de la seigneurie de Kamouraska 🕊
60, route 132 Est
(418) 498-5410
Ouvert de la Saint-Jean-Baptiste à la fête du Travail ; sur rendez-vous hors saison.

Barrage littoral. En juillet 1764, le chemin du Roy fut rendu impraticable. À hauteur de la seigneurie de Sainte-Anne-de-la-Pocatière, le fleuve l'avait noyé, car il n'existait pas de digues pour empêcher l'eau salée de submerger le rivage. Des langues de terre, appelées aboiteaux, ont été érigées à la fin du siècle dernier pour faire barrage aux marées et protéger les champs. Dans l'Anse de Kamouraska, ce centre interprète ces constructions uniques, ainsi que la flore et la faune, dominée par la sauvagine, qui s'étendent le long du littoral.

Kamouraska

Site d'interprétation de l'anguille ☞
205, avenue Morel
(418) 492-3935

Gertrude fascine. Gertrude Madore est une légende vivante. Depuis 1976, cette pêcheuse professionnelle chevauche son tracteur pour poser ses fascines et traquer l'anguille. Ce sont les Amérindiens qui apprirent aux Blancs à confectionner des fascines, en plantant près du rivage des piquets de bois en zigzag reliés par des branches d'épinette. De mi-septembre à fin octobre, Gertrude perpétue la tradition et, sur réservation, on pêche l'anguille avec elle.

Ancien Palais de justice ⚖ 🏛
111, avenue Morel
(418) 492-9458
Ouvert de juin à septembre.

Forteresse. Outre les diverses expositions présentées dans ce centre d'art et d'histoire, c'est l'architecture éclectique du bâtiment qui attire le visiteur. Il suffit de jeter un œil à sa toiture pour s'en convaincre. Le style Second Empire émerge du toit à la Mansart. Mais les tourelles crénelées et les poivrières d'angle donnent plutôt dans le genre médiéval et le style château qu'on retrouve dans les édifices bâtis par la compagnie de chemin de fer Canadien Pacifique, à Québec et à Montréal. Il faut dire que ce palais de justice aux allures de forteresse qui rendit verdict jusqu'en 1913, date de 1889.

Boulangerie Niemand ☞ ♨
82, avenue Morel
(418) 492-1236

Maison victorienne et pains allemands. Depuis trois générations, les Niemand fabriquaient du pain au levain intégral en Allemagne jusqu'à ce que Jochen traverse l'Atlantique pour faire découvrir ses spécialités européennes aux Kamouraskois. Les pains goûteux que Jochen façonne à la main sont faits de farine de blé entier qu'il moud lui-même avec une ancienne meule de pierre. Sa boulangerie, qu'il tient avec Denise Pelletier, est située dans la maison Pelletier, dont la galerie à balustrade et le toit en tôle de style victorien datent de 1900 environ.

Domaine seigneurial Taché ♨
4, avenue Morel
(418) 492-3768
Ouvert de juin à septembre.

Décors de tournage. Concédée par le gouverneur Frontenac à Olivier Morel de La Durantaye le 15 juillet 1674, la seigneurie de Kamouraska passe en 1790 aux mains du député du comté de Cornwallis, Pascal-Jacques Taché. Le manoir seigneurial qu'il fait construire est ravagé par un incendie en 1886 et la demeure à trois corps est reconstruite sur ses fondations en pierres des champs par l'architecte David Ouellet. Ce domaine, magnifiquement situé et qui se visite, est transformé en auberge. Il fut l'un des sites de tournage du téléroman *Cormoran*. Il en est de même du moulin à farine Paradis, situé au 154 chemin du Moulin, et dont la construction remonte à 1804. Dans la catégorie cinéma et vieilles demeures, on verra la maison Langlais, au 376, rang au Cap. Construite en pierre avec quatre cheminées, cette jolie maison vit Geneviève Bujold incarner Joséphine-Éléonore d'Estimauville, l'épouse de Louis-Pascal Achille Taché assassiné par le docteur Georges Holmes, dans le *Kamouraska* de Claude Jutras.

Saint-André-de-Kamouraska

Halte écologique des battures   ⫟

Route 132 Ouest
(418) 493-2604/492-6408
Ouvert de la Saint-Jean-Baptiste à la fête du Travail ; sur rendez-vous hors saison.

Ciel, terre et bélugas. Sur les battures, ces rivages que le fleuve laisse à découvert en se retirant, le foin de mer abonde et les premiers colons y faisaient paître leurs vaches. Aujourd'hui, sur cinq kilomètres de sentiers, on s'intéresse à la flore de ce marais battu par la marée, au faucon pèlerin et aux bélugas qui évoluent dans les îles de Kamouraska et des Pèlerins. On peut explorer ces cinq îlots en bateau, sans toutefois y débarquer, pour ne pas déranger ses phoques ni ses oiseaux nicheurs.

Église   🏛

128, rue Principale
(418) 493-2152
Ouvert du 1er juin au 1er octobre.

Vieille et belle. C'est en 1806 qu'a été édifiée cette église, la plus vieille du Bas-Saint-Laurent. Elle est en pierres des champs et le mortier original de ses murs est toujours apparent. L'intérieur est impressionnant par son décor. Le curé de la paroisse commanda au peintre Hubert Triaud un *Martyre de saint André,* qu'il exécuta à partir d'un *Christ prêchant dans le désert.* On peut aussi voir une Vierge et une sainte Philomène peintes par Antoine Plamondon en 1843. François Baillairgé ouvragea le tabernacle en 1825, Louis-Xavier Le Prohon est le maître de la voûte, de la chaire, du retable et du baptistaire, datant de 1833, tandis que les pièces d'argenterie furent ciselées par Laurent Amyot et François Sasseville en 1837. Quant à Joseph Morin, un artisan de la région, il fabriqua en 1865 le clocher à deux lanterneaux. Sur le parvis, deux magnifiques ormes poussent depuis 75 ans.

Auberge La Solaillerie ⚱
112, rue Principale
(418) 493-2914

Bien restaurée. Depuis qu'ils ont racheté la demeure de Charles-Alfred Roy dit Desjardins, Isabelle et Yvon n'ont eu de cesse de la restaurer et ils en ont fait une des meilleures tables kamouraskoises. Mais ils ont surtout rendu vie aux pièces qu'occupait la famille Desjardins depuis 1886. Ainsi, dans la salle à manger, Yvon vous ouvrira le coffre-fort qui contenait les reçus que l'inventeur de la moissonneuse-batteuse remettait à ses ouvriers, en guise de paiement, pour qu'ils aillent s'approvisionner dans ses magasins et non chez ses concurrents. On admirera aussi dans le jardin un orme blanc planté vers 1750.

La Maison de la prune 🏮 ☞
129, route 132 Est
(418) 493-2616
Ouvert les dimanches d'août à octobre.

Pas que pour des prunes. Appartenant au réseau des économusées, ce domaine met en valeur bien d'autres choses que son verger de 1000 pruniers de Damas. Ainsi, on visite la maison en pin et en cèdre du marchand Sifroy Guéret (1840), le magasin général restauré et un centre de documentation sur la pomologie, géré par Julie Martin. Mais ce qui est très intéressant, c'est le caveau de légumes à racines qui date de 1853. Enterré et maçonné au-dessus du verger, il reprend le principe de conservation des aliments dans des fosses, comme certaines civilisations continuent de le faire sur la planète.

Rivière-du-Loup

Chutes de la rivière du Loup 🏔

Accès par les rues Frontenac et de la Chute.

Platin. En huit sauts d'une hauteur totale de 90 mètres, la rivière du Loup traverse la ville pour se jeter dans le Saint-Laurent. Du quartier Saint-Ludger, le plus populeux de la cité, on embrasse le « platin » et une belle portion du littoral.

Musée du Bas-Saint-Laurent   🏛 ⚖
300, rue Principale
(418) 862-7547
Ouvert toute l'année.

Moderne. Avant de franchir le seuil de ce bâtiment, on est frappé par la modernité de son architecture en béton, dans une ville où le circuit patrimonial fait découvrir de belles demeures victoriennes et de style éclectique. Mais face aux Riopelle ou Tousignant, on comprend mieux la démarche architecturale de ce musée régional, voué à l'art contemporain et à l'ethnographie.

Musée de bateaux miniatures   🏛
80, boulevard Cartier
(418) 868-0800
Du 1ᵉʳ juin à l'Action de grâces.

Titanic en 4000 heures. Il a fallu 4000 heures à Francis Ouellet pour construire le Titanic. Pas celui qui rencontra un iceberg en 1912, mais sa maquette de 60 pouces sur 16. Voiliers, galions, chalutiers ou transatlantiques voguent en modèles réduits dans cette exposition qui regroupe les collections de plusieurs amoureux de la marine.

Les Carillons touristiques   🏛
393, rue Témiscouata
1 800 463-1334
Ouvert de juin à septembre.

Les voix du Seigneur. Cela fait au moins 30 ans que Pierrette et Jean-Marie Bastille s'adonnent aux carillons d'église comme d'aucuns collectionnent les porte-clés ou les capsules de bouteilles. Du plus vieux carillon (1718) à la plus grosse cloche qui pèse deux tonnes et demi, on pénètre les voies du Seigneur pendant que le couple fait donner de la voix à ses sonneries. La balade est aussi rigolote que certaines ornementations et dédicaces gravées dans le métal des sonnailles, tel ce *Qui tangit me audi vocem meam* qui peut se traduire par « qui me branle entend ma voix… »

Archipel du Bas-Saint-Laurent

Au départ de la Marina, à Pointe de Rivière-du-Loup
— où l'on prend aussi le traversier pour rejoindre
Saint-Siméon sur la rive nord du fleuve — plusieurs
sociétés proposent des virées et des activités sur
les deux groupes d'îles qui font partie du parc marin du Saguenay—Saint-Laurent, face au littoral
louperivois.

Îles du Pot à l'Eau-de-Vie 🦅 🚶

Gros Pot et Pot du Phare sont sillonnés de sentiers
tracés par les premiers occupants de l'archipel. À
Pot du Phare, on peut dormir dans une des trois
chambres du phare historique construit en 1862.
Des cormorans, eiders à duvet, hérons, mouettes
trydactyles, pingouins, loups marins (phoques) vous
salueront.

Île aux Lièvres 🦅 🚶

Quarante kilomètres de randonnée pédestre sur l'île
la plus longue (treize kilomètres) et la plus large (un
kilomètre et demi) de tout le Saint-Laurent et inha-
bitée, par l'homme du moins. Car côté faune et flore,
ça se bouscule : lièvres, eiders à duvet, persil sauvage, seigle de mer et églantiers sont, entre autres,
au rendez-vous sur ce piton rocheux abordé par les
Vikings en l'an 1000.

Saint-Louis-du-Ha ! Ha !

Station scientifique Aster ⚛
59, chemin Bellevue
(418) 854-2172
*Ouvert de la Saint-Jean-Baptiste à la fête du Travail ; sur
rendez-vous hors saison.*

La constellation du coq. Avec son miroir
Cassegrain-Schmidt de 35 centimètres, le télescope
d'Aster permet de découvrir une constellation
diurne à la verticale du clocher de l'église. Mais le
coq de l'église de Saint-Louis-du-Ha ! Ha !, sur lequel la lunette est pointée dans la journée, ne vaut

pas une bonne observation nocturne de notre système solaire. Les salles consacrées à l'astronomie, mais aussi à la sismologie, géologie et météorologie plairont aux petits comme aux grands. On en ressort la tête pleine d'étoiles dans les étoiles.

Cabano

Fort Ingall 🏛

81, rue Caldwell
(418) 854-2375
Ouvert de juin à la fête du Travail.

Pacotille. Après la Conquête et la signature du traité de Versailles en 1783, les rapports frontaliers entre les Anglais et les Américains ne sont pas au beau fixe. Chacun revendique certains territoires de l'autre. La situation se détériore et, du côté de l'État du Maine actuel, on renforce ses positions. Aux deux bastions que les miliciens construisirent dans le Maine, les Anglais répliquèrent par trois fortifications, dont le Fort Ingall. Érigé en bois en 1839, il comprend onze bâtiments pour abriter des troupes… qui ne livreront aucune bataille. Désaffectés et tombant en décrépitude, six de ses bâtiments seront reconstruits en 1973 pour être visités.

Dégelis

Parc linéaire interprovincial Petit Témis 🚶
(418) 853-3593

En piste. De Rivière-du-Loup à Edmundston, au Nouveau-Brunswick, on se rendait par le train au temps jadis. Les rails démantelés ont fait place à 130 kilomètres de piste qu'empruntent les cyclistes, les piétons et les motoneigistes. Dégelis est une des municipalités qui donne accès au parcours et son attrait tient au très beau lac Témiscouata et aux passerelles impressionnantes qu'elle permet de découvrir. Baignade, pêche au pointu (corrégone) et au touladi s'inscrivent parmi les activités récréo-touristiques qu'on pratique dans cette partie du circuit.

Cacouna

Auberge du Porc-Épic ☎
600, rue Principale Ouest
(418) 868-1373

Villégiature. Haut lieu de villégiature qui accueillit tout le gratin politico-économique au siècle passé, Cacouna signifie porc-épic en langue montagnaise. C'est le nom qu'Hélène a choisi pour la demeure bâtie en 1878 par Andrew Frederick Gault, le roi du coton, et qu'elle a transformé en auberge depuis 1994. Après avoir dégusté son succulent pain de bananes qu'elle sert au petit déjeuner, il faut descendre sur la plage où l'on voit de vieux coffres pour la pêche à fascines et d'énormes buissons de rosiers rustiques qui embaument à la floraison. Cette maison fait partie des trois villas cachées signalées dans le circuit patrimonial de Cacouna qui comprend 28 arrêts devant des bijoux d'architecture.

Église Saint-Georges ☎
425, rue de l'Église

Beaux biens d'église. En pierres des champs avec un clocher de Joseph Morin, cette église recevait ses premiers fidèles en 1848. Ce sont les Berlinguet père et fils qui l'ont bâtie et décorée. Parmi ses éléments notables, on relève le maître-autel exécuté en 1892 par David Ouellet, les vitraux du chœur fabriqués à Québec par la maison Bernard Léonard, des lustres en cristal de 1890, un orgue d'Eusèbe Brodeur de 1888 (ça change de l'éternel Casavant !) et plusieurs tableaux peints par des artistes italiens, dont une copie du *saint Georges* de Raphaël. Le presbytère, juste à côté, a été conçu et construit entre 1835 et 1841 par deux artisans de L'Isle-Verte, Germain Petit dit Saint-Pierre et Benjamin Rouleau.

Site ornithologique du marais de Gros-Cacouna 🜚

Route 132, Port de Gros-Cacouna
(418) 898-2757
Entrée gratuite de mai à octobre.

Râle jaune. Les Malécites vécurent non loin de ce site, que les courants marins ont toujours protégé de l'emprise des glaces. Le marais qui s'étend entre « la mer », comme on dit dans le Bas-Saint-Laurent, et les champs cultivés, abrite de beaux volatiles, dont le râle jaune qu'on dit rare, l'aigrette, le bihoreau, les canards plongeurs et barboteurs.

L'Isle-Verte

Réserve nationale de faune de la Baie de l'Isle-Verte 🜚

371, route 132
(418) 898-2629
Sur réservation de mi-juin à mi-septembre.

Pas vilain le canard noir. Avec la réserve du lac Saint-François, en Montérégie, ce site de zone humide est le deuxième au Québec à être mondialement reconnu par la convention Ramsar. Et cela à cause du canard noir qui y nidifie. D'autres espèces, dont certaines menacées, y ont aussi leur habitat, comme le faucon pèlerin, l'épervier de Cooper ou le râle élégant. On est guidé sur les sentiers et le marais à spartine par des naturalistes, et dans la maison Girard, de style québécois et datant de 1836 environ, on peut voir des expositions sur l'habitat humide.

L'île Verte 🜚 🏛

Phare de l'histoire. C'est par traversier, au départ de l'Isle-Verte, que le visiteur rejoint… l'île Verte. Les pêcheurs-cultivateurs qui l'habitaient au siècle dernier pratiquaient la pêche à fascines, ce qui explique qu'elle possède un fumoir, quelques vieilles maisons près du presbytère de Notre-Dame-des-Sept-Douleurs et, surtout, le plus vieux phare du Québec (1809). Maintenant, on vient observer les baleines croisant au nord de cette île, qui ressemble à celle du Dragon dans un roman de Jacques Godbout.

Saint-Paul-de-la-Croix

Complexe équestre Hipparque   𓀀

250, rang 3 Ouest
(418) 898-2587
Ouvert toute l'année.

Balle à cheval. Si vous montez bien et que les acrobaties ne vous font pas peur, alors vous apprécierez le horse-ball. Il s'agit de ramasser une balle par les lanières qui l'entourent et de la lancer dans un panier comme au basket-ball. Le tout se fait à cheval et par équipe. D'autres activités équestres sont aussi pratiquées, mais le horse-ball est la spécialité d'Hélène Coulombe qui dirige ce centre.

Trois-Pistoles

La Maison de VLB   𑫺

23, rue Pelletier
(418) 851-6852
Ouvert toute l'année.

À la rencontre des Beaulieu. Figure emblématique de la littérature contemporaine québécoise, Victor-Lévy Beaulieu a élu domicile au cœur de la cité pistoloise. Sous son enseigne-initiales, se trouvent réunis un musée, une galerie d'art, un théâtre, une librairie et une maison d'édition qui portent tous la marque de l'écrivain. Presque toute l'année, on peut le rencontrer sur place « six jours sur sept et onze mois par an », affirme-t-il. Bon, et le douzième mois ? « En juillet, comme tout le monde, je pars en vacances ! » Outre Victor-Lévy, on croise aussi ses frères, qui donnent dans la restauration, chacun à sa façon. Germain, qui a créé la chaîne de restaurants végétariens Le Commensal, a ouvert depuis peu une bonne table : L'ensoleillé. Quant à Jean-Claude, sa spécialité est plutôt la restauration de meubles, avec le Bric-à-Brac de l'homme-cheval, un vaste hangar pour fouineurs de brocante.

Église Notre-Dame-des-Neiges ♨
30, rue Notre-Dame Est
(418) 851-4949
Visite guidée sur réservation.

Jeu de piste. Mélange d'arts roman et byzantin, cette église édifiée entre 1882 et 1887 par l'architecte David Ouellet présente un décor baroque assez particulier. Ses colonnes, notamment, semblent en marbre alors qu'elles sont en bois peint. C'est là que réside toute la fantaisie de ce lieu de culte, qui recèle par ailleurs une riche ornementation (maître-autel de François Baillairgé, orfèvrerie d'Amyot et Sasseville, orgue Casavant). Si sur les colonnades de la nef et du chœur on distingue nettement la botte italienne ou un homme fumant la pipe, d'autres curieux dessins exécutés par le peintre Mario Moreau apparaîtront à des yeux experts. Ouvrez l'œil pour les dépister.

L'OuiS ☞
1, rue Notre-Dame Ouest
(418) 851-2083

Fait en os. Cordonnier de métier, Louis Desjardins s'est un jour amusé à tailler des morceaux d'os d'orignaux avec les machines et outils qu'il utilise pour réparer les chaussures. Résultat, aujourd'hui, entre deux semelles à coller, il crée des bijoux en os de cervidés ciselés. Si l'on ne peut le voir à l'œuvre, l'artisan est par contre prolixe en explications.

**Le parc de l'aventure basque
en Amérique** 🏛 🏃
66, rue du Parc
(418) 851-1556
Ouvert toute l'année.

Activités basques. Pour rendre hommage aux Basques qui furent parmi les premiers Européens à s'aventurer sur les côtes laurentiennes, un musée leur est dédié depuis juin 1996. Dans un bâtiment moderne et haut en couleur, on retrace leur mode de vie par le biais d'une exposition interactive, d'un centre de documentation et de généalogie. À l'extérieur, un fronton se dresse pour la pelote, le sport national des Basques français et espagnols, qui se pratiquait sur le mur des églises avant que ne soient aménagés des terrains appropriés.

Île aux Basques 🐦 🚶

(418) 851-1202
De début juin à mi-octobre

L'île des chasseurs. Venus au XVIe siècle chasser la baleine, les Basques construisirent des fours dès 1580 pour faire fondre la graisse des mammifères marins. Des fouilles archéologiques ont confirmé leur présence, en même temps qu'elles mettaient à jour le passage des Amérindiens, il y a plus de 1000 ans. Outre ces traces humaines, la faune ailée et la flore livrent aussi leur richesse. Depuis 1929, l'île appartient à la Société Provancher d'Histoire Naturelle du Canada qui y organise des excursions de trois heures avec des naturalistes. On y parle ornitho, flore, fleuve et histoire.

Saint-Fabien

Parc du Bic 🐦 🚶

Route 132
(418) 869-3502

Sculptée par la mer. Du Pic-Champlain, à 345 mètres d'altitude, le panorama sur ce parc de 33 km² est superbe. À pied ou à vélo, on peut y faire des randonnées en forêt, où les feuillus côtoient une végétation boréale. Dans ses anses, puisque le domaine est aussi marin, on peut ramasser des mollusques ou voir des phoques au large, notamment autour de la pointe de l'île à D'Amour. L'hiver, les sentiers enneigés du parc se prêtent au ski de fond. Mais cette nature sauvage, sculptée par la mer, a aussi pour vedette un ensemble d'îles presque toutes légendaires. Ainsi à l'île du Massacre, en 1533, des Iroquois enfumèrent 200 Micmacs dans une caverne, puis les exterminèrent. L'îlot au Flacon devrait son nom à un navire français qui y fit naufrage en 1749 transportant des flacons de vin. De nombreux bateaux, notamment les zodiacs d'Alibi

Tours, se rendent au large des îles du Bic peuplées de baleines, de phoques, de cormorans, de sauvagines, etc.

Saint-Valérien

Centre de paraski 🏃🏃
128, 6ᵉ rang Ouest
(418) 736-8232

Sports dans le vent. Ce n'est pas tous les jours qu'on imagine une nouvelle façon de pratiquer son sport favori. C'est pourtant ce que Raymond Poitvin a fait en remplaçant ses bâtons de ski alpin par une voile de type parapente. En 1996, cet inventeur rimouskois a même gagné une médaille au Salon des inventions de Genève pour son paraski qui permet de filer sur la neige, en atteignant des pointes de 70 km/h. L'été, on utilise cette même voile rectangulaire sur les plans d'eau pour faire du ski ou de la planche nautique. Dans ce cas, pas besoin de bateau pour se faire tracter ; à la fois économique et écologique ce système permet d'éviter la pollution sonore et atmosphérique.

Rimouski

Musée régional 🏛 🏛
35, rue Saint-Germain Ouest
(418) 724-2272
Ouvert toute l'année.

Art dynamique. Très belle réussite architecturale que l'aménagement de ce musée dans la plus ancienne église de la ville. Bâti en 1824, ce lieu de culte changeait de vocation le 1ᵉʳ décembre 1993, après que les architectes Dupuis Le Tourneux eurent terminé les travaux du concours qu'ils avaient remporté. Vouée à l'art moderne, cette enceinte muséale offre d'intéressantes expositions internationales, mais se penche aussi sur le passé local et les sciences de la mer. Après cette visite, on se rend compte que l'art dynamique n'est pas l'apanage des seules capitales et métropoles.

Institut maritime du Québec ❋

53, rue Saint-Germain Ouest
(418) 724-2822
Ouvert de la Saint-Jean-Baptiste à mi-août.

Larguer les amarres. Combien de marins, combien de capitaines sont passés par les bancs de cet institut de formation depuis son ouverture en 1944 ? Un grand nombre, sans aucun doute, puisque la réputation de cette école maritime a dépassé les limites du Saint-Laurent depuis longtemps. On visite les lieux et, notamment, la piscine au couloir vertical pour la formation à la plongée sous-marine. Des camps de vacances sont organisés pour les enfants, et des cours de navigation sont dispensés aux plaisanciers.

Rimouski-Est

Maison Lamontagne ☖

707, boulevard du Rivage
(418) 722-4038
Ouvert de mi-mai à mi-octobre.

Rare colombage. Jusqu'en 1663, l'architecture québécoise empruntera les techniques du carré en pierres à l'époque médiévale et à la Renaissance pour les grands édifices, et du colombage pierroté pour les petites maisons. Mais, très vite, le climat rigoureux aura raison de ce dernier style qui sera abandonné. Si dans le Vieux-Québec subsistent encore quelques rares maisons à colombage pierroté, la demeure de la famille Lamontagne n'a rien à leur envier. Elle est bien conservée, peut-être presque plus « jeune », bien qu'elle date de 1750 environ. Sa restauration y est pour beaucoup…

Île Saint-Barnabé ⚓

Marina de Rimouski-Est
(418) 723-0202
De la Saint-Jean-Baptiste à la fête du Travail.

Autre vue. Accessible au public depuis peu, l'île de l'ermite Toussaint Cartier et des descendants de Louis-Jacques Lepage offre un point de vue sur la côte rimouskoise et sur ses légendes. Par un sentier pédestre, on en fait le tour ou presque, puisqu'un terrain privé coupe l'île en deux parties. Mais ce n'est pas gênant pour les ornithologues qui veulent voir barboter des canards dans la Petite Mare et dans le Lac-à-canard, ni pour les amateurs de « caves à patates » creusées par les cultivateurs au début du siècle près de l'Anse à Marsouin.

École primaire Saint-Yves ❇
521, rue Saint-Germain Est

Zéro pointé. Rien de tel qu'une école pour flanquer un zéro. Mais un zéro pointé sur une plaque de son mur extérieur est loin d'être déshonorant, puisqu'il sert de point de référence au calcul des niveaux d'eaux et des altitudes en Amérique du Nord. C'est en effet à partir de ce chiffre qu'on établit les cartes marines, les tracés des rivages et des voies navigables, l'amplitude des marées et qu'on contrôle le réseau des Grands Lacs et du Saint-Laurent, sans oublier les relevés géodésiques nécessaires aux constructions d'immeubles et d'ouvrages d'art. En 1897, ce repère de nivellement avait été installé sur l'ancien quai de Pointe-au-Père. Il vient d'être fixé dans cette école en raison des variations enregistrées depuis 100 ans du niveau moyen des mers (NMM) qui sert aux différentes mesures.

Saint-Narcisse-de-Rimouski

Canyon des Portes de l'Enfer 🎋 🚶
Route 232
(418) 750-1586
Ouvert de mi-mai à fin octobre.

Diabolique. Ce profond canyon, creusé dans des roches sédimentaires, doit son nom aux draveurs qui descendaient autrefois des monts appalachiens Notre-Dame par la rivière Rimouski. La véritable descente aux enfers est constituée par la rivière Grand Macpès qui chute en une cascade de 60 mètres dans la rivière Rimouski. Autre particularité de ce site spectaculaire : la passerelle suspendue de 98 mètres de long qui domine le cours d'eau tumultueux de ses 62 mètres. Des activités très sportives (descente en rappel, rafting, apnée en eau vive) sont proposées dans ce lieu diabolique.

Pointe-au-Père

Musée de la Mer, lieu historique national du phare et réserve faunique de Pointe-au-Père 🏛

1034, rue du Phare
(418) 724-6214
Ouvert de mi-juin à mi-octobre.

Robocop des mers. Si vous avez du souffle, 128 marches ne vous feront pas peur pour jouer les gardiens de phare. Sinon, à terre, vous verrez le canon à brume qui guidait les navigateurs par mauvais temps, la station de télégraphe Marconi et le bureau de la quarantaine. Au musée de la Mer, vous revivrez le naufrage de l'*Empress of Ireland,* explorerez son épave maquettée, à moins que vous ne vous interrogiez sur le fonctionnement des machines à explorer les mers inventées depuis Léonard de Vinci.

Sainte-Luce

Route du fleuve 🏛

Anse + navire = coques. Charmante station balnéaire, Sainte-Luce fut le théâtre d'une nuit dramatique. Le 29 mai 1914, vers 1 h 30, la brume est tellement épaisse que le *Storstad,* qui transporte du charbon, éperonne le transatlantique *Empress of Ireland,* qui a à son bord 1057 passagers et 420 membres d'équipage. Le naufrage est immédiat et 1012 personnes périssent. Aujourd'hui, des plongées ont lieu sur l'épave. La ville a aussi une vieille église signée Thomas Baillairgé, richement décorée, une belle promenade de l'Anse-aux-Coques, un moulin de 1850 et des sculptures de sable pour lesquelles on concourt en juillet.

Chic, la Gaspésie fait choc

ॐ

Le 24 juillet 1534, Jacques Cartier subit un choc… thermique ! Il fait une chaleur accablante dans la baie où il débarque. Au nom de François 1er, il vient prendre possession d'un territoire qu'en 1603 Champlain nommera Gachepé, d'après le mot micmac *gespeg* qui signifie « fin des terres ». Il faut dire que l'extrémité des Appalaches a le chic pour donner des chocs naturels.

Ses paysages sont d'une beauté rare, tels ces rochers de formes bizarres, comme la tête d'Indien à Saint-Georges de la Malbaie. Certains pitons rocheux donnèrent même leur nom à des villages (Capucins, Cap-Chat ou Tourelle). Mais le plus connu est sans conteste le rocher de Percé. Symbole de la Gaspésie, Percé se contourne à marée basse, avant de prendre le traversier qui mène vers les fous. De Bassan, évidemment. Si vous êtes sensibles aux odeurs, munissez-vous d'une pince à linge pour votre nez, car la fiente de ces oiseaux est à tomber… raide ! Néanmoins, le spectacle vous ravira.

Le long de la route 132, entre La Martre et Mont-Saint-Pierre, des véhicules stationnent souvent devant les cascades gelées. Répondant aux noms de Voile de la mariée, Aqua velva ou Cigarette bleue, elles attirent les amateurs d'escalades de glace. Sur les plages de Coin-du-Banc et d'Anse-à-Beaufils, on ramasse des agates et des jaspes, tandis qu'à Sainte-Anne-des-Monts ou au mont Lyall, on recueille des géodes, pierres creuses tapissées de cristaux.

Dans la baie des Chaleurs, Paspébiac et Carleton attirent les amateurs de canicule et, plus encore, de thalassothérapie. Ces deux villes balnéaires sont en effet les seules au Québec où l'on puisse profiter des vagues en vogue pour se refaire une santé.

Mont-Joli

Institut Maurice-Lamontagne ❋
850, route de la Mer
(418) 775-0500
Entrée libre toute l'année.

L'avenir est dans l'eau. Dans cet institut qui relève du gouvernement fédéral, les recherches en sciences de la mer s'orientent vers la pêche, l'océanographie et l'hydrographie. Le but des scientifiques qui travaillent dans les 70 laboratoires de l'établissement est d'accroître nos connaissances du milieu marin pour mieux le protéger et l'exploiter. Cet aspect est fondamental pour les Gaspésiens, car la pêche a longtemps été le moteur économique de la région et la diminution des réserves halieutiques pose de très sérieux problèmes aux travailleurs saisonniers de la mer. Si l'on ne peut visiter les laboratoires, on informe le public dans le pavillon d'accueil sur les études poursuivies par l'institut qui porte le nom d'un sénateur, natif de Gaspésie et auteur d'un rapport sur la politique scientifique canadienne.

Sainte-Flavie

Centre d'art Marcel Gagnon ▥
564, route de la Mer
(418) 775-2829
Ouvert de Pâques à mi-octobre.

Les moaï du Saint-Laurent. De loin, en arrivant par la route 132, on a l'impression que des troncs d'arbre surgissent du Saint-Laurent. En s'approchant, on se rend compte qu'il s'agit de statues de maçonnerie et, avec un peu d'imagination, on se croirait sur l'île de Pâques, dans le Pacifique Sud, où les Pascuans ont sculpté des colosses, il y a un millénaire. Sauf que cette enfilade de sculptures, déposées dans le fleuve et baptisées Le Grand Rassemblement, est une œuvre créée en 1985 par Marcel Gagnon, qui baigne dans le mysticisme et s'exprime aussi bien avec la truelle, qu'avec la plume et le pinceau. Des créations « flyées » ? Attendez de voir le bonhomme…

Centre d'interprétation du saumon atlantique 🐟
900, route de la Mer
(418) 775-2969
Ouvert de juin à fin septembre.

Café théâtre. Ce qu'il y a de bien dans ce centre, c'est qu'après avoir écouté attentivement toutes les explications sur la vie intime du saumon de l'Atlantique, on peut le déguster fumé, en filets ou dans un club sandwich. Cependant, instruire son palais en se restaurant au café Le Mitiwee n'est pas compris dans le prix d'entrée. Celui-ci permet de visiter les aquariums, la passe migratoire de la centrale Mitis II d'Hydro-Québec, de marcher jusqu'à la baie de Métis et d'assister à une pièce de théâtre en plein air.

Grand-Métis

Les Jardins de Métis 🐟 🏛
200, route 132
(418) 775-2221
Ouvert de juin à fin septembre.

Fleuron des fleurs. Si vous n'avez jamais vu un pavot bleu de l'Himalaya, c'est l'occasion ou jamais de découvrir un cœur d'or dans le ciel de fragiles pétales. Cette variété de papavéracées est l'une des 50 000 plantes et arbustes qui fleurissent à tour de rôle du printemps à l'automne dans la seigneurie de Grand-Métis qu'acheta, en 1886, Lord George Mount Stephen, le propriétaire du Canadien Pacifique. Légué à sa nièce, Elsie Reford, en 1919, le domaine comprend une maison de 37 pièces transformée en musée et six splendides jardins. Qu'elles soient exotiques ou indigènes, les fleurs de Métis sont un des fleurons de l'horticulture québécoise. Certains soirs, on organise des soupers musicaux, et c'est très agréable. À ne manquer sous aucun prétexte et en profiter pour visiter Métis-sur-Mer et Les Boules, deux stations balnéaires aux villas imposantes, fondées par des Écossais au siècle dernier.

Cap-Chat

Éolienne de Cap-Chat ☞
Route 132
(418) 786-5719
De la Saint-Jean-Baptiste à la fête du Travail.

Visible. D'habitude, les éoliennes ressemblent à des pales de moulin qui tournent sur des axes horizontaux. Pas ici. Avec ses deux tiges courbes soudées à un pilier de 110 mètres de haut, cette éolienne s'apparente plutôt à une sculpture moderne monumentale. C'est Hydro-Québec qui l'a construite en 1988, puis vendue à une entreprise privée, pour que ses quatre mégawatts éclairent les maisons du secteur. Visiblement, ça marche.

Le Tryton 🏛
11, route du Phare
(418) 786-5507
Du premier dimanche de juin à l'Action de grâces.

Vent de légendes. Sous l'appellation, curieusement orthographiée, du dieu marin grec se cachent plusieurs façons de passer le temps. Dans le centre d'interprétation du vent et de la mer, on explique le fonctionnement de l'éolienne, tandis que le musée du jésuite Germain-Lemieux, installé dans la maison de la gardienne du phare, traite de la marine à voile. Il y a aussi le jardin des Brumes qui descend vers la mer et que surplombe un rocher en forme de chat. D'où le nom du cap, à propos duquel circulent des légendes et rumeurs qu'on vous… éventera !

Sainte-Anne-des-Monts

Explorama   🏛
1, 1ʳᵉ Avenue Ouest
(418) 763-2500
Ouvert de juin à mi-octobre.

Gaspésie maquettée. Inauguré en 1995, ce bâtiment recèle au premier étage un plancher massivement occupé… par une maquette tridimensionnelle de la Gaspésie. On la contourne pour s'informer sur les richesses naturelles de la région et, qui sait, programmer un autre itinéraire de vacances après avoir découvert, au sous-sol, les mystères des profondeurs dans des aquariums.

Parc de la Gaspésie   🏕 👥
Route 299
(418) 763-3301
Ouvert toute l'année.

Des monts et merveilles. Il n'y a pas que le prince Albert qui fasse tourner la tête avec les 1150 mètres de son mont. Du haut de ses majestueux 1268 mètres, Jacques Cartier le bat, dominant les Chic-Chocs, qui signifient « rochers escarpés », en langue micmaque. Quant à la reine, elle a pour nom randonnée, puisque du mont Logan à la descente vers La Galène, on découvre les merveilles de la faune et de la flore appalachiennes en arpentant 100 kilomètres de sentiers.

Mont-Saint-Pierre   👥

Fait comme l'oiseau. Depuis une vingtaine d'années, d'étranges oiseaux bariolés s'élancent du mont Saint-Pierre pour survoler la baie profonde de cette petite municipalité qu'il surplombe. Avec leurs ailes triangulaires ou rectangulaires, les vélideltistes et les parapentistes évoluent au gré des vents au-dessus de la capitale du vol libre. Ces deux sports de glisse aérienne, que sont le deltaplane et le parapente, ont trouvé ici leur centre d'initiation et de pratique solitaire et en tandem. Outre les airs, l'eau attire les plongeurs, tandis que sur la terre ferme, on grimpe jusqu'à Saint-Pierre pour son panorama-clé.

Murdochville

Centre d'interprétation du cuivre ✻ ⚇

345, route 198
(418) 784-3335
Ouvert de juin à septembre ; sur réservation hors saison.

Pour la galerie. Personne n'épate la galerie habillé en mineur. Mais c'est pourtant la tenue *ad hoc* pour descendre dans cet ancien souterrain, dont le cuivre a été extrait dans les années 50. C'est à cette époque que Murdochville a vu le jour en raison des bons filons qui se camouflaient dans les monts Copper et Needle. Toujours exploités, les gisements aux alentours fournissent à la société Minéraux Noranda la matière première de son complexe où l'on transforme le minerai en métal. Des entrailles de la terre cuivrée à la plaque de cuivre, la visite guidée permet de forger ses connaissances.

Rivière-au-Renard

Centre d'interprétation des pêches contemporaines ☞

1, rue Renard Est
(418) 269-5292
Ouvert de mi-mai à mi-octobre.

Théorie pratique. La visite de ce centre est la première étape d'un périple dans ce village, dont l'activité est tournée vers la mer. Parce qu'après toutes les théories explicatives sur la pêche, ses méthodes, ses ressources et ses enjeux économiques, c'est la pratique des travailleurs du golfe qui retient l'attention. On se rend dans le parc industriel où l'on fabrique la glace qui conserve les prises fraîches. Tout près, on s'occupe des crevettes, exportées à

80 % vers l'Europe. Ailleurs, on transforme les plies, sébastes et morues en filets. Ceux qui aiment la brandade remarqueront les vigneaux, ces longs tréteaux grillagés sur lesquels sèchent les morues salées. Enfin, sur les quais, on rencontre des pêcheurs qui parlent de leur métier.

L'Anse-au-Griffon

Manoir LeBoutillier 🏛
575, boulevard Griffon
(418) 892-5150
De la Saint-Jean-Baptiste à la fête du Travail.

De la morue au café. Venu de l'île anglo-normande de Jersey, John LeBouthillier s'installe vers 1840 à L'Anse-au-Griffon pour pêcher la morue, la saler puis l'expédier vers le Vieux Continent. Pour mener à bien son commerce, il fait construire cette demeure de style Regence. Elle servira à la fois de résidence, de magasin général et de bureau. Aujourd'hui, elle abrite un café, ainsi qu'une exposition sur son histoire et sur son propriétaire.

Cap-des-Rosiers

Parc national Forillon 🏕 🏛 👫
Route 132
(418) 368-5505
Ouvert toute l'année.

À pied, à cheval ou en apnée. Joyau vert de la pointe gaspésienne, ce parc était émaillé de villages de pêcheurs avant sa création en 1970. Près de ses falaises rongées par la mer depuis des millénaires, on s'activait à l'heure de la marée sur les plages de sable fin ou de galets. À Grande-Grave, William Hyman avait ouvert un magasin général en 1864 et, dans un entrepôt, on conservait les morues pêchées pour le compte des compagnies de Charles Robin, John LeBouthillier et consorts. À l'Anse Blanchette, les prises étaient mises à saler et à sécher. Aujourd'hui, outre ces deux sites qui révèlent leur patrimoine marin, on s'aère en escaladant le mont Saint-Alban à 283 mètres d'altitude, en marchant sur l'un des huit sentiers pédestres ou en pédalant (quinze kilomètres de pistes cyclables). On y pratique aussi l'observation d'oiseaux et de mammifères, le ski de fond, l'équitation et la plongée sous-marine et en apnée.

Gaspé

Cathédrale du Christ-Roi ⛪
20, rue de la Cathédrale
(418) 368-5541

Contraste. C'est une cathédrale en cèdre et aux lignes architecturales dépouillées que les paroissiens de Gaspé se sont offerts en juillet 1969 pour remplacer celle qui avait brûlé 40 ans plus haut. Au Québec, elle est la seule de sa catégorie religieuse à se parer d'un tel matériau et, en son sein, elle possède un vitrail moderne dessiné par Claude Théberge, un peintre connu pour ses séries de tableaux sur les parapluies. Cependant, on est surtout frappé par le contraste entre ce bâtiment, dont le bois a pris les couleurs du temps, et la plantureuse croix de granite gris érigée sur le parvis en 1934 pour commémorer l'arrivée de Cartier, 400 ans plus tôt. À sa place, on aurait mieux vu une œuvre contemporaine, comme les mégalithes en fonte du monument à Jacques Cartier fichés sur l'esplanade du Musée de la Gaspésie.

Pabos Mills

Le Bourg de Pabos ⛪ 🏛
75, rue de la Plage
(418) 689-6043
Ouvert de mi-juin à mi-octobre.

Architecture et concept. En 1993, Pabos s'est doté d'un musée remarquable en deux points. D'une part, il affiche une architecture avant-gardiste. À partir d'une structure articulée, le bâtiment s'ouvre l'été sur le site et constitue ainsi un lieu de passage vers la mer et l'île Beauséjour. L'hiver, ses parois mobiles s'abaissent et l'habitacle se referme sur lui-même. On a l'impression d'avoir deux musées en un : l'un en plein air et l'autre, traditionnel. D'autre part, la présentation muséale fait appel à un concept novateur. Pabos a été classé site historique et archéologique en 1975, en raison de son occupation par des seigneurs et des pêcheurs dès le XVIIIe siècle. En 1696, René Hébert se voit concéder par le gouverneur de Nouvelle-France la seigneurie de Pabos. Autour de la baie, des pêcheurs vont alors vivre au rythme des marées jusqu'à ce que les Anglais dans leur guerre de conquête razzient la côte gaspésienne, faisant flamber Pabos en 1758. Les vestiges mis à jour sur le mode de vie des Gaspésiens durant le régime français donnent lieu à une interprétation interactive et amusante, à partir d'indices et d'hypothèses soulevées par les chercheurs. On se sent plus intelligent après la visite.

Newport

Site Mary-Travers 🏛
124, route 132
(418) 777-2401
Ouvert de juin à septembre.

Pour les turluttes. Après le succès de la série télévisée consacrée à « La Bolduc », le village natal de cette chanteuse des années 30 ne pouvait faire autrement que de lui dédier un musée. La vie et « l'œuvre » de notre turlutteuse nationale, qui enregistra près de 80 titres de 1928 à sa mort en 1941, sont évoquées avec fierté, tandis que le public est convié à de folkloriques après-midi chantants.

Paspébiac

Site historique du Banc-de-Paspébiac 🏛
Route du Quai
(418) 752-6229
De mi-mai à la fête du Travail.

Concurrence. Comme John LeBouthillier, Charles Robin était originaire de Jersey. Mais il arriva avant son ex-employé et futur concurrent. Dès 1767, Robin monopolise le commerce de la morue et crée des établissements pour sa compagnie, la C.R.C., en Gaspésie et sur la Côte-Nord. Sur le banc de

Paspébiac, on a restauré les bâtiments qui connurent pendant des décennies une activité intense sous la houlette de la C.R.C. et de la LeBoutillier Brothers, venue également s'installer ici vers 1850. Les rapports que ces deux patrons jersiais entretenaient avec leurs « salariés » sont aussi très instructifs...

New Carlisle

Maisons Hamilton et Caldwell   🏛 🏛
115, rue Principale
(418) 752-6498
Ouvert l'été.

Halloween. Si vous cherchez un thème de déguisement pour la prochaine fête de l'Halloween, vous le trouverez peut-être dans la cave de la maison Hamilton. Quand le député John Robinson Hamilton fait construire sa demeure en 1852, le sous-sol sombre et poussiéreux servira à entreposer le bois, le charbon, les fruits et les légumes. Rien d'exceptionnel à cela, si ce n'est que le fils de la propriétaire actuelle a voulu transformer la pièce *just for the fun.* Résultat : sorcières et morts vivants hantent les lieux dans un décor digne d'une soirée de 31 octobre ! Ceci étant dit, la demeure restaurée a recouvré son faste d'antan et l'on prend à nouveau le thé dans le petit salon, meublé comme à l'époque victorienne. Il faut également visiter, sur la propriété, la maison Caldwell bâtie pièce sur pièce vers 1799. C'est une des plus vieilles de la ville.

Bonaventure

Musée acadien du Québec   🏛
95, avenue Port-Royal
(418) 534-4000
Ouvert toute l'année.

Ancêtres acadiens. On fait souvent allusion au « Grand Dérangement » et à l'exode des Acadiens, dont on méconnaît l'histoire. Les Français établis de 1604 à 1713 dans nos provinces maritimes actuelles ont été déportés par les Anglais en 1755, parce qu'ils refusaient de prêter allégeance à l'Angleterre qui avait acquis l'Acadie par le traité d'Utrech, à la suite de guerres de succession. Quelque 10 000 Acadiens s'exilèrent alors, se réfugiant notamment en Louisiane et dans le futur Québec. On estime d'ailleurs que près d'un million de Québécois sont d'origine acadienne. Si vous êtes du nombre, vous le saurez par les généalogies retracées ici.

Les Cuirs fins de la mer   ☞
76, route 132 Est
(418) 534-3821
Ouvert toute l'année.

Morue tannée. Si vous pensiez que seuls les animaux sur pattes et ceux qui rampent se faisaient tanner le cuir, Claudette Garnier va vous surprendre. Bien avant que le recyclage soit à la mode, elle transformait des déchets en articles haut de gamme. De son atelier sortaient, il y a déjà plus de dix ans, des vêtements, de la maroquinerie et des bijoux taillés dans des peaux de… morues, saumons, plies, turbots, anguilles, etc. ! Et inutile de faire des yeux de merlan frit si on vous dit que le cuir des poissons est comparable à celui du serpent pour la finesse, la souplesse et la résistance de sa texture. Vous n'avez qu'à toucher pour vérifier.

Saint-Elzéar

Grotte et Musée des cavernes   🏛 ⚛ 🚶
198, rue de l'Église
(418) 534-4335/534-3655
Ouvert de juin à octobre.

Bacon pour spéléo. N'arrivez pas au petit bonheur à Saint-Elzéar, pensant explorer sa grotte illico. Pour visiter le musée, pas de problème. Mais pour voir les stalagmites et les stalactites, qui datent de la dernière glaciation, on doit réserver sa descente. Il faut chaudement se vêtir, car il ne fait pas plus de 4 °C dans ces salles souterraines vieilles de 500 000 ans, où les concrétions du plafond ressemblent à des tranches de bacons emballées, qu'on peut admirer les pieds dans des piscines. On y a aussi trouvé des ossements animaliers (ours et carcajou).

New Richmond

Centre d'héritage britannique de la Gaspésie 🏛
351, boulevard Perron Ouest
(418) 392-4487
Ouvert du 1ᵉʳ juin à la fête du Travail.

Un thé avec ça ? L'histoire de tous ceux qui ont marqué le passé gaspésien est inscrite dans ce village. En passant d'une maison à l'autre, on découvre les relations entre les communautés francophone et anglophone, l'architecture de la Nouvelle-Angleterre, le mode de vie à l'anglaise qui semble figé comme dans une charte depuis la reine Victoria. C'est dépaysant, sans compter qu'on ne retrouve dans aucune autre région québécoise une telle concentration d'information sur l'apport britannique.

Maria

Réserve Micmac 🏮
Route 132

Ave Maria. Lorsque Cartier arrive à Gaspé, il fait la connaissance des Micmacs établis sur le littoral depuis des lustres. Les rapports entre les communautés micmaque et française seront toujours empreintes d'une sérénité que troubleront cependant les Anglais par le biais d'autres nations amérindiennes plus belliqueuses. Aujourd'hui, les Micmacs qui vivent à Maria pratiquent la vannerie et se regroupent pour prier leur sainte Kateri Tekakwitha dans une église dont l'architecture de 1963, en forme de tipi, est à la fois moderne et traditionnelle. Signalons qu'à Listuguj, près de Pointe-à-la-Croix, la communauté des Micmacs est forte de 1500 membres. Il existe un musée qui narre l'histoire des événements qui se sont déroulés avant et après la venue des Blancs. Le centre est situé au 4 , chemin Riverside.

Nouvelle

Parc de Miguasha ✝ ✱
270, route Miguasha Ouest
(418) 794-2475
Ouvert de juin à l'Action de grâces.

Poissonnerie paléontologique. C'est grâce à l'*Eusthenopteron foordi* que le site fossilifère de Miguasha, qui veut dire « rocher rouge » en langue micmaque, a accédé à la renommée universelle. En 1842, le docteur Abraham Gesner met la main sur un poisson plus vieux que ses artères, mais c'est seulement dans les années 70 que des fouilles d'envergure dévoilent une foule de poissons et de végétaux fossilisés. De la vingtaine d'espèces déterrées qui affichent quelque 370 millions d'années, aucune n'a survécu. Mais elles ont de beaux restes dans le musée. Cependant, il ne faut pas s'en tenir là, surtout si on a des enfants. Au laboratoire, on apprend comment dégager les fossiles et les identifier, puis on passe à la pratique sur la plage.

Pointe-à-la-Garde

Château Bahia ⌂
152, boulevard Perron
(418) 788-2048
Ouvert de mai à octobre.

Rêve d'enfant. Drôle de personnage que celui de Jean Roussy. D'abord il prétend, avec humour, avoir la double nationalité québécoise et acadienne, eu égard à ses ascendances. Ensuite, il voulait être châtelain quand il était petit, parce qu'il n'y avait pas de « vrai » château dans le pays. Et depuis 1983, il a réalisé son rêve en posant la première planche de son château en bois à tours et tourelles de style

Renaissance, comme il tient à le préciser. Il a tout fait lui-même et continue, chaque hiver, d'agrandir et d'améliorer sa forteresse. Enfin, il fallait un nom à sa demeure royale et c'est la chanson *Bahia* de Véronique Sanson qui le lui a fourni. Dans ce palais en plein bois, on dort, on se restaure ou on prend un verre.

Pointe-à-la-Croix

Lieu historique national de La-Bataille-de-la-Ristigouche   🏛

40, route 132
(418) 788-5676
Ouvert de juin à l'Action de grâces.

Épave. Dans le combat naval qui oppose les flottes française et anglaise en 1760 dans la baie des Chaleurs, les Français préfèrent brûler *Le Machault* que de le voir pris par les sujets de sa gracieuse majesté. Des archéologues ont dégagé de l'embouchure de la Restigouche, comme on appelait la rivière à l'époque, l'épave de cette frégate française, partie de Bordeaux. Elle est plus intéressante à examiner, ne serait-ce qu'au plan de l'architecture navale, que les histoires de batailles. À voir tout près, la maison Bordeaux sur le chemin du même nom qui, datant de 1800, est considérée comme la plus ancienne demeure gaspésienne.

Causapscal

Site historique Matamajaw   ⚓ 🏛

53, rue Saint-Jacques Sud
(418) 756-5999
Ouvert de juin à octobre.

Pêche chic. Rien de tel qu'une visite de cet ancien club privé pour plonger dans l'époque révolue de Lord Mount Stephen et de ses riches amis qui venaient taquiner le saumon dans les rivières Causapscal et Matapédia. Sur ce domaine, constitué vers 1870, on avait construit une neigière pour emmagasiner la neige qui permettait d'expédier les prises fraîches par train vers les grandes villes. Il faut aussi, avec un guide, aller se promener aux chutes et au marais de la Causapscal, et observer le ballet des saumons dans leur fosse.

Madeleine, t'as de belles îles !

Ancrées au beau milieu de l'immensité du golfe Saint-Laurent, les Îles-de-la-Madeleine se dressent fièrement. Contre vents et marées, elles inscrivent leurs falaises rouges et leurs dunes blondes, leurs caps déchiquetés et leurs plages de sable fin entre ciel et mer. Tel un défi à l'éternité, cet archipel est un havre de paix que Jacques Cartier aborda en 1534.

Vers février, on s'y rend pour assister à la « mouvée » des phoques du Groenland. Ces grands mammifères marins viennent donner naissance à leur progéniture et, en mars, sur la banquise, c'est presque… l'embouteillage ! À chaque coin de glace, des blanchons surgissent et l'on peut faire connaissance avec eux au cours d'un safari-photo ou d'une plongée en eau glacée avec des moniteurs spécialisés.

L'été, on peut arpenter ses falaises qui se mirent dans le bleu profond de l'océan, ramasser des coquillages sur ses plages, explorer ses grottes sous-marines ou observer sa riche faune ailée. On y pêche sportivement le requin ou l'on taquine le maquereau ou la « molue », comme disaient les Basques et les Normands qui fréquentaient l'archipel voici quatre siècles. Ils venaient y chercher la morue qu'ils faisaient sécher sur les graves que l'on parcourt toujours. Pour les véliplanchistes, l'attrait des îles est indéniable, tandis que les excursionnistes y trouvent à rassasier leurs yeux dans les paysages sans fin de « l'hameçon », nom que les Madelinots donnent parfois à leur archipel eu égard à sa forme.

Île d'Entrée

ᥫᦲ

Big Hill ☂
Chemin Post Office

Grimper à l'écossaise. Seule île à ne pas être reliée aux autres par des chemins de dunes, l'île d'Entrée se démarque aussi par sa hauteur. Du haut de ses 174 mètres, Big Hill s'assure que tout est *under control* sur cette terre immergée, où la poignée de résidents permanents s'expriment essentiellement dans la langue de Shakespeare, puisqu'ils sont de descendance écossaise. L'escalade du mont vaut la peine pour le panorama sur tout l'archipel.

Île du Havre Aubert

ᥫᦲ

Havre-Aubert

Châteaux de sable des Îles ⚐
Chemin du Sable
(418) 986-4835

La vie de château. Début août, sur la plage du Havre, tout le monde se consacre au traditionnel concours de châteaux de sable qui a lieu depuis 1987. Mais une fois ces constructions éphémères admirées, c'est vers La Grave qu'il faut se diriger.

Aquarium des Îles 🐟

982, route 199
La Grave
(418) 937-2277
Ouvert de mi-juin à mi-septembre.

Comme un poisson dans l'eau. Installé dans un ancien hangar de pêche, l'Aquarium invite les petits comme les grands à découvrir les secrets de la vie marine. Dans ses bassins, on voit évoluer les différentes espèces de poissons et crustacés qui peuplent les eaux alentours, comme le maquereau, le hareng, le flétan, la plie et la morue. Il y a aussi le homard, qu'on pêche depuis 1880 et dont les casiers sont largués en haute mer du 10 mai au 10 juillet. On aborde également les problèmes plus « terre à terre » de la conservation du milieu et de l'avenir des pêcheries. Avant de vous y rendre, demandez si une course de crabes est programmée.

Musée de la mer 🏛

1023, route 199
Pointe Shea
(418) 937-5711
Ouvert toute l'année.

Vie maritime. Ce musée, situé à quelques encablures de l'Aquarium, est une excellente prolongation de ce dernier, car il permet de mieux saisir les liens que les Madelinots ont intimement tissés avec la mer au fil des générations. De légendes en naufrages, de cabotage en filets dérivants, de vaches marines en casiers à homards, les explications foisonnent sur cette union entre l'homme et les trésors de l'océan.

Bassin 🚶 🏚

Du chemin du Bassin au chemin de l'Étang des Caps

À l'œil et au pied. Dans cette municipalité, les marcheurs et les amateurs d'architecture ont de quoi combler leur attente. De la pointe à Marichite jusqu'à l'extrémité du chemin de l'Étang-des-Caps, un parcours d'une dizaine de kilomètres dégourdit les mollets, pendant qu'on se rince l'œil. D'abord au presbytère de l'église Saint-François-Xavier, qui arbore un toit à la Mansart depuis 1876. Ensuite devant les granges-étables, dont le toit coulissant sur poulies permettait aux paysans d'engranger plus facilement les foins. Enfin à l'Anse-à-la-Cabane qu'illumine un phare. En chemin, on aperçoit le Corps Mort, un îlot solitaire planté dans le Golfe.

Baie du Havre aux Basques 👭

Le Q.G. de la planche. Pour les véliplanchistes, néophytes comme confirmés, le bassin naturel compris entre la dune de l'Ouest et la route 198 est un véritable havre de… vent. Du nord ou du sud-ouest, son souffle est toujours favorable même si la météo fait grise mine ailleurs. Ce sport de glisse se pratique également au bout de La Grave de Havre-Aubert.

Île du Cap aux Meules

❧

Cap-aux-Meules 🏮

Le sort du hareng saur. De vieilles et immenses « boucaneries », au bout du chemin Alva-Cyr, attestent de l'importance du hareng pour les Madelinots, qui le salaient et le fumaient en grande quantité. Aujourd'hui, raréfié par une pêche intensive, ce poisson ne sert plus que d'appât au homard, et c'est bien dommage.

La Vernière

Église Saint-Pierre de La Vernière 🏮
Intersection de la route 199 et du chemin de l'Église
Ouvert tous les jours de 9 heures à 20 heures.

Architecture imposante. Prenez un transept datant de 1876, ajoutez-y au début du siècle une nef et un chœur, et vous aurez non seulement la plus

grosse église de l'archipel, mais aussi un édifice entièrement construit en bois. Tout blanc, Saint-Pierre
de La Vernière a été classé monument historique,
après sa restauration à la suite de deux incendies
qui le ravagèrent, en 1943 puis en 1947.

Centrale thermique des
Îles-de-la-Madeleine ☞
1034, route 199
(418) 969-5276
Entrée libre de mi-juin à la fête du Travail.

Lumière, S.V.P. Depuis 1991, Hydro-Québec transforme ici du mazout en électricité. Grâce à six groupes de moteurs diesel, qui fournissent 70
mégawatts, la société d'État alimente tout l'archipel. La centrale se visite en compagnie d'un guide
qui fera la lumière sur la production et la consommation électriques madeliniennes.

La Martinique

Attention Frag'Îles ⊤ ⋀⋀
(418) 986-6644

Jumelles. En vous rendant à La Martinique (non, pas
dans les Antilles !), passez donc par La Bouillée de
bois, un sentier forestier et pédestre. Compte tenu
de la richesse de l'écosystème, munissez-vous de
jumelles pour observer les volatiles. Et procurez-
vous un guide sur les oiseaux et des brochures sur
ce lieu auprès d'Attention Frag'Îles, où vous ren-
contrerez des accompagnateurs à votre disposition.
Signalons aux véliplanchistes qu'il y a de bonnes
vagues au bout de la plage de La Martinique, en
direction de Havre-Aubert.

Gros-Cap

Les Pêcheries Gros-Cap   ☞
521, chemin de Gros-Cap
(418) 986-2710
Ouvert toute l'année.

En pincer pour le homard. Dans sa cafétéria, cette entreprise a aménagé une baie vitrée donnant sur l'usine où les employés s'activent à transformer poissons et fruits de mer. Ils seront consommés sur place ou expédiés par avion sur la « grande terre », c'est-à-dire le continent dans la langue vernaculaire. En saison, on y déguste le homard ou le crabe des neiges, les palourdes, coques ou pétoncles, sans oublier la moule bleue, qui constituent les richesses de la gastronomie marine des Madelinots.

Étang-du-Nord

Explo-Rivage   🚶 ❄
(418) 986-5005

L'éléphant madelinot. Le long du golfe du Saint-Laurent, on met à l'honneur la géologie de l'archipel, vieux de 350 millions d'années. C'est Explo-Rivage qui a mis au point les informations sur ce thème et propose des sorties en Zodiac pour voir de plus près le milieu marin, les rochers sculptés par le vent et la mer, dont celui surnommé « l'éléphant », ou les grottes marines, comme « la cathédrale ».

Île du Havre aux Maisons

✑

Pointe-Basse   ⚓ 🏛
Du chemin de la Pointe-Basse au chemin des Montants

Cap sur les Buttes. Dans le port de ce petit canton, où l'on s'adonnait au temps jadis à la pêche aux harengs, il subsiste quelques fumoirs qui, hélas, tombent en décrépitude, faute de moyens pour les entretenir depuis que cette activité a disparu. En poursuivant sur le chemin des Échoueries, on atteint Cap Alright et son phare, d'où peut s'admirer, d'un côté, les Buttes Pelées qui rappellent les paysages irlandais et, de l'autre, la baie de Plaisance qui borde aussi l'île du Cap-aux-Meules.

Les Sillons 🦅 👫
Dune du Sud

Pour la plaquebière. Si vous ne savez pas ce qu'est une tourbière à sphaignes, c'est le moment où jamais d'en voir une. Sur Les Sillons, une longue langue de terre qui va jusqu'à lécher l'île de la Grande-Entrée, la sphaigne se décompose en une mousse qui fait les délices des jardins au sol argileux ou sablonneux. Allez-y botté, parce que le terrain est marécageux et que vous pourriez vous faire « dévorer les orteils » par une sarracénie pourpre ou une rossolis à feuilles rondes, deux plantes carnivores qui prolifèrent ici. En juillet, goûtez la plaquebière, qui ressemble à une framboise douce amère et qu'on trouve à cet endroit. La plaquebière, c'est aussi le nom de la « chicouté » des Montagnais de la Côte-Nord.

Grosse-Île et l'île de la Grande-Entrée

 ❧

Réserve nationale de la faune de la Pointe-de-l'Est 🦅
Route 199
(418) 986-2245
Ouvert toute l'année.

Siffler comme un pluvier. C'est à mi-chemin entre ces deux îles que se situe l'entrée de cette réserve qui fait la joie des ornithologues. À l'automne, les oiseaux en quête de la chaleur du Sud y font halte et c'est aussi l'un des derniers sites de nidification du pluvier siffleur, en voie de disparition. Les espèces sont nombreuses à se poser dans les dunes, les marais et sur les plages, comme celle de la Grande Échouerie qui offre une belle balade de quinze kilomètres entre Old Harry et la pointe de l'Est. En plus, les phoques viennent se donner en spectacle dans le golfe du Saint-Laurent qui la baigne. De l'autre côté, sur la plage de la Pointe de l'Est, on aperçoit par temps clair l'île Brion, dont la beauté sauvage rappelait la Bretagne à Jacques Cartier, et le Rocher-aux-Oiseaux que le Malouin baptisa île Margeault. Pour y accéder, il faut non seulement que la mer soit favorable, mais aussi se procurer une des autorisations, car ces deux milieux naturels sont protégés.

Centre d'interprétation du phoque 🏛 🕊
(418) 985-2833
Ouvert en juin, juillet, août et mars.

Mignons blanchons. N'en déplaise à Brigitte Bardot, le phoque est indissociable de la vie des Madelinots. Aux loups marins, gris ou communs, qui descendent du Groenland fin février pour donner naissance aux blanchons sur la banquise, un « musée » est consacré aujourd'hui. Sur deux étages et dans un décor qu'illustrent les îles au fil des saisons, les phoques révèlent tous leurs secrets et ceux de leurs chasseurs. Et ne faites pas la moue si l'on vous dit qu'en mars, certains restaurants affichent ce mammifère à leur menu, tellement prisé par les Japonais qu'il est aussi exporté au pays du Soleil levant.

Remerciements ou les mots de la fin

Pour mener à bien cette livraison, des amis nous ont donné un sacré coup de main.

Un gros merci à Marguerite Blais, sans qui nous n'aurions pu vous proposer de découvrir ni de redécouvrir ces quelque 550 lieux.

Nous tenons également à remercier pour leur précieuse collaboration Johanne Belle-Isle, Diane Champoux, Johanne Lalonde, Céline Tremblay, Gilles Bengle, Michel Dumais, Pierre Fraser et Jean-François Perrier.

Liste des photos

❧

Index

Index thématique

🏛 **architecture, art**

⚛ sciences, technologies

🏛 musée et apparenté

⚘ nature, écologie, zoologie

☞ **visite agricole,
artisanale, industrielle**

🚶‍♀️🚶 **activités sportives,
loisirs de plein air**

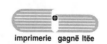

imprimerie gagné ltée

IMPRIMÉ AU CANADA

FRONTENAC 917.1404
S

Ville de Montréal

**Feuillet
de circulation**

À rendre le	
17 JUIN 1997	
Z 15 JUIL '97 09 NOV '99	
Z 15 NOV '97 **06 SEP. 2000**	
Z ... DEC '97	
Z 15 JAN '98 7 OCT. 2000	
Z 27 JAN '98	
Z 09 MAI '98 03 JUIN 2003	
Z 09 JUIN '98 Z -2 AOU '03	
Z 24 JUIL '98	
Z 10 SEP '98	
Z 02 FEV '99	
Z 02 MAR '99	
Z 2/ MAR '99	
Z 6 JUIL '99	

06.03.375-8 (05-93)